植民地国家の国語と地理

植民地教育史研究年報◉2005年………08

日本植民地教育史研究会

皓星社

植民地国家の国語と地理

2005　植民地教育史研究年報　第8号　目次

はじめに ……………………………………………年報第8号編集委員会　3

Ⅰ．シンポジウム　植民地教育史研究　いま、何が問題か
——史資料・立場性・相互交流を考える

いま、植民（地）教育史研究——僕の場合……………………渡部宗助　6
植民地スポーツ史研究で今求められている課題とは
　——「植民地近代化論」との関わりで ………………………西尾達雄　19
植民地教育史研究における言語の問題 ………………………桜井　隆　29
まとめ ……………………………………………………………井上　薫　38

Ⅱ．研究論文

国語教育と植民地：芦田惠之助と「朝鮮読本」………………北川知子　44
台湾総督府編修官加藤春城と国語教科書 ……………………陳　虹彣　62
国民学校期の『初等科地理』と『初等地理』との比較研究
　——文部省発行1943年版と朝鮮総督府発行1944年版を中心に（前編）
　……………………………………………………………………白　恩正　81
台湾の「国語」と民主化による多言語主義 …………………中川　仁　101

Ⅲ．研究ノート

オーラル・ヒストリーの研究動向
　——ポール・トンプソン著、酒井順子訳『記憶から歴史へ』を中心に
　…………………………………………………………………樫村あい子　120
戦前の台湾・朝鮮からの留学生年表（稿） ………佐藤由美・渡部宗助　127

Ⅳ．旅の記録

台南・安平墓地の墓誌と公学校修身書教材（その3）………白柳弘幸　140

Ⅴ．書評と資料紹介

志々田文明著『武道の教育力——満洲国・建国大学における武道教育』
　…………………………………………………………………田中　寛　148
竹中憲一編『「満州」植民地中国人用教科書集成』…………新保敦子　156
金富子著『植民地朝鮮の教育とジェンダー——就学・不就学をめぐる権力関係』
　…………………………………………………………………磯田一雄　162

松田吉郎著『台湾原住民と日本語教育——日本統治時代台湾原住民教育史研究』
　　　　……………………………………………………桜井　隆　169

Ⅵ．気になるコトバ
　「同化」………………………………………………弘谷多喜夫　174
　「満州」と「満洲」…………………………………槻木瑞生　180
　「韓国語・朝鮮語・ハングル」……………………芳賀普子　185

Ⅶ．文献・史料発掘
　国立中央図書館台湾分館 ……………………………冨田　哲　194

Ⅷ．彙報 ………………………………………………井上　薫　202

編集後記 ……………………………………………………………209
著者紹介 ……………………………………………………………210

はじめに

植民地教育史研究年報第8号
編集委員会

　一　本研究会の年報『植民地教育史研究年報　第8号　植民地国家の国語と地理』をお届けします。

「植民地教育史研究　いま、何が問題か」というのが2005年3月の研究大会（熊本）のシンポジウムのテーマであった。その梗概は、本『年報』を読んで頂きたいのであるが、報告の一つが「体育」政策からの提言であった。つまり植民地教育史研究における教科研究、教育内容・教材研究が一つの方向性になっている事の象徴であった。この傾向は、公刊される研究書にも現れていることであり、研究の進展・蓄積が促す必然的なものと言えるであろう。

　これまで教育内容、教科研究と言えば、国語（日本語）、修身、歴史の「ご三科」で、時に散発的にあの教科、この教科という、点であったが、今や学校教育の全教科に拡がり、線となりつつある。創刊以来の本研究会『年報』を紐とけばそれも肯けるであろう。いずれ、教科の構造・編成のあり方自体が対象となり、それとの関係で訓育も対象化され、教育の内側＝内的事項全体が教育学的批判の対象となる日もそう遠い将来のことではないと思われる。それによって、植民地における「近代学校」の全体像とその社会的、民族的機能が──それを畸形と呼ぶか、それ自体を「近代学校」と評するかは別として──明らかになってくるであろう。それは、植民地「近代性」論議への「教育」からの発信にも繋がる問題である。

　二　植民地における教科研究で意外に取り残されてきた憾みがあるのが、「地理」であった。この教科は、社会・歴史・自然を含む空間認識として重要な領域であるだけに、植民地国家はそれを重視し、その扱いに注意を払ったはずである。今号では、第3次朝鮮教育令下の小学校・国民学校の「地理」科に関する論文を掲載することができた。研究論文としては、未開拓地にやっと鍬が入ったというもので、今後さらなる充実が待たれる。考えてみれば、近代国民国

家は、植民地戦争によって海外に領土を獲得して、それを「版図」に組み入れることによって「植民地国家」に転生した。「地図」を塗り替えたのである。そして、それを当然の事として教科書に敷衍し、学校で教え込んだのである。それは、意味の分からない「天皇」のコトバよりも、子どもたちの植民地認識を確かなものにしたと思われる。詩人・啄木は、「韓国併合」時に、「地図の上朝鮮国にくろぐろと墨をぬりつゝ秋風を聴く」と歌ってそのことを鋭角的に感取した。

　新しい「版図」はストレートに「地理」の窓口から学校に進出したのである。そして「アジア・太平洋戦争」期になると、「地理」は、当該地の資源開発策の「下僕」の役も演じた。しかし同時に植民地における「地理」は「郷土」を構成要素にしており、郷土愛を「植民地国家・日本」愛まで止揚しなければならない「難事」を抱えていた。表面的な地図の塗り替えは印刷技術でクリアーできても、郷土愛から「日本愛」への転轍は教育技術の問題ではなかったであろう。

　三　「国語」が小学校の教科として登場するのは1900年である。それ以前の北海道少数民族の言語や琉球語を飲み込んだ「国語」であったが、外国語としての「日本語」意識は、準備なき「台湾」領有のインパクトからであった。台湾は異民族・異国の地であり、日本は、台湾住民に「国籍」を選択する猶予を与えたのである。それは日本の国際法の実際的研究の揺籃であった。外国語としての「日本語」を異民族・異国人が獲得するというレベルを超えて、「内言化」まで夢想したのが日本の植民地支配初期からの「言語的同化」であった。

　これまでの植民地教育史研究における「国語」（＝日本語）教育の研究は、この「夢想」に引き摺られた点がなかったろうか？　「国語」教育＝「日本人」化という過度の強調があったのではなかったか。外国語としての「国語」、手段としての「国語」、道具としての「国語」、生活的必要として「国語」という、被支配下現地人の醒めた「国語」観を、これまでの研究は見逃してきたのではないか。植民地における教科としての「国語」教育の技術主義的研究という批判を覚悟しながら、上記の問題意識で研究を進める意義があるのではないだろうか。今号に掲載されている「国語」に関する論稿がその方向にある、というのではない。一つの問題提起として読み取ってもらいたい。

Ⅰ．シンポジウム

植民地教育史研究　いま、何が問題か
――史資料・立場性・相互交流を考える

いま、植民（地）教育史研究
——僕の場合

渡部宗助＊

1．それは、「伊沢修二」から始まった

　伊沢修二は、日本が領有することになった最初の植民地・台湾における教育の創始者として知られています。その伊沢との出会いから研究を始めたと言えば、最も正統的なスタートだった、と思われるかもしれません。しかし、それは全くの買いかぶりであって、実相は違います。「伊沢修二におけるの「支那語」研究とその教育について」というのが卒業論文です。それは植民地教育史研究というようなものではありませんでした。中国語を多少勉強していたので、近代日本における「中国語」というものに関心があって、そこで伊沢修二という変わった人物に巡り会ったに過ぎないのです。その延長線上に、「台湾公学校の成立とその教育実態」という修士論文を書きました。これは、明治期の『台湾教育会雑誌』が東大図書館に所蔵されていたという条件に恵まれて、それに依拠して、見よう見真似で論文らしく仕立てました。それをコンパクトにして活字にしたのが「台湾教育史の一研究——明治30年代を中心として」です（『教育学研究』36-3:1969）。これは、一応植民地教育史研究と言えるものでしょうが、戦後・1960年代までの日本における先行研究の検討を行い、その問題点は指摘したつもりです。亡くなった小沢有作さんの影響を受けていますが、批判もしています。しかし、今読み返してみると未熟さは仕方ないとしても、課題設定の時代的制約が目につきます。「植民地支配」という「荷」を日本人として担っていこうという姿勢はあっても、植民地被支配に遭った人々への想像は1945年の「解放」で思考停止になっているのです。

　その後の僕の研究は、かなり迂回やジグザグをしています。「アジア留学生

＊　埼玉工業大学

と日本の大学・高等教育——明治末期の山口高商の事例より——」（広島大『大学論集』1:1973）、「同——日本植民地下の台湾留学生の場合——」（同—— 2:1974）の後者が、一応植民地教育史研究に入るでしょう。その後、国立教育研究所時代に「在外指定学校」について調べました（『在外指定学校に関する法制度と諸調査』1983、他）。それから、植民地を含む「教育会」について調べたことがあります（『府県教育会に関する歴史的研究』1991）。「中等学校生徒の異文化体験—— 1906年の「満韓大修学旅行」の分析」（『研究集録』21:1990）というモノグラフが一つありますが、それは、「地方教育会雑誌」の資料的有用性を試した作品でした。植民地を含む海外で日本人が編纂・発行した教科書に関して、日本語教育史研究会の一員として『第二次大戦前・戦時期の日本語教育関係文献目録』（1993）の作成に参加しましたが、その系で「在外日本人居住区の教科書」（教科書研究センター『教科書の編纂・発行等教科書制度の変遷に関する調査研究』1997）という小品があります。日本が海外に派遣した教員について何編か書きました（『教員の海外派遣・選奨政策に関する歴史的研究—— 1905年から1945年まで』2002、「教員の海外派遣・選奨の政策史と様態」小島勝編著『在外子弟教育の研究』2003など）。

1990年代末から、他律的に植民地教育史研究にUターンすることになりました。1997年8月の北京シンポ（「日本侵華殖民教育史国際学術研討会」）がきっかけです。この時「中国における日本人学校の歴史」を報告し〈渡部編『日本植民地教育史研究』1998；中文報告集もあり〉、1999年12月の大連シンポ（「第3回学術研討会」）では「日本における「移植民・拓殖」教育の展開—— 1930年代〜1945年」を報告しました（渡部編『日中教育の回顧と展望』2000；中文報告書もあり）。翌2000年12月には東京で「第4回国際シンポジウム」を主宰しましたが、このシンポについては「要旨集録」はありますが、報告書は作っておりません。大連シンポ参加者を中心に竹中憲一さんと共編で『教育における民族的相克』（2000）を刊行し、僕の研究関心は「序」で述べてあります。大連シンポの延長線上の論稿に「「拓殖」教育考——拓殖訓練所を中心に——」（槻木瑞生編『「大東亜戦争」期における日本植民地・占領地教育の総合的研究』2001）があります。それくらいです。

実はこの間の1997年3月に、当日本植民地教育史研究会が発足し、翌1998年3月に第1回研究集会を開催しました。この時のシンポのテーマは「日本植民地教育史研究の蓄積と課題」で、僕は司会を担当し、その「まとめ」

を本『年報』1号（1998）に載せています。その後2001年3月、当研究会第4回研究集会の準備過程で運営委員と事務局長が退会するという憂慮すべき事態が発生したことは皆様ご承知のことと思います。

2.「政策（史）」をどう捉えるか——状況論

　植民地教育史研究が、政策史を中心に進められてきたというのは事実だと思います。今後はもっと、教育の実態史、内容史、社会史等を積極的に行うべきだ、という意見が聞かれます。そのことは歓迎すべきことで、期待することも少なくありません。しかし、そのことは、「もう「政策史」は必要ない」ということではないことをここではむしろ強調したいと思います。なぜか。僕はこれまで、植民地教育史に限らず、政策（史）を先行させて実態に迫るという方法・スタンスで研究を進めてきました。植民地教育史研究でも、政策史研究の課題はたくさん残っていると思いますが、そもそも、「政策（史）」をどう捉えるか、ということが一つあると思います。

　「政策」（Policy）は、今日では日常会話でも使われるくらい普及している「言葉」ですが、日本では19世紀末、明治も後半から使われるようになった意外に新しい用語です。それまでは、「論策」とか、単に「策」とか言われることが多かったようで、学問の世界でのことではなかった。近代国家としての体制を編み出した「国家学」が、その国家の統治範囲の拡大と分化に関わって用い始めたのが「政策」ではないかと思います。漢語にはなかった翻訳語です。社会科学に関わっては「社会政策（学）」が最初のようです（1896年）。その流れに「殖民政策」があり、1909年には東京帝大法科に「殖民政策」講座が置かれます。これは、児玉源太郎と後藤新平の寄付から始まった講座です（「東京大学百年史」）。ちなみに「殖民学」講座は1907年に東北帝大農科大学（札幌）に設置されており、1909年には「殖民学会」があったという雑誌記事がありましたが（寺内正毅が講演をしたらしい）、実態は不明です。「教育政策」という名でそれが自覚的に学問の対象にされるのは1930年のことです。それは、「教育政策」が無謬性を前提にした国家官僚に委ねられていたことへの限界を示すものだったと思います。

　以上のことは、明治前期に今日でいう「政策」がなかったということではな

く、当時はことさらにそれを「政策」としては意識しなかったということで、明治後期に至って新しい事態への国家的対応を「政策」と表現したのだと思います。

日本の近代国民国家の制度設計をになった国家官僚、「神聖ニシテ侵スヘカラ」ざる「天皇陛下及天皇陛下ノ政府」の「官吏」は、「無謬性」神話に守られて強大・広範囲に「政策・行政」を掌握していました。日本社会の社会科学的研究が「政策」先行で進められてきた客観的基盤がそこにあると思います。その「無謬性」は、「政策」が何処まで実現したかという検討を等閑視する一面をもたらしたと思います。

その「政策」の主体をどう把握するかということは極めて重要なことです。立法部の「帝国議会」とそこでの「法律」の基本的性格、行政部専断（実質、法制局の権限）の「勅令」とそのチェック機関としての「枢密院」、「内地」植民地行政機関（の不安定性）と「外地」植民地統治機関（総督府等）との権限関係、制令・律令等の法令形式のレベル、それらと各「地方自治」（道・府・県・庁・郡）や軍組織との関係。それらが、植民地教育政策を構成して実施したわけで、その間の政策展開はその対象によって制約されるわけです。先取り、サボタージュ・無視、拒否、換骨奪胎もあったでしょう。それは「権力」（Gewalt）とその強制力の強弱・弛緩と抵抗との力関係の問題です。

「政策」の主体は上記に限られない。その周囲に各種・各領域（産業・職域）、社会階層別団体等が、政策に対する利害団体として組織されたり、要求母体として自覚的に組織したり、それが恒久的であったり、臨時的であったり。これらも「政策」主体を構成すると言えます。それらには補助金が交付されたり、政策課題が諮問されたりもします。つまり「政策」をそういうダイナミックな過程（「政治過程」とか「社会過程」とか）に位置づけると、その結果が「政策」にフィードバックされる面も見えてきます。それらから「政策」の類型化ということも可能でしょう。

「政策」の主体、レベル、領域、「類型」等の分析を通して、「政策」の内容が問われるわけですが、その中心は「公共性」であるというのが、今日的理解です。ところが、歴史的には、「私的」領域に無境界的に踏み込んだのが近代日本の「政策」であり、植民地においてはそもそも「公・私」の区別がどのようにありえたのだろうか。「民法」領域の政策（史）は、日常性のディテールの記述を追求する「社会史」に限りなく接近することになるはずです。

「政策（史）」研究に関わって、しばしば「二項対立（図式）」批判が行われて

きました。教育史において「二項対立（図式）」として批判の対象にされた最初は、宗像誠也の政策論＝「教育政策対教育運動」であろう。同じことを「文部省対日教組」と社会学的に表現したのは後の文相・永井道雄です。つまり、戦後日本の（ある時期）の教育を具体的に規定した対抗関係をクリアーに描いたのです。それを、植民地教育史分析に適用したのが多分、海老原治善であろう。僕もジャブ程度の海老原批判をしましたがその批判の仕方は、植民地社会における主要矛盾としての「抑圧民族と被抑圧民族」という民族関係軽視の点にありました。海老原が、植民地社会といえども、資本（家）と労働（者）という階級関係が主要矛盾であり、それで植民地社会を説明しようとしたことへの批判でした。とはいえ、宗像の「教育政策対教育運動」と海老原の「資本対労働」とを同一するわけにはいかない。すると、これはどういう研究経過だったのだろうか。

　第1回シンポで北村嘉恵さんがこの問題を直接に扱っています。「3. 台湾人の主体性をめぐって――二項対立図式の克服――」を再読すると、「支配―被支配」「弾圧―抵抗」「支配―抵抗」「同化―抗日」あるいは「抑圧―被抑圧」を「二項対立図式」としている。「政策―運動」というのも含まれるであろう。シンポでの彼女の主眼は「台湾人の主体性」の解明にあったのであり、そのこと自体には全く異存なかった。僕はこのシンポの「まとめ」でも書いたが、「二項対立図式」批判の方法は丁寧に行うべきである、と今でも思っています。上の「図式」の中では、「同化―抗日」が植民地社会に適用した具体的図式で、他の「図式」は一国社会内の政治的社会的分析にもそのまま適用できる図式である。というより、一国社会に適用した図式を、植民地社会に適用したというのが事実経過であろう。一国社会内に限定される場合なら、その主体関係（例えば支配者と被支配者）を表示せずとも自明のこととして立論することを認められようが、植民地社会の場合はそこが違う、というのが僕の出発点にあります。僕は「抑圧民族―被抑圧民族」という「図式」にこだわっています。一国社会における一般論的な「支配―被支配」「弾圧―抵抗」等とは異なる、植民地社会の政治・社会・文化関係の特質を表現するには、「抑圧民族―被抑圧民族」という概念（「図式」）が最も妥当であり、したがって有効であると思うわけです。これが植民地社会を構成する最も主要な矛盾関係であると思うから、「同化―抗日」図式は、これと部分的に重なります。「部分的」というのは、「同化」概念は他民族に対してのみ行われる社会化、政治化の概念ではないからです。

「抑圧民族─被抑圧民族」という「図式」が必然的に植民地社会における「被抑圧民族」の主体性を軽視・無視することになるのだろうか。この図式が、それぞれの民族内部の多様性を否定して単一色に描くことになる傾向があるのは事実としても、それを理由に簡単にこの「図式」を植民地社会分析からひき下ろしていいのだろうか。また、多民族国家の場合は、その内部に「抑圧─被抑圧」民族関係を内包している場合は多い。それは近代国民国家の形成過程において多分に意図的に生み出された結果であって（その意味で、日本の場合にアイヌ民族を併呑・「同化」し、その延長にサハリン（樺太）の植民地化があり、「台湾出兵」「江華島事件」という露骨な侵略性の延長線上に「台湾」「朝鮮」の植民地化があった）、その前段階でのことと国民国家体制下の台湾領有以後とは、区別すべきだと思う。（「区別」するということは、その社会の生活、習慣、文化等の連続性を否定するものではない。）また、この区別＝時期区分論は中国の研究者と考えを異にするようです。

　この議論から次に生じるのは、そもそも「民族」とは何かということと、多様な民族からなる人々（people）にとっての国民国家とその権力が持つ、特に政治的或は暴力的強制力の持つ意味は何か、ということです。越境する通商・経済力や文化的・宗教的土着性がそうした強制力にクッションとなったり、抵抗力として働いたりという社会過程は当然あります。辺境だから強制力が及ばないこともあれば、辺境の出先機関の方がより強圧的ということもあります。「抑圧民族」と「被抑圧民族」のそれぞれの中にも出自・身分・階級・階層間の矛盾等の関係があることも自明です。そういう重層性、多様性があるからといって、日本植民地における「抑圧民族─被抑圧民族」図式とその権力関係を理論的に否定することには結びつかないだろう、と僕は思っています。植民地の権力関係では、日本人であること自体が「罪」であるという極限状況があるからです。「抑圧する民族に自由はない」（エンゲルス）というテーゼは歴史の真実だと今でも僕は思っています。「抑圧民族─被抑圧民族」図式にこだわる所以です。

3．植民（地）教育史研究の難しさと魅力──対象論

　僕の場合は、日本植民地教育史を日本教育史に位置づけています。日本人・

日本民族という「抑圧民族」（であった、である）側に身を置く研究者であるという自己規定です。したがって、その点で自民族が行おうとしたこと、行ったことに対する応答責任があると思っています。この「行おうとしたこと」「行ったこと」に有効にアプローチできそうなのが、国家という政治主体を中心とした「政策史」だと思ってきました。その「政策史」に対する僕の捉え方は先に述べましたが、「政策」はその内に、要求、批判、運動を取り込んでいる場合もあれば、全く無視した強圧的な場合もあります。前者の程度如何が政策の有効性・効果に影響するし、しかもその場合の評価は実は却って難しい。なぜなら「要求」を取り込むことで却ってその「被害」を深刻にしたとも言えるし、それはまた「ポストコロニアル」との関係でも見なければならないでからです。

　また、国家を主体とした教育政策は、他の領域の政策（軍事・治安、経済、文化等）との関係も必然であり、それらを視野に入れざるを得ません。そしてそれらの解明は、「被抑圧民族」側に身を置く研究者よりも僕（ら）は遥かに研究上の有利さを持っているだけでなく、それを究明すべき責務があると僕は思っています。研究者として問われた時の「応答責任」とは、「アレは、100年前の情けない先輩たちがやったことで……」と逃げるのは論外として、「申し訳なかった」と謝って終わりということではもちろんなく、事実の飽くなき究明、そして時に誤解があればそれを解くのもその一つです。

　もう一つ重要なことは、政策の「意図」と実現した「実態」とは厳密に区別しなければならないということです。「政策」は、その政治過程、社会過程、歴史過程を経てしばしば、その「意図」を裏切る結果を招来することがあります。だから、政策立案・策定に慎重にならざるを得ないということでもあるのですが、僕は、政策を裏切る要素は、近代社会の「普遍的原理」としての、「精神的自由」と「ナショナリズム」と「自然科学」、この三つがキーワードではないかという仮説を持っています。この「普遍的原理」は、抽象的と言われるかもしれませんし、歴史的状況下の個々人がそれを自覚していたということではありません。が、しばしば政策意図を裏切るカードとして働いたのではないか、と思っています。「精神的自由」とは信仰の自由を含む人間的自由の深さであり、「ナショナリズム」とは民族共同体の歴史的体験の産物であり、「自然科学」の法則は本国と植民地を貫く両刃です。この三つに直接関わる人間的営為が「人間形成と教育」の世界であり、それを対象とするのが人類社会の

「福祉」(「共生」)を見据えた人間個体の発達の学としての教育学だと僕は思っています。そんなところに「植民地教育史研究」の難しさと魅力があると思います。

さらに誤解を恐れずに言えば、その政策がもたらした「結果」については、まず何よりも受け手の声(無き声)に謙虚に耳を傾ける、受け手の表現を感受する、受け手の文章(の行間)を読み取ることの姿勢と能力が要求されると思っています。受け手の感性・感情、意識、認識等を、強制側の与え手が共感・共有することは至難のことだと思っています。この点では残念ながら僕は、感性の面でも、言語能力(音声・文字)の面でも、その自信も能力も乏しいのですが、辛うじて努力によって多少とも身に着けうるとすれば、「歴史的想像力」でしょうか。それは、「癌」の痛みを共有できなくとも、「癌」治療の科学的研究には限りない可能性が満ちているというアナロジーでの、主観的な「楽観主義」というべきレベルのものかもしれません。

日本の政策主体から植民地を捉えるということは、方法的には対国内・国民と対植民地(他民族と自民族)と対外国(人)に対する政策を統一的に見る視野を獲得するということでもあります。植民地教育史研究は、その初発において対象がグローバル(oversea)であり、ナショナル(国権・国益の拡張と民族的対立)であり、双方の内部に矛盾・対立とその拠点を持つという意味でローカルであると思います。そしてそれに対応した三つの切り口があると思います。①地球規模の資本主義・帝国主義論、国際政治経済論、国際法論、②個別国民国家の形成と対外膨張(侵略・進出)、③そして個別植民地の固有の歴史・文化です。具体的な植民地教育史研究では、②と③が主であると思います。そこでは本国が植民地にもたらしたもの(「植民地近代性」もその一つ)が争点になっていますし、③ではその地域の長い歴史のスパンで「植民地期」をどう位置づけるかが争点です。しかも、今やこの②③はメタルの表裏の関係になっています。しかもそれらが、「ポストコロニアル」の政治状況の影響を色濃く持って論じられているのです。そのいい例が、韓国軍政下の「日帝批判」であり、台湾における国民党政権の消長でしょう。

僕(ら)は、それらの政治状況の影響を免れないけれども、翻弄されない強靭さをもつことはできるのではないだろうか。確実な歴史的事実を執拗に積み上げて行く研究のみが強靭さを保証するのではないだろうか。政治の風向きが変わっても、なお省みられる研究、そういう研究を②③で進められたらいいな、と思うのです。

4．何を明らかにするか──課題論・領域論

　今回のこのシンポで期待されているのは、多分この点なのでしょう。それを期待する会員には肩透かしになるでしょうが、僕は研究の課題や領域は無限にあると思っています。台湾について見れば、ようやく総督府文書が整理されて利用できるようになった。その意味では台湾総督府発の政策、その研究が緒についた段階であり、政策研究はむしろこれからともいえる状況だと思っています。しかも、その文書でさえも時期により保存状況は粗密があるということです。
　教育学一般の領域区分から見た植民地教育史研究の課題というものもあるでしょう。例えば、そもそも日本が与えた教育は「反面教師」の役割でしかなかったとか、学校教育、社会教育、私教育という領域設定すれば、学校教育の占める比重など意外に低かったとか、学校教育にしても「普通教育と実業教育」の関係は内地延長主義の縮小再生産ではなかったかとか、抑圧民族と被抑圧民族の「矛盾」が最も鮮明に見える断面はどこかとか。それらを各植民地毎に攻めて行くという方法です。串刺しにしようとしたら、台湾・朝鮮・「満洲」・サハリン・「占領地」を貫く植民地教育政策などなかった、ということになるかもしれないし、政策としては一つの筋があったのに、実現したものは各植民地毎に全く違っていたということかもしれない。大胆に切り込んで欲しいと思っています。しかし、課題意識と仮説・方法論はしっかりと磨いで欲しいと思う。
　研究領域は無限だから、各自の関心に応じて何でも研究したらいいと一方で言いながら、他方で僕は従来型の各植民地毎に研究を進める方法に飽き足りないものを感じています。それは僕が国家の政策に関心を抱いてきたからかもしれませんが、それだけでもないように思います。私は「台湾」、僕は「朝鮮」、貴方「満洲」、彼女「占領地」云々という「領域・地域」主義と言うべき一方向の専門分化に対して、これでいいのだろうかと思うのです。モノグラフを否定するつもりは全くないのですが、何のためのモノグラフか、どういう位置づけの、どういう展望のモノグラフか、ということへの不満なのかもしれません。今のモノグラフを集めたら一つの構造物ができるでしょうか。専門分化一方のやり方では「比較」も難しいし、下手をすれば瓦礫の山にもなるでしょう。ガウディのサグラダ・ファミリア教会を持ち出すまでもなく、無数ともいえるレ

ンガの積み上げで一つの構造物を創り上げる時、そこにはひとつのイメージがあると思います。

そもそも各植民地間の「比較」は簡単ではないと思っていますが、例えば各植民地間の「交流・影響」関係（interaction）にもっと注目して欲しいと思っています。情報でも人でもモノでもかなり行き交ったのではないか、と思っているのです。情報という点では、その媒体（新聞・雑誌）を通してお互い他の植民地をどう見ていたか。人という点では政策史的には例えば植民地官僚の転勤・移動の跡を追うという方法もあるでしょうし、宗教者の伝道ももう一つの人の交流でしょう。留学生は言うまでもありません。植民地における異民族間の「婚姻」も重要な人の交流です。通商・貿易というようなモノの流れから見る方法は経済史学で進んでいます。

そしてそれらに「教育」がどう関わったのか、という新たな研究課題が出てくると思うのです。そのような知的逍遥・冒険があったら植民地研究に別の活気が出てくるように思います。台湾総督府が、五族協和の満洲「建国大学」に「台湾人」を留学生に推薦していた、というような事実は何とも刺激に満ちています。植民地社会を根底的に批判しうる主体的で、柔軟な思考・態度がそういう中にも見出し得るのではないか、と思っています。

植民地宗主国と植民地との関係という点では、西欧列強帝国主義国家のそれの研究は旺盛に進めて欲しいと願っています。日本の官民の「植民（地）政策」は、「泥縄式」とはいえ、後発だけにそれら列強諸国を相当に研究し得る立場にもあったと思います。それは「学制」期のスタンスに近かったのではないでしょうか。これに対しては、強力な異論があるでしょう。「大東亜共栄圏」構想で西欧列強との違いを強調したのは、粗雑なイデオロギー（虚偽意識）だけだったでしょうか。戦後責任論でも、「何で日本だけが」という居直り論が後を絶たないのは、西欧列強を見据えている部分と、それを取り込んでの「確信犯」的底流とがあるように思うのです。

5．史・資料論と方法論

植民地教育史研究で、史・資料として普通に用いているものの扱い方、読み方について僕の場合について粗っぽく述べてみたいと思います。

「政策」についての僕の考えは上に述べましたが、その「史・資料」については、敢えて言うと二つです。一つはその「性格」を読み誤らないこと（史・資料批判）、もう一つは政策の中に政策批判、政策の対象とされた人々の要求・呻吟を読み取ること。

教科書・教材類については、一つはその中の「帝国主義or植民地主義」による課題と問題歪曲を読み取ること、もう一つはその根っこを押えること、つまり教科書・教材体制を支配する「帝国主義or植民地主義」を押さえること。

各種団体関係資料については、一つはその団体の出自・沿革・目的を見定めること、もう一つはその「ヒトとカネ」に注目し、特に植民地被支配異民族会員の有無とその地位、役割等を把握すること。

「自伝」「言説」には、一つは別資料から「事実」を対置すること、頭を柔軟にしてくれるものとして楽しく読むこと。難しいのは「日記」の読み方。

「新聞・雑誌」は、一つは支配的世論・世相の鏡であること（マイノリティーのそれは別個に探すこと。）二つには二次、三次の資料であるから、例えば法令類は「官報」で確認するとか、特に「伝聞記事」には十分気をつけるとか（「伝送ゲーム」を連想せよ）。

「口述資料」「画像」資料は、注目すべき極めて基調な資料だと思いますが、僕は使ったことがないので、語る資格も能力もありませんが、オーラルヒストリーについては本『年報』第7号の諸論稿及び同第6号の拙稿を読んで頂きたい。その緊急性は強調しても強調し過ぎることはないと思っています。

　これらの「史・資料」を用いて、歴史を的確に実証し、それを叙述して、歴史像を描くことになるのですが、その際の問題について二つだけ述べたいと思います。

　第一は「実証」できない「ブラックボックス」をどう扱うか、ということです。歴史研究者の泣き所です。例えば、会議の開催だけが判っていて内容が全く不明であるような場合が典型で、①「実証」できた周辺だけの叙述に留め、その「B・B」の意義についても言及しない。②「B・B」であることの意義を述べて、入力と出力は叙述する。③「B・B」内部に「歴史的想像力」を働かせて②に推測を加えて叙述する。①②は謙虚ですが、僕はそれを「実証主義」と呼びます。③も歴史研究者に容認されることで、場合によっては期待されることでもある、と僕は思っています。（「推測でモノを言うな」と批判、非難さ

れることもあるが、状況証拠での判断は許容範囲内と思う）責任を回避したければ、あるいは研究としての瑕疵を恐れるなら、あるいは記述の批判を後世の研究者に委ねるおおらかさがないならば、③には言及しないことです。そういう意味で、③は勇気が要ることだと思います。この「歴史的想像力」は、思いつきではなく、それまでのdisciplineの試練であり、仮説の実証・統合であり、歴史の見透かしであり、世界観・思想が入ってくる部分、その自覚の叙述だと思います。それは、今日・明日に向きあう生き方・哲学と重なって、「何のための研究か」という魂に触れるとも言えましょう。僕の恩師・勝田守一が描いた、柔軟な心（mind）と闊達な精神（spirit）と頑固な魂（soul）の持ち主という現代に生きる人間像、その「魂」が歴史研究において凝集するのはそこではないか、そして植民地教育史研究ではそれが特に要求されるのではないか、と密かに思っています。

　第二はどのレベルまで「実証」するか、ということです。それは、「南京事件」の日本軍による虐殺者数の実証に典型的ですが、教育史では就学率が好事例です。①まずは、それを実証することの意味・目的を明らかにする。②どこまで明らかにする必要があるかの目処を定める（それは実証することの目的による）。概数でいいのか、どの桁までの概数か、一桁まで明らかにしなければならないのか等。③先行研究、資料を追跡して最初の「出所」を突き止める。二つの出所・系譜と言う場合もあります。④それぞれの根拠とその方法を確認する。⑤改めて方法論からやり直す。新しい科学的方法・技術を駆使する。

　同様のことは、人事や事件の年・月・日・時刻等の実証にも言えることで、「重箱のスミ」を突っつく執念は必要だと思います。問題は、その必要性と実証のレベルについての論理的説明もなしに闇雲に「突っつく」のを僕は「実証主義」と呼びます。歴史研究で実証は第一歩、当たり前のことで、その実証から何を導くかが問われるのだと思います。

6．僕にとって「ポストコロニアリズム」とは

　僕が研究をはじめた時の意識は、例えば台湾については「解放」で中国国民党・蒋介石の統治下に置かれて対米協調路線の政治を歩んだこと、朝鮮については「東西対決」によって「南北分断国家」とされたこと、「満洲国」につい

てはソ連の影響化の後中華人民共和国となったことの三様の政治体制となったこと、それらの認識を、「ポストコロニアル」の問題として捉える発想はなかった。1945年で植民地が解放されたことで、植民地教育史研究の対象として「解放」後のことは僕のレーダーから消えた感があった。

　舌をかみそうな「ポストコロニアリズム」と題した岩波新書（本橋哲也著）や少し前に出た同名の「思想読本」（作品社）を読んでみた。日本植民地研究の中では相対的に進んできたと言われている教育（史）の分野から、「ポストコロニアリズム」への発言が少ないのはなぜか、と考えさせられた。確かに「教育基本法」の名において、日本政府は朝鮮人学校を閉鎖に追い込んだという戦後教育史がある。教育基本法の生みの親は教育刷新委員会であったが、その初代委員長は安倍能成（元・京城帝大法文学部長）であり、朝鮮人学校を閉鎖に追い込んだ文相・森戸辰男は、教育刷新委員会の議論をリードした気鋭の論客であった。これらは「ポストコロニアリズム」に目隠しをした。同時にそれに批判・抵抗した教育史もあり、それは1966年の外国人学校法制定の企み時にはより強力な運動として展開され、廃案に追い込みました。その前年は日韓条約が締結された年でもありましたが、こうした在日朝鮮・韓国人の教育への日本人としての主体的関わりが、韓国・北朝鮮、台湾に生きる植民地被支配下から脱した人々へ思いへとは発展しなかった、少なくとも僕の場合は。「日韓条約」反対の隊列に加わってはいたのであるが、その締結下の「戦後（個人）補償」の内実まではフォローしてこなかった。「植民地的無意識」ではなかったけれども、僕の場合、その蒙を開いてくれたのは「性的奴隷者」に貶められた女性たちの証言であった。ここで「ポストコロニアリズム」と出会うということになったわけです。しかし、「ポストコロニアリズム」を教育史研究に繋げていく方法論については、未だ模索中というのが僕の偽らざる現状です。

　昨年（2004年）10月、戦前・戦後を生きた日本人弁護士・布施辰治に韓国政府から建国勲章が贈られました。現在のノ・ムヒョン政府の政治的思惑を問わず、僕はこの出来事を素直に喜んだ。これも、韓国側からの一つの「ポストコロニアリズム」であったと僕は思うのですが、的はずれな見方でしょうか。歴史的事実の掘り起こしと積み上げを、今を生きる旧植民地支配民族と旧被支配異民族の人々の希望に繋げたいと思っています。

植民地スポーツ史研究で今求められている課題とは
―― 「植民地近代化論」との関わりで

西尾達雄*

はじめに

　運営委員会から表記のテーマの中で「立場性」を見る指標として次のようなキーワードが提示されている。
「近代化と植民地化」「政策と運動」「抵抗と弾圧」「社会意識」「植民地政策への屈服・抵抗・対抗・協力・妥協・同調・沈黙・自閉・従属」「合意の調達」「植民者における中国（古代）文化への尊敬と近代中国への蔑視」「意識の二重性」「支配民族の『良心』と被支配民族の『怒り・悲しみ』」
　このようにひとつひとつのキーワードを取り上げても、それぞれに大きな課題があると思われる。これらを的確にまとめるには紙幅も足りないので、ここでは、「植民地近代化論」に絞って、その中でも「侵略と開発」論からの問題提起を踏まえながら、筆者の専門領域であるスポーツ史の分野に引き寄せてその課題について述べてみたい。

1．「植民地近代化論」の諸相

「植民地近代化論」について調べていくと、日本にも韓国にもそれぞれ大きく二つの流れがあるように思われる。
　日本では、一つには、「新しい歴史教科書をつくる会」のいわゆる「自由主義史観」による「近代化論」で、日本が植民地経営に多額の国費を投入して植民地を「近代化」したというものである。もう一つは、松本俊郎が1988年

＊　島根大学

に出版した『侵略と開発』という本の中で「植民地において進められた様々な意味での近代化は、植民地支配者達の思惑を越えて、植民地が独立してからはかえって当該国の近代化にとって促進条件となることもあったように思われる」。「近代化に対する障害という側面ばかりでなく、近代化に対する促進条件という側面をも含めて認めることは、本来、植民地支配を肯定することと同じではない」という立場からのものである[1]。

もっとも、この中間的なものとして、侵略は良くないが、朝鮮は遅れていたから日本により植民地にされたのであり、その中で朝鮮の近代化も進められたという、両者の折衷的な「近代化論」も存在している。最近のスポーツ史研究に見られる「近代化論」はこのような立場からのものと見ることができる。しかしこのような「近代化論」は、「遅れた朝鮮像」を前提にしている点で「自由主義史観」との共通性をもっているといえよう。

韓国における二つの流れは、昨年夏以来「教授新聞」紙上で展開されている「近代化論争」において示されているものである。それについて、朴燮麟蹄大（パクソプインジェ）教授は、次のように指摘している。

「植民地近代化論には、区別される二つの水準が入っている。一つは近代化に於ける朝鮮総督府の役割を認定するというものであり、他の一つは近代化に於ける朝鮮総督府の役割を絶対視するものだ。後者の用法は植民地にならなかったら近代化することが出来なかったはずだということにもつながる。植民地近代化論の外部にいる人々は植民地近代化論を後者の用法で理解しているようだ。しかし実際には、前の二つの用法が一緒に入っている。筆者も植民地近代化論に立つが筆者は前者の用法を採択する。」[2]

朴燮氏のいう前者は、自律的近代化に加えて総督府による近代化を認めようというものであり、いわゆる「内在的発展論」に通じる性格をもっているといえよう。

また韓国におけるこの論争の中で「内在的発展論」にも二つの立場があるように思われる。従来のいわゆる「下からの」内在的発展論に加えて、「上からの」内在的発展論と呼ぶことができるものである。前者は、社会経済的な近代化の萌芽や民衆の蜂起に見られる政治参加などいわゆる「民権」の拡大から近代化の流れを見ようとするものであり、後者は「権力」による近代的国家体制への指向に重きを置くものであるといえよう。

いずれにせよ日本と韓国に現れた「植民地近代化論」の二つの流れには、共

通性が見られる。韓国における「総督府の役割を絶対視」する「近代化論」は、日本における「自由主義史観」と結びつきやすいものといえる。一方、日本における「侵略と開発」論は、韓国における総督府の総体的役割を認める「近代化論」と通じるものがあるといえよう。

ところで、もともと「植民地近代化論」は、経済史研究におけるNIESの経済発展の根拠を植民地期に求める研究、とりわけ、1930年代の工業化に求めるものであった。しかし、これに対する橋谷弘[3]などの反論があり、解放前後（戦前戦後）の韓国資本主義の断絶の問題が指摘されている。

こうした「近代化」論争の中で、近年では、従来の植民地史研究を「侵略と抵抗」あるいは「政策と運動」という二項対立図式であるとし、「人間のさまざまな活動がつくりあげる歴史的現実の総体的な把握をめざす」社会史研究からの方法的アプローチの必要性が主張されるようになってきた。そこには、「侵略」による「植民地」という現実を認めつつも、もう一つの側面として、「開発」あるいは「近代化」と今日の関わりという側面からアプローチする必要があるという松本などの方法と重なるものが登場してきたと思われる。

２．「侵略と開発」論が提起するもの

端的に言えば、植民地における近代化は、当然のことだということである。それは、「近代」日本の侵略による植民地化であり、日本の近代化過程の中に植民地が投入されたということである。そうした近代化の過程を見て行くことは当然のことだと言える。

それは、支配と搾取のための近代化であるが、その中でどのような変化が起きているかは事実として確認していく必要がある。宮島博史は、自著『朝鮮土地調査事業史研究』について自ら次のように述べている。この研究が韓国では日帝を美化する「植民地近代化論」だという「誤解」があるが、そうではなくて、「朝鮮社会の自生的発展を裏付ける内在的発展論」と言えるということである。つまり、「土地調査事業によって韓国で初めて近代的土地・租税制度が確立されたということだ」が、それは、「朝鮮後期に土地・租税制度が近代化へと移り変わろうとした動きがなかったなら、日帝がそのようにしようとしてもできなかったはずだ」ということである。そして「日帝が土地・租税制度を

近代化させたのは、朝鮮を支配する手段であって、朝鮮の近代化自体が目的ではなかった。近代化の支配が前近代化の支配より、さらに悪辣で恐ろしいのだ」とも述べている(4)。

このように、日本の近代化過程に朝鮮や台湾が投入されたことは事実であり、それと朝鮮や台湾の自律的な近代化過程とどのような関わりがあったのかを明らかにすること、その連続性や断絶についてはそれ独自に検討しなければならない課題である。また同時に、植民地の中でどのような変化が起きたかを明らかにすることもそれ独自の課題として存在しているといえる。

「侵略と開発」で松本が提起した問題は、日本の近代化過程に投入された植民地の現実に目を向けた点にあるといえよう。このような視点からの研究が教育史研究においても散見されるようになってきた。もちろん、本人達が必ずしもこのような視点を明白にしているわけではないが、例えば、韓祐煕「普通学校に対する抵抗と教育熱」(ソウル師範大学教育学科『教育理論』第6巻第1号 1991)、古川宣子「植民地期朝鮮における初等教育—就学状況の分析を中心に—」(『日本史研究』370号 1993)、呉成哲『植民地初等教育の形成』教育科学社 ソウル 2000)、金富子「植民地期朝鮮における普通学校「不就学」とジェンダー」(『歴史学研究』第764号 2002)、板垣竜太「植民地下の普通学校と地域社会」(『朝鮮史研究会論文集40集』2002)などの研究はこうした流れの中に位置づけることができよう。

3．スポーツ史研究における「植民地近代化論」

スポーツ史における「植民地近代化論」の影響の始まりについては、すでに2002年の研究動向で報告しているように、柳根直の「日本植民地統治下韓国における初等学校体育制度に関する歴史的考察」(『体育史研究』14号 1997)及び、同氏の博士論文「日本植民地統治下韓国における近代初等学校体育の成立過程に関する歴史的研究」(1997)である。柳根直の機軸は、従来の研究を「抵抗と侵略」という「二項対立図式」によるものとしてこれを批判し、「植民地下の学校体育は、植民地政策と共に近代化過程にあった」ということにあった。その立場から、「体育の教科課程、衛生・保健、教科書、教員養成、施設・用具に分けて考察」しようとしたものである。しかし、その意図が充分達

成されたとはいえないように思われる。一つは、「韓国（朝鮮）における近代学校体育は植民地時代に成立した」としている点で、いわゆる「文化政治」期の学校体育制度を発展として捉え、その根拠を「内地延長主義」政策にあるとし、この方針によって日本人と「同一の内容」になり、ここに朝鮮近代体育が確立したとしているのである。そしてこれ以降は、「内鮮一体」政策によって差別を撤廃し、「内地と同一の制度」を敷くことが法令上定められたとしていることである。もう一つは、五つの角度からの分析が必ずしも成功していないことである。学校衛生については、きわめて政策的意図が強いにもかかわらず、その分析がほとんどなされておらず、制度的には従来の研究でももっとも古い羅絢成の『韓国体育史研究』で明らかにされている成果が全く問われていない。また、教科課程や教員養成については、従来の成果を踏襲したに止まっており、植民地政策として把握するといいながら植民地体育政策については従来の概説を越えるものは見られない。教科書や施設用具に関しては新たな資料を発掘しており、一定の成果を上げている。しかし、教科内容に関しては、在朝鮮日本人との比較について、武断統治期の先行研究に依拠した比較が見られるが、「文化政治」期以後は、「内地延長主義」に基づいて、日本と同一になったとしており、その検討は十分なされていない。さらに第三には、解放前後史の連続性に言及しているが、その論拠が充分明らかにされていないことなどである。

　このような「近代化論」を引き継いだのが、孫煥『戦前の在日朝鮮人留学生のスポーツ活動に関する歴史的研究』（1999）である。これについてもすでに2002年の研究動向で報告しているが、同氏の新機軸は、在日朝鮮人留学生のスポーツ活動が本国のスポーツ活動にどのような影響を及ぼしたか明らかにしようとした点である。それによれば、留学生のスポーツ活動は、従来指摘されていた民族意識の高揚への貢献だけでなく、本国へのスポーツの普及、発展に寄与するものであったとしている。また、日本留学帰国者の韓国近代スポーツの形成に果たした役割（1895-1948）については、韓国スポーツの理論化やその普及と発展への貢献や、解放後の朝鮮における「朝鮮体育同志会」（1945）や韓国オリンピック委員会（KOC）の結成など韓国スポーツの基盤づくりに一定の役割を指摘している。しかし、留学生諸団体の分析においては、先行研究の成果に触れておらず、留学生団体が出した「月報」に対する詳細な分析が充分なされておらず、留学生が少なからず日本のスポーツの影響を受けたとしても、少なくとも初期留学生から統合期（1908年以降）の留学生が当時の愛

国啓蒙運動期の「学会」とどのような関わりがあったかなどを視野に入れながら、そのスポーツ活動の特徴をおさえていく必要があるように思われる。

これらに続く「近代化論」の立場から近年発表された論文としては、南宮玲皓「日本統治期朝鮮における東亜日報社主催女子庭球大会（1923-1939）に関する研究——大会創設の経緯、概要及び報道の役割を中心にして——」（『スポーツ史研究』第13号　2000）がある。同論文は、東亜日報による女子のテニス大会創設が当時の儒教社会におかれていた女性スポーツを一般に公開し、朝鮮の女性に対して体育・スポーツを奨励し、健康の増進と女性スポーツの底辺拡大を意図するものであったとし、競技方式や用具、審判、賞品、報道などの変遷を明らかにし、植民地下におけるスポーツの近代化過程を見ようとするものといえる。いわゆる文化政治期以降のスポーツ大会に関する本格的な研究であり、女子スポーツ大会に対する初めての研究である。女子スポーツに着目した意欲的な研究にも拘わらず、当時の女性を儒教思想の影響による「不活動性」が強調されているだけで、金富子が明らかにしているジェンダーによる女子の「不就学」の実態などを考慮に入れながら、朝鮮のスポーツに関わりを持つことができた女子の諸要因も近代化過程の中で見ていく必要があると思われる。また、同時代の「内鮮融和」政策との関わりはいっさい触れられていない。この点も言及する必要があるだろう。特にテニスは、総督府にとってもっとも「内鮮融和」の「実」を上げた種目とされているからである[5]。

これら三者に共通するのは、結局は朝鮮が「遅れていた」から日本に支配されたのであり、それ故に、日本によって近代化された、あるいは日本の影響を強く受けて朝鮮の近代化が推進されたことを明らかにしようとしている点である。こうした立場は、「侵略と抵抗」を「二項対立」として批判する中で、「侵略」の問題性を指摘しつつも、「抵抗」の意義を偏狭な「民族主義」として積極的に充分くみ取らず、結局は「先進による後進の開発・近代化」という古い図式に限りなく近い結果をもたらすものといえる。

こうした「近代化論」を意識したものではないと思われるものとして、金誠の二つの論文がある。一つは、天田英彦との共著で「植民地朝鮮における野球大会創出の意味——全国中等学校野球大会に着目して」（『流通科学大学論集』2001）という論文である。

この論文は、現在の甲子園野球の前身である全国中等野球大会の設立過程をふまえて、植民地での予選大会及び本大会参加の意義を検討したものである。

論文の前半でわが国の野球の成立過程に多くのページを割いたせいか、朝鮮での予選参加の実態や本大会参加の意義などを充分に分析しきれていないのが残念である。朝鮮での予選参加は、当初、日本人と朝鮮人が別々のグループで実施されたこと、やがて同一のグループで対戦するようになったことがどのような意味を持つのかなどは少なくとも触れる必要があるように思われる。また結論で、「日本で形成された武士道野球の中へ朝鮮人も引き込むことによって、野球というスポーツ文化が植民地政策に即して利用されうるということを示唆するものであったと言える」としながらも、「朝鮮の学生達がそういった日本の野球観を享受し、事実そうした思想を有することになったかどうかは疑わしいが、実際に大会へと出場することで可視化される存在へとなったことは確かである。そうして国家と結びついたメディアを通じて語られるものになっていったのである」としており、このような可能性をどのように実証していくかが課題として残されているように思われる。

　金誠のもう一つの論文は、「朝鮮神宮競技大会の創設に関する考察―その経緯を中心として―」(『スポーツ史研究』第16号　2003) である。この論文は、朝鮮神宮競技大会の創設の経緯を大会開催の準備運営にあたった朝鮮体育協会の動き、京城運動場設置計画、朝鮮神宮創立経緯、そして大会開催の背景としての明治神宮競技大会などとの関連性から検討したものである。その結果、1) 京城運動場設置計画が朝鮮神宮競技大会開催の「場」の創出であったとしていること、2) 京城運動場開場式が朝鮮神宮鎮座祭と同日に実施され、その日に朝鮮神宮競技大会開会式を行っていること、3) 朝鮮神宮は、伊勢神宮を頂点とする国家神道による国民の精神的な統合を意図した国家事業の植民地朝鮮への拡大であり、「内鮮融和」を図るうえで重要な役割を果たしたものであること、4) 朝鮮神宮競技大会は明治神宮競技大会の予選として位置づけられ、優秀選手は朝鮮体育協会の推薦を受け明治神宮競技大会への参加が認められたことなどを明らかにしている。

　しかし、京城運動場開場式が朝鮮神宮競技大会開催と同日に行われたことは事実としてもそのことによって京城運動場設置計画が朝鮮神宮競技大会を直接的な動機であったと結論づけることができるかどうか、もう一つ論拠が明確ではないように思われる。競技場の創設については、まず競技場を必要とするそれまでの朝鮮におけるスポーツ活動の高揚との関わりがあるのではないかということ、さらにそれはスポーツにおける内鮮融和政策との関わりがあるのかな

いのかということ、そしてまた朝鮮神宮の創立とスポーツイベントとしての朝鮮神宮競技大会の役割という文脈から触れる必要があるように思われる。また、朝鮮神宮競技大会開催前年に開催された第1回明治神宮競技大会に朝鮮から代表選手が出場しており、朝鮮での明治神宮大会予選は朝鮮神宮競技大会開催前に存在していることをこの論文では触れていない。

　このような課題をもつとはいえ、植民地における競技大会の設立経緯や日本の国内大会への朝鮮人の参加過程について具体的に明らかにしていく作業は植民地におけるスポーツの発展過程とその性格を究明するものであり、その意義は極めて高いと言えよう。

4．植民地スポーツ史研究の視点と課題

　何よりもまず、植民地支配したという現実から出発することである。その支配の現実にはどのようなレベルの問題があるかということ。その際に、支配の側の政策と支配の側にいた人間の諸相を見ることが必要であろう。また、被支配の側の「屈服・抵抗・対抗・協力・妥協・同調・沈黙・自閉・従属」など、被支配の側の人間と生活の諸相についても見ていくことが必要であろう。

　例えば、「植民地における日本人に関する研究」を取り上げる時、「日本人の大量移入」という事実を確認する作業があるだろうし、「日本人と朝鮮人との諸関係」という事実の解明作業も必要だろう。その中で「日本人に対する政策」が支配の側から出されているし、その「政策を必要とする背景・実態」を解明する作業もあるだろう。そして、そうした作業の中で日本人の中にも「多様な日本人」が存在していることも浮かび上がってくると思われる。その「多様な存在」が植民地支配とどのような関係にあったのか、その歴史的意義は何なのかを検討していくことが必要ではないかと思われる。

　このような視点から植民地下のスポーツ史を見ていく時、1990年代以降検討されてきた「スポーツイベント」としての「競技会」に対する創出過程や日本人と朝鮮人の関係などを詳細に検討する課題があるといえよう。その際に、スポーツに関わりを持てた人々の特徴やスポーツ種目別の特徴などを民族や階級、ジェンダーなどの視点から接近することも課題として残されている。

　また、日本人指導者による朝鮮人スポーツマンの指導という事実がすでに指

摘されているが、その具体的事実に対する解明は、ほとんどなされていない。それは、植民地以前からも存在していたことは、日本人教師の朝鮮人学校への赴任の事実から想定することができる。その教師の中には、植民地政策に積極的に関わった教師から朝鮮人に慕われた者まで「多様な教師」が存在していると思われる。例えば、併合前に朝鮮に渡り、朝鮮人の民族主義的体育運動を抑圧する体育内容に関わったと思われる漢城高校体育教師横地捨次郎や、併合後朝鮮に渡り、総督府の体育政策に批判的な視点を持ちながら「朝鮮の実状」に合わせた体育指導を行おうとした向井虎吉、さらには、向井の後任として養正高等普通学校に赴任し、朝鮮人学生に陸上競技を指導し、金恩培、南昇龍などの優秀選手を生み出し、養正高普を日本の駅伝大会で3年連続優勝させた峰岸昌太郎などを上げることができる。このような、日本人教師と朝鮮人スポーツマンとの関わりなども今後解明すべき課題と思われる。その他に体育教材や体育指導法の変遷や、スポーツ施設、用具、服装などの変遷から朝鮮人教師や生徒にどのような影響や変化があったかも見てゆく必要があるだろう。その中で、特に今関心を持っているのは、1930年代前半期に見られた「面白い体育」の実践である。朝鮮では、1924年頃に日本人の学校で自由主義教育論争が起きており、自由主義教育の影響が認められたが、その時期の体育実践にはその影響は認められなかった。その影響が見られるのが30年代前半の体育実践である。この実践に関わった教師達がどのような過程でこうした実践に関わるようになったのか、30年代後半以後の戦時体制下にはその実践が見られなくなるが、これに関わった教師達はその後どのような実践を行ったのかなどが課題として残されている。

　このように、植民地下における体育やスポーツには、まだまだ解明されていないことが多く存在しており、こうした事実の解明により、植民地下の体育、スポーツの実像をより具体的にしていくことができると思われる。

【注】
(1) 松本俊郎『侵略と開発——日本資本主義と中国植民地化』御茶の水書房　1988。
　　松本は、こうした方法に影響を与えたものとして、クライブ・ハミルトンとマーク・ピーティーの次のような指摘を紹介している。(同書4～5頁)
　　「総じて、この二カ国（朝鮮、台湾—松本）における植民地支配は、国内の階級構造に対して植民地支配を脱したあとにはじめてその意義が浮かび上がってくるような根本的影響を与えた」とするクライヴ・ハミルトン（Clive Hamilton）の指摘。

「朝鮮における近代的な教育体系の創設と朝鮮語、朝鮮文化の抹殺の企てをどう決済するのか。近代的な行政機構を確立したと言うことと台湾人が責任ある地位を得ることに対して敵対的であったと言うこととは、どう相殺されるのか。おそらく、日本の植民地支配の移転効果——それが良いにせよ悪いにせよ——に注意を払うことは、さらに有益である」とするマーク・ピーティー（Mark Peattie）の問題提起。

(2) 『教授新聞』2004 年 9 月 17 日付。

(3) 橋谷弘「1930・40 年代の朝鮮社会の性格をめぐって」『朝鮮史研究会論文集』第 27 巻　朝鮮史研究会　1990　129 〜 154 頁。橋谷弘「戦前期日本・アジア関係史をめぐる諸問題＿最近の研究動向を前提として」〈正田健一郎教授古稀記念〉正田健一郎編『日本における近代社会の形成』三嶺書房　1995　371 〜 393 頁。

(4) 『朝鮮日報』Digital Chosunilbo (Japanese Edition)：Daily News in Japanese 2002 年 3 月 13 日付。

(5) 内鮮融和と体育奨励は、30 年代になるとより一層強調され、スポーツの結果が内鮮融和と結びつけられるようになる。中でも庭球は、内鮮融和に大きな貢献をしたとされる。例えば、34 年 8 月の「伊勢神宮庭球大会参加について　内鮮融和と軟式庭球」を書いた湯沢茂は、「スポーツ外交なる語が近代的使命を帯びて賞揚を受けるならば、朝鮮における軟式庭球は、統治の最高指導精神たる内鮮融和に対し、他のスポーツに比し、聊に優位の地歩に於て、貢献をなしつつあるものと信ずるものである」と述べている（『京城日報』1934 年 8 月 3 日付）。そして、35 年 11 月の京城日報「社説　庭球選手と内鮮融和」では、「今回の神宮競技府県対抗に優勝した朝鮮軟式庭球選手の組合せを見ると、不思議にも、内鮮コンビ組が全部勝っており、…（中略。引用者）…負ける筈がない洪朴組が敗れたことなど思ひ合せて、我等は切に内鮮融和組の将来の健闘を望んで止まぬ。…（中略）…庭球に限らず文化の各方面に於てこの内鮮融和の実現が、顕著なる成果を生み出すのではないか」などと述べている。(『京城日報』1935 年 11 月 9 日付)

植民地教育史研究における言語の問題

桜井　隆*

1. はじめに

　歴史の研究は、言語を手がかりに行われる。言うまでもなく文献は言語によって記されている。また、昨今もてはやされているオーラルヒ・ストリーも、口頭であるが、言語によって語られたことを手がかりとする。したがって、歴史の研究者は、すべからく言語についての深い認識を持っていなければならない。

　歴史研究に必要な「文献学」は、英語では philology である。philology は philo-（愛）＋ logos（言語）という語構成の複合語であり、「言語への愛」といったほどの意味である。文献学とは言語への関心そのものであるということが、端的に示されていると言えよう。

　旧日本植民地における教育の歴史の研究も、やはり言語によって記された（あるいは語られた）資料を基礎にすることになる。したがって、言語についての知識が必要であることは当然であろう。

　ここに、旧日本植民地教育史の研究にとって、特に必要だと思われる言語の諸問題を取り上げて、整理したい。

2. 研究者の外国語能力

2.1. 文献資料

　植民地とは、ある国家が固有の領域外の土地・住民を強制的に版図に組み

---

*　明海大学

入れ、統治を行うことである。ほとんどの場合は、異民族支配が行われる。これを言語の面から見れば、支配者と被支配者が異なる言語を使いつつ、一つの社会を形成するということになる。

同化政策により被支配者の母語が失われ、支配者の言語に移行することも考えられるが、多くの場合、言語移行は短時日で完遂されることはなく、支配者・被支配者の言語が並立する時期がかなり長く続く。

したがって、植民地の状況は、支配者と被支配者のそれぞれの言語で記述される、と考えるのが一般的であろう。植民地の状況を研究するには、当然、両者の記録を参照することが必要である。支配する者と支配される者では、同一の事実であっても、その記述する内容が異なることは十分に予測される。一方の側の記録・資料だけに頼ったのでは、事実は十全には把握できない。

一例を挙げよう。19世紀末、南アフリカでのことである。南ア内陸部には、アフリカーナー（オランダ系入植者など）の支配するオレンジ自由国とトランスバール共和国があった。この地に領土的野心を持ったイギリスはボーア戦争を起こし、両国を併合した（アフリカ先住民から見れば、これは支配者間の勢力争いにすぎない）。イギリスの支配下で、アフリカーナーの言語アフリカーンス語は蔑視され、公的使用が制限されるが、アフリカーナーは自らの言語を守り、発展させるべくさまざまな努力を行った。

この経緯を記した山本（2002）は、英語化政策についてはクラドック（J. Cradock）やミルナー（A. Milner）など植民地総督の固有名詞を挙げて具体的に述べている。しかしアフリカーナーの動きについては、「1877年初めごろには専用の印刷機を手に入れ、アフリカーンス語の認知・普及を目指してさまざまな出版活動を続ける一方で……」と、いささか抽象的な記述になっている。

実はこの時期、アフリカーンス語の世界では、新聞が創刊され、また言語としての成熟度を高めるべく、ランゲンホーフェン（Langenhoven）などが次々と詩や小説を刊行していった。この動きは「アフリカーンス語運動」（Afrikaanse Beweging）と呼ばれ、アフリカーンス語史上の最重要の出来事とされている。にもかかわらず、山本（2002）はこれについて全く言及していない。

その理由は、著者が参照した資料にあると思われる。山本（2002）の「参考文献」に挙げられているのは、英語の文献だけである。英語の著述は中立的な立場で書かれているであろうが、それでも、英語話者からの視点に限定される危険性は否定できない。山本（2002）の論文の題名は「アフリカーンス語

と英語のせめぎあい」であるが、もう一方の当事者の言語＝アフリカーンス語の文献が一切採用されていないというのは、明らかに片手落ちである。両者の文献を参照していれば、論文にも深みが出たであろうし、また論調そのものが変わってきた可能性もある。

　同じようなことが、旧日本植民地教育史研究にも考えられよう。台湾・「満州」などの研究には中国語の文献を、朝鮮の研究には朝鮮語の文献を参照することが不可欠であろう。

　もちろん、一つの外国語に習熟するのはたやすいことではない。しかし、旧植民地の研究をするためには、それは不可欠の基礎能力なのではなかろうか。日本語の文献のみによって研究を行うことも可能であろうが、それでは支配者側の視点に偏った研究に終わってしまう恐れがぬぐいきれない。

2.2. 聞き取り調査

　歴史の事実はすべて文献に記録されているわけではない。教育の現場の実情などは、その当事者に聞かなければわからないことがあると思われる。特に、植民地教育を受けた人々が高齢に達した現在、聞き取りをすることができる最後の時期であるということから、オーラル・ヒストリーへの関心が高まっている。ここでも、当然のことながら、外国語の能力が必要になる。

　聞き取り調査は通訳を介して行うことも理論的には可能であろうが、調査対象者がどのようなことを述べているのか、そのニュアンスまでも含めて正確に理解するためには、相手の言語の知識が不可欠である。

　また、対面で調査を行う場合、相手のことばをきちんと理解しているということが、調査者に対する信頼感を生むことにもなるのではなかろうか。この場合、必要な言語は中国語や韓国語など、アジアの諸言語ということになる。

3. 翻訳

3.1. 訳語（英語）

　次に、日本語の論文を外国語、特に英語に翻訳する場合の問題がある。

『植民地教育史研究年報』(以下『年報』とする)では英語の目次を設けており、2004年度の『年報』目次の英訳は筆者が担当した。ここで訳語の選定に大いに悩まされた。2004年度『年報』(第7号)の「編集後記」(拙文)から引用する。

> たとえば「公学校」である。「公学校」とは、植民地統治下の台湾で、漢族の児童の初等教育にあたった学校である。これを public school と直訳しても意味がない。いや、意味がないどころか、イギリスの上流階級の子弟を教育する「パブリックスクール」と混同される恐れもあり、危険である。しかたがないので、Ko-gakko とした。
> 「建国大学」も問題である。言うまでもなく、「満州国」に新設された大学の名称である。これは大学の固有名詞だから Kenkoku University と英訳した。しかしそれでは、「建国」ということばに込められた意図は伝わらないであろう。
> (中略)
> しかし別の観点からすれば、英訳は必要だと言えよう。研究者が当然のように使っている用語を英訳しようとするとき、その中身が何であるかを改めて考えるからである。
> 今号の目次には現れてこなかったが、戦時の日本語には感性に訴えるだけの、意味不明の語が多い。「大義」や「天皇の赤子」などは英語でどう言うのであろうか。異質の文化圏の言語に置き換えようとすれば、その本質について考えざるをえなくなるのである。

これらの英語の訳語は、まだ確定されていない。

3．2．必要な外国語は？

英訳に難渋するというのは、旧日本植民地教育史の研究が、まだ世界的規模の広がりを得ていないという実情の反映であろう。しかし、そもそも目次を英語に翻訳することが必要なのであろうか。再び2004年度『年報』の「編集後記」(拙文)から引用する。

> この分野における「国際交流」は、ほとんど中国・韓国・台湾に限られている。歴史を直接的に共有している地域の、いわば当事者同士のつながりである。この交流範囲は漢字文化圏に重なる。ここで特に英語が

求められることはない。本誌でも必要なのは、目次の英訳ではなく、中国語訳・韓国語訳なのかもしれない。

中国語訳・韓国語訳ならば、「公学校」「建国大学」などの漢語は、そのまま使用することができる。逆にまた、中国・韓国・台湾で使われる用語も、漢語ならば、日本語に翻訳することなく、そのまま使うことができる。たとえば「奴化」は中国語であるが、これは日本語の論文でも翻訳されることなく、そのままの形で使用されているようである。

旧日本植民地の研究というのは、すぐれて東アジア的な学問なのかもしれない。といっても、漢字文化圏外の研究者を排除しようとしているわけではない。ただ、この分野の研究者ならば、日本語や漢語に精通しているということが、不可欠な基礎能力として要求されるはずである。これは、前節に述べた通りである。

また、中国語・韓国語の使用は、「言語権」の観点からも、肯定的にとらえられるべきであろう。本研究会には中国・韓国・台湾の会員がいる。外国語の使用を考えるなら、まず、その人々の母語の使用が認められるべきであろう。もちろん研究は国際的でなければならないが、「国際的」というと、ほとんど何も考えず、ただちに英語の使用に走るのは、あまりにも短絡的といえよう。ちなみに、社会言語学の分野では「英語帝国主義」ということばが使われることがある。英語使用の下に中国語・韓国語などを（無意識的にせよ）疎外していくことは、言語の植民地状態を形成していくことにつながる。「植民地」の教育を考える研究会としては、自戒の念をもたなくてはなるまい。

ここでは議論を中国・韓国・台湾に限定してしまったきらいがあるが、旧南洋群島や東南アジアでの研究を行うためには、英語が必要になることもあろう。したがって、英語を排斥することもまた間違いである。要はただ、旧日本植民地教育研究にとってもっとも必要な外国語は何であるか、一度は真剣な議論が行われるべきである、ということである。

4．言語学的知識

4．1．辞書の意味記述

旧日本植民地で使われていた用語は、英訳が難しいばかりでなく、現代の日

本人（日本語母語話者）にとっても特殊な、理解し難いものが多い。今やそのほとんどが「死語」あるいは「忘れられた言葉」となってしまった。啓蒙と初学者への指針を兼ねた用語事典の刊行を望みたいところである。

『年報』では第 7 号に「気になるコトバ」という章を新設し、今後もその掲載を続けていく構えのようである。用語事典編纂の準備につながるものとして期待したい。できればこの辞典には用語の外国語訳（英訳を含む）も掲げ、これを定訳として、研究の国際標準を示すことも考えたい。

「気になるコトバ」は、旧日本植民地教育研究の立場からキーワードについての論述をしたものであるが、「コトバ」についての解説という側面ももつ。執筆に当たっては、言語や辞書についての最低限の知識も要求されることになろう。これを欠くと、論述そのものが不十分なものになる恐れがある。

たとえば佐野（2005）は「内地」という語を論じるために「手元にあった少し古い『広辞苑』（第三版、1983 年）を見てみると、定義といえないような定義が載っていました」としているが、これには 2 つの点で誤りがあると思われる。

まず、辞書は何年かに一度は改訂されるので、最新の版を使用すべきである。辞書の編纂者は常によりよい記述、時代に即した語義の提示を心がけているのであるから、学問的論述では不用意に古い版を持ち出すべきではあるまい。2005 年現在の『広辞苑』最新版は、その後 2 度の改訂を経た、1998 年刊行の第五版である。

次に、辞書の語義説明は「定義」ではない。辞書が示すのは「言葉の規範」であり、これは時とともに変化するものである。そこに不変の「正しさ」は望むべくもない。

また、日常生活の中で使われる言葉の意味は、元来きわめて漠然としたものである。たとえば「虫」は、「羽があり、足が 6 本で……」という生物学の「定義」通りの意味で使われているわけではない。「かたつむり」が「でんでんむし」という別名をもつことからもわかるように、「虫」とは、手のひらに乗る程度の大きさの、雑多な小動物の総称なのである。したがって、辞書学では単語の意味の説明を「定義」とは言わない。「語釈」あるいは「意味記述」と言い、その述べるところは「多くの人々は、現在、おおよそこのような意味で使っている」という程度のことである。

学問それぞれの専門分野から見れば、辞書の語釈はあいまいであり、間違っ

ていることがあろう。そこで、単語を日常の言語使用から切り離し、専門家が人為的に意味の限定を行って得られるものが「定義」である。一般向けの辞書は専門用語辞典ではないので、「定義」を掲げることはない。「○○用語」というような記述を付することがあるが、それは、その単語の使用領域を示すものであって、定義を掲げているということではない。

　さらに言えば、辞書の意味記述に使えるスペースは極めて限られている。わずか数行の中で、できるだけのことを伝えるしかない。その記述が十全なものになりえないのは、辞書の宿命である。

　辞書学を踏まえて考えれば、辞書の語釈に欠陥があることを研究者の立場からあげつらっても、意味はない。佐野（2005）は『大辞泉』の「内地」の語釈をとらえて「北海道は「日本の本来の領土」でしょうか」と問うているが、多くの人々が現在、日常のレベルでそのように考え、「内地」ということばをそのような意味で使用している、という事実は否定できないであろう。それは歴史学や植民地研究における学問的当否とはまた別の問題である。

4．2．単語の比較・対照

　佐野（2005）はまた、韓国語の辞典の中から「内地」という単語の語釈を引いて、日本語の辞典の語釈と比べている。しかし、語形が同じだからといって、この2つの単語を同列に並べて比較することには問題があろう。それぞれの単語の意味は、それぞれの言語の枠組みの中で考えなければならないのである。

　わかりやすい例を挙げれば、日本語の「コンビニ（＝コンビニエンス・ストア）」と英語のconvenience storeは、語形は基本的に同じと言えるが、その指し示す店舗の実態にはかなりの相違があろう。辞書の意味記述にも当然、違いが出てくるはずである。この2つの単語の語釈を同列に並べて論じることはできない。

　まして、その単語のニュアンス（あるいは情緒的意味）まで考えると、違いはさらに大きくなる可能性がある。たとえば「日本」は客観的にみれば一国の国名にすぎないが、日本語の中で使われる「日本」と、韓国語の中で使われる「日本」とは、かなり異なるニュアンスをもつはずである。

　二言語の中に同形の単語を見つけ、それぞれの言語の辞書の語釈を並べて、

その優劣を論じるというのは、言語学的に見ればきわめて乱暴な議論である。こうした言語の対照研究で言えるのは、同形の単語の意味が二言語間でどう異なるか、あるいは同じであるか、ということである。

5. 終わりに

　植民地教育史の研究には歴史学と教育学の知識が不可欠であろうが、さらに言語に関する知識が必要であるといえるであろう。ここでいう言語の知識とは、道具としての外国語の運用能力であり、もう一つは最低限の言語学の知識である。

　多岐にわたる学問・知識を身につけることは困難ではあるが、植民地教育史研究がさまざまな面で言葉に関わることを考えれば、やはり言語に関する知識は必須のものといわざるを得ない。

【引用文献】
桜井　隆　2005「編集後記」日本植民地教育史研究会『日本植民地教育史研究会年報』第7号　皓星社
佐野通夫　2005「「内地」という言葉」日本植民地教育史研究会『日本植民地教育史研究会年報』第7号　皓星社
山本忠行　2002「アフリカーンス語と英語のせめぎあい――南アフリカ共和国の言語政策史と現状」河原俊昭・編著『世界の言語政策――多言語社会と日本』くろしお出版

[付記]
　桜井隆の本論稿「植民地教育史研究における言語の問題」は、2005年3月の本研究会の研究大会（熊本）シンポジウムで報告すべく準備されたものであるが、桜井が止むを得ざる校務のために出席できなくなり、報告はされなかった。編集委員会では、桜井にシンポジウム「誌上参加」という形での寄稿を求めた。その際桜井より、研究大会直後に発行された本研究会『年報・植民地教育体験の記憶』（第7号）に掲載された、佐野通夫執筆の「「内地」という言葉」を批判の対象にしてもよいか、との提案があった。編集委員会（2005.8.2）は、研究会内での会員同士の相互批判・論争は研究活動の活性化のためにも望ましいとして、この提案を受け入れた。そのもとで執筆されたのが、この「植民地教育史研究における言語の問題」である。桜井の佐野執筆「「内地」という言葉」

に対する批判はかなり手厳しい内容を含むもので、桜井にもためらいがあった。しかし、本論稿は全体として私たちにとって重要な提起であり、かつ必要な節度を踏まえた記述と判断して、編集委員長の責任において無修正のまま掲載することにした。（渡部宗助）

まとめ

井上　薫＊

　2005年3月5日（土）～6日（日）、熊本県立大学を会場として第8回研究大会を開催した。大会シンポジウムは、初日午後1時から4時半まで、主題「植民地教育史研究　いま、何が問題か──史資料・立場性・相互交流を考える」の下、渡部宗助、西尾達雄両会員から提言をうけ、それに基づいた討論が繰り広げられた。

　このシンポジウムのテーマは、当日司会の弘谷多喜夫会員の言葉を借りれば、目新しいテーマではないが、前年秋に運営委員会で議論をしていて「落ち着くところに落ち着いたもの」であった。植民地教育史研究が抱えている様々な課題を、いろいろな立場から出しあいながら、確認しあいながら行くのが現段階ではないだろうか、という思いが反映している。
　一般的なテーマとなったが、その分だけ参加者がそれぞれ自由に議論することを期待した。
　以下、シンポジウムの流れと主な意見交換の状況をまとめることにする。
　　　　　　＊　　　＊　　　＊
　渡部宗助会員は、「いま、植民（地）教育史研究──僕の場合」と題し、1）それは、「伊沢修二」から始まった、2）「政策（史）」をどう捉えるか──状況論、3）植民（地）教育史研究の難しさと魅力──対象論、4）何を明らかにするか──課題論・領域論、5）史・資料論と方法論、6）僕にとって「ポストコロニアリズム」とは、という構成で問題提起を行った。
　状況論では、日本の場合、「政策」を国家官僚が担ったために「「政策」が何処まで実現したかという検討を等閑視する一面をもたらした」と指摘し、「政

＊　釧路短期大学

策」主体の把握・描き方に多様な解釈があるが、あえて「抑圧民族―被抑圧民族」図式にこだわる理由を強調した。また、対象論では、自民族が行おうとしたこと、行ったことに対する「応答責任」から出発し、日本植民地教育史を「日本教育史に位置づけ」たこと。さらに、政策の「意図」は裏切られるため「実態」との厳密な区別を行うべきで、「裏切る要素」に精神的自由・ナショナリズム・自然科学を提示。そして、政策がもたらした「結果」について、「受け手」の「声（無き声）」・「表現」・「文章（の行間）を読み取る」ことを、困難は承知の上で「心掛けるべき」と主張した。

「史・資料論と方法論」では、「実証」できない「ブラックボックス」をどう扱うかについて、場合によっては、「実証の総合」・「歴史の見透し」としてこのブラックボックス部分に「歴史的想像力」を働かせることも研究者に容認されていると述べた。

　西尾達雄会員は、「植民地スポーツ史研究で今求められている課題とは――「植民地近代化論」との関わりで」と題し、1)「植民地近代化論」の諸相、2)「侵略と開発」論が提起するもの、3) スポーツ史研究における「植民地近代化論」、4) 植民地スポーツ史研究の視点と課題、のそれぞれについて話された。

「植民地近代化論」の諸相について、松本俊郎の「近代化に対する促進条件という側面をも含めて認める」ことは「植民地支配を肯定することと同じではない」という主張（『侵略と開発』1988）、朴燮の「植民地近代化論」における「朝鮮総督府の役割を認定する」ことと「朝鮮総督府の役割を絶対視する」ものという「二つの水準」（『教授新聞』2004/9/17）、橋谷弘の「下からの」とは別の「上からの」内在的発展論（『朝鮮史研究会論文集』27、1990）、M.ピーティーの「日本植民地支配の移転効果」などが示された。例えば、「支配と搾取のための近代化」であればその中での変化を確認する必要があり、朝鮮や台湾の自立的な近代化過程との連続性や断絶を具体的に検討する必要を主張した。

　スポーツ史研究においても「植民地近代化論」が登場しているが、一部を除いて、まだ具体的な検討が十分ではない様子。西尾会員は、今後、朝鮮の体育界で活躍した横地捨次郎や向井虎吉、峰岸昌太郎らの日本人研究を進めながらこれらの課題に挑みたい旨を語った。

討論の中では、韓国で発行されている「教授新聞」について、「民族」、「同化」、「近代化」について、また植民地「教育」史の独自性について話題となった。
　まず、宮脇会員から、渡部・状況論で「「同化―抗日」の二項対立ではなく「「抑圧民族―被抑圧民族」という「図式」にこだわ」ったこと、しかも「民族」を含めた理由について質問があった。渡部会員は、植民地政策を「同化」と切ることについては「かなり批判的」であり、戦争末期の朝鮮では「政治的不同化」が実態だったこと、「被抑圧であればあるほど抑圧者側にこびを売」るなどの現象から「被抑圧民族」イコール「抗日」とはならないが、一国社会における一般論的な「支配―被支配」「弾圧―抵抗」等とは異なる「植民地社会を構成する最も主要な矛盾関係」を表現する概念として有効だとした。ただし、宮脇会員からは、純粋な「民族」との対立・支配関係は国際結婚との関係で難しいという意見もあった。これに対して渡部会員は、念頭に置いていたのは「国民」であったと述べた。関連して、アメリカ占領下の沖縄における教育基本法（1958年）は日本の「国民」が「住民」となっていることが紹介された。この「住民」については前田会員から"inhabitant"であることが補足された。二項対立図式に関連しては、西尾会員から、「二項対立図式批判そのもの」が、「政策」や「抵抗」を「逆に十分評価しないという問題点を持つ」との指摘もあった。
　「近代化」については、西尾会員から検討の必要がある旨が述べられた。「開発論が提起したことは、「開発」と言っていいのかどうか別にしても、近代化過程の中で実施された植民地政策が何であったかを見る必要はある」「それを、近代化政策として評価することとは別だ」。その際、「「近代化」の持つ問題点もきちんと定めだしながら「近代化」とは何なのかということを明らかにしていく」必要を述べた。また、「その過程でそこに生きた人たちがどういう変化をしてきたのかということが最近問われていること」で、例えば「日本の支配の中に朝鮮を如何に取り込むかという政策として実施された」植民地政策や体育政策などを通し「朝鮮人がどういう影響を受けたか」ということを明らかにする際には、「「政策と運動」「侵略と抵抗」だけではない」という表現も用いられた。
　ところで、この「近代化」の中で実施された政策は何であるのかについても議論になり、例えば、宮脇会員から、3年半のマレーシアにおける日本の軍政

が近代化に貢献したと言えるのか、誰のための「近代化」なのか、制度や施設の二面性ではなく、過程の中で犠牲になったものは何か、背後にあったこと、本国との関係でどのような益があったのかを吟味する必要があることが述べられた。また、「近代」については、渡部会員から、「特殊ヨーロッパ的な価値観」でありながら、「世界的な規模であるいは地球的な規模で普及している普遍的なものを含んでいる」こと。そこには「精神的自由」「ナショナリズム」「自然科学」の要素を含むことが述べられた。

　さらに、植民地教育史研究の基本的な問題として、志村欣一会員が、「『教育』にこだわりたい」という立場から、「教育史研究の独自性をどう考えるか。植民地教育史とわざわざつける意味は何か」と問うた。志村会員は自己形成の問題として、山本一生会員は人格形成の面から、佐藤由美会員は子どもや人間、形成過程や相互関係の叙述を大事にすることから、それぞれ植民地「教育」史の意義を述べた。また、司会の弘谷会員からは、「歴史学者が書く歴史における教育の叙述」と「教育を見る目で歴史的な事象として教育を研究する」違いと意味について述べた。

　ところで、井上薫会員は、政策史の立場から、学校とか教育の中身にこだわらず、広めに「日本語の強制」を捉える関係上、植民地「教育」史とはせいぜい「相互関係」で接点を持つ程度と述べた。「支配を受けることによってどんな歪みが生じるのか」の評価軸を定めるために、渡部会員報告の「立場性」にあえてこだわるとした。どんな影響を与えるのかという部分は批判的に検証をするという立場を大事にしないと研究が成り立たないのではないかと問題提起をした。井上会員の関心は、例えば、被支配民族へ帰属意識を作らせるために制度や抑圧システムが何かの作用を果たすのだろうが、それは教育史の中でどんなふうに取り上げられるのか、その「強制の構造」を考えたいということであった。

　弘谷会員は、教育研究をしていて気がついたこととして、「文字を必要としない歴史の中で生きていた人たち（原住民）が、学校を建てられるということは、結局外から文字を与えられるということで、それは本当に幸せなことなのか」と考えるようになったことを例示した。また、大学教育を自分たちの言葉でできない人たちの場合、初等教育の段階に母語で勉強を受けても、結局は外国語で最終段階（大学）の教育を受ける。なぜかどんなにやっても彼らは国家のための人材とはならないことも。

渡部会員は、教育学として教育史をするという立場。日本教育史の中に植民地も入っていると捉えて、「教育学」を重視した。「教育学」的なことはおよそ次のように語られた。「「人間形成と教育」でありながら、特に教育の場合、意図的な事だとか、学校とか、教師の働きかけがあるにもかかわらず、その意図した通りにはならない。それは相手がいることだから。それが教育学だろうと思う。意図する側が裏切られてもなおかつ子どもとか人間とかが発達していく、変わっていくというところを見るのが教育学だろう。だから、それを植民地教育史学に引きつけていえば、いくら植民地本国がこういうやりかたをしようとしても、それはその通りにはならない。ならないのが当たり前だ」。そこが教育学の持っている不思議さ、面白さだということであった。

　その他、渡部会員からの提起で、「地域横断的な研究を意識して欲しい」という要望があがっていた。一人ではなかなか取り組みにくい課題であるが、折しも植民地教科書比較研究の動きが始まろうとしていた時期に、新たな研究会の方向付けを示唆する提言であった。また、これからの植民地教育史研究が、単に「政策」や「抵抗」を否定するのではなく、視野の広さを持ち、「抑圧民族―被抑圧民族」の構造を意識しながら、研究対象とする事態や課題の変化・変容の過程と要因に関する研究が今後一層深まることを期待したい。

Ⅱ．研究論文

国語教育と植民地：
芦田惠之助と「朝鮮読本」

北川知子

0．はじめに

　朝鮮総督府に、国語読本の編修官として勤務していた当時、芦田惠之助は内地の弟子に次のような書簡を送っている。

　　拝啓　御状拝見致しました。小生の五十以後の計画が朝鮮総督府のために妨げられて、二年後れました。私も本年中に朝鮮を辞して、いよいよ真正の教育浪人とならうと思ひますが、事業の予定をおきゝに達します。まづ朝鮮引き上げを明年三月として、本年度内は半分東京にゐるつもりです。その間に
　　　尋常小学　補習読本
　　十二冊を書いて、明年四月以後月々一冊づゝ発行、十四年三月で終るつもりで、内容は二部にわけて
　　　　第一部は国語読本の真に補習の目的
　　　　第二部は理想の読本
　　故に、国語読本に二十五課ある場合は第一部二十五課、第二部の理想読本を加へて五十課或は七十課のものにして、少年雑誌一冊分位の値でうりたいと思ひます。
　　朝鮮の読本を編纂して見て、内地の読本の欠点が鮮明に見えて来ましたから、せめては余生を社会奉仕にと考へての仕事です。（中略）
　　朝鮮読本は一二三四五と出来まして、一三五はもはや発行するばかりになつてゐます。今編纂趣意書一課ごとに書いてゐます。内地のとは平和

の色彩愛の色彩にゆたかで、もすこし児童的です。古典趣味を脱してゐますからもつともつと明るい読本です。発行になりましたらお送り致しますから、北海の教育で忌憚なき批評をして下さい。斯道のためです。二年あまりの仕事としては大きな仕事でした。(1)（傍線引用者）

　書簡の記述からは、芦田が「朝鮮読本」に相当の自負を持っていたこと、また、植民地朝鮮と内地の国語教育を連続したものと捉えていることが明らかである。

　筆者はこれまで、芦田が編纂したものを中心に、植民地期の朝鮮で、「日本語ヲ常用セザル」朝鮮人児童を対象とした『普通学校国語読本』を考察してきた。そもそもの出発点は、なぜ芦田恵之助ほどの卓抜した教育者が、朝鮮人児童に日本語を教えることに矛盾を感じなかったのか？　という疑問であった。(2)

　芦田恵之助だけでなく、植民地・占領地における日本語教育と内地国語教育には人的な重なりが大きい。それは、戦後の日本語教育・国語教育が、実践面でも研究面でもほとんど没交渉に近い状況で進んだことと対照的である。結果として、現在第二言語として日本語を学習する学習者は成人が中心であり、「国語」という教科目を学習するのは日本語を第一言語として生活している児童・生徒が中心であるとの認識が一般的になっている。(3) しかし、このような認識を広めた背景には、やはり戦後教育の出発点で「外地国語教育」の総括が不十分だったことが影響していよう。芦田恵之助に限っても、彼の理論・実践に関する研究の多さに比して、「朝鮮読本」「南洋読本」を取り上げた研究は少ない。(4)

　本稿では、芦田恵之助の一連の仕事（副読本の編纂・発行や教材研究）と「朝鮮読本」とがどのように関連し、彼の教育観・教材観の成熟に影響を及ぼしたのか、考えてみたい。『芦田恵之助国語教育全集』（以下『全集』）の第13巻教科書編「解題」で井上敏夫は、芦田の執筆した読本から中等教科書へ採録された教材を紹介し、「当時、芦田執筆の教材文章が、内容的にも表現的にも、教科書編者によって注目され、評価されていたことがうかがわれる」と指摘している。芦田の産出した教材や既存教材の解釈・実践法が、当時の国語教育界に影響力を持っていたことは間違いない。(5) そこで芦田が編纂した 1923（T12）年使用開始の『普通学校国語読本』（以下『朝鮮23年読本』）及びその

「編纂趣意書」(6)（以下「趣意書」）、第三期国定読本（以下『ハナハト読本』）と芦田が『ハナハト読本』の教材について書いた『国語読本各課取扱の着眼点』(7)（以下『着眼点』）の教材解説を中心に検討する。

1.「内地の読本の欠点」

先の書簡で、芦田恵之助は「朝鮮の読本を編纂して見て、内地の読本の欠点が鮮明に見えて来ました」と述べている。まず、この「欠点」について、芦田が具体的にどう考えていたのかを整理しておきたい。

1－1.「植民地に関する材料」

『第二読み方教授』で、芦田恵之助が「内地の読本の欠点」と言明しているのが、「植民地に関する材料」の乏しさである。項目を立てて具体的に述べられており、芦田の植民地観が如実に出ているのだが、一部を引用する。

> 朝鮮にゐる初等教育者は、誰もいつてゐます。内地の国語読本は、朝鮮海峡に太い一線を引いてゐると。いふ心は朝鮮が眼中にないといふ義です。「朝鮮人参」と「京城の友より」位であつさり片付けられてゐることを、面白くなく思つてゐるのです。いたづらに朝鮮材料を多く入れてほしいなどいふのではありません。かういふ読本によつて育てられた者が、果して将来朝鮮を率いる義を解するだらうかとあやぶむのです。私がかやうなことをいふと甚だ内地の読本を難ずるようで、申訳がありませんが、日本民族が植民地経営のまづいのは、その素養がないからだと思ひます。占領した、併合したといふことには、強き興味を持つやうですが、これをいかに導き、いかに処置すべきかといふには、注意が甚だ淡いやうです。(8)

この点について、芦田は自著である『尋常小学国語小読本』（以下『小読本』）に、植民地や占領地に関する教材を多数収録することで、国定読本の補完を試みている。この時点で訪問経験のなかった台湾材料以外は、芦田自らが取材・

収集した材料からの書き下ろしである。下表は『小読本』の朝鮮関係教材のうち、『朝鮮23年読本』教材と重なりが見られるものの一部である。『小読本』は内地日本人児童を対象にしているため、転載ではなく、書き直されたものが多い。

教材名の前の数字は（巻－課）を表す (9)

『小読本』	『朝鮮23年読本』
2-25　タマゴノ王サマ（伝説）	6-5　昔脱解
3-15　あかい　つめ（習俗）	3-25　ほうせんか
3-21　日と月のひかり（神話）	8-14　日の神と月の神
3-26　水中の玉（民話）	3-30　なかのよい兄と弟
5-12　七夕（伝説）	5-26　かさゝぎの橋
6-5　済州島（神話）	5-3　三姓穴
6-9　虎狩（逸話）	6-7　虎狩
9-24　なつかしい慶州（地理・歴史）	8-8　石窟庵
10-10　市（地理）	8-11　市

　上記のうち、民話・伝説教材に関しては、1930年使用開始『普通学校国語読本』（以下『朝鮮30年読本』）へ受容された教材とも比較して、これらの教材が「内鮮融和」促進の意図を持っていることを明らかにした。(10) 特に『小読本』の場合、「将来朝鮮を率いる」日本人を育てていくねらいをもっていることは、先の『第二読み方教授』に明らかである。
『小読本』は「芦田書店創業手始めとしての、この小読本編纂刊行の仕事は、幸いにも当時の初等教育界に認められ、学級をまとめての注文なども次第に多くなっ」た(11) とのことであるから、一定の影響力があったとみてよいだろう。ただ、後続の国定読本（第四期『サクラ読本』）にこれら植民地教材が直接採用されることはなかった。原因として、そもそも『小読本』が、国定読本を大読本と位置づけた補充読本であったことが考えられる。つまり、教材の主たる国定読本の場合、課数・教材配列のバランスを考えると、植民地材料に偏するわけにはいかないということである。また、『小読本』の最終巻である巻十刊行が1927（S2）年であり、『サクラ読本』使用開始の1933（S8）年まで6年もの開きがある。1933年は日本が国際連盟を脱退した年でもあり、情勢が厳

しさを増していくさなかに、あえて植民地の歴史や習俗などを読本教材に取り上げる必要は感じられなかったのかもしれない。

　以上、「植民地に関する材料」不足という欠点に関しては、ここで考察を置く。『小読本』が実際どのように児童に活用され、読み物として親しまれたのかなど、今後の課題としたい。

１－２．仮名教授

　日本の初等学校に、「国語」という教科目が誕生したのは1900（M33）年の小学校令改正時である。その年、芦田惠之助は『小学校に於ける今後の国語教授』を公にしているが、その「第三章　仮名づかひに関する意見」に、以下のように述べている。

　　　　　　　　トヘリ　　　　問ヘり
　　とかゝしむる場合に、エの音はヘと書くべしと教へ置かば無邪気なる児
　　童は、エヲニマイアゲマスと書く場合に、ヘヲニマイアゲマスとあやま
　　るは、決してむりならず。又
　　　　　　　ローソクヲコシラヘタルハ　ナニダラウ
　　とかゝしむる際に、ローソクのローは、ロに一を添へてあらはし、同音
　　なるダラウのラウは、何故ラウととかゝざるべからざるかは、到底児童
　　をして区別せしむべからず。故にヘはいつもヘ音をあらはし、ローは常
　　にロに一を添へてあらはすべしと定めざれば、決して脳の負担を軽減し
　　たるものにはあらずして、寧ろこれまでにロウラウなどとつゞりかたの
　　ありし上に更にローの記述法を加へたるものといふべし。簡易にしたる
　　といはむより、却つて困難ならしめたりといふこそ至当ならめ。
　　（中略）願はくは、一刻も早く今回の字音仮名づかひを以て、大和言葉
　　にも適用すべしとの法令を発表せられむことを。(12)（傍点原文）

　この時点で発音と仮名遣いの不一致・及び同音に数種類の表記が存在することからくる児童の学習負担を憂えていた芦田が、表音式仮名遣いを実践できる「朝鮮読本」「南洋読本」を肯定的に受け止めていたことは想像に難くない。ただし、文部省への遠慮からか、両読本編纂以降に内地仮名遣い（歴史的仮名遣

い）に関する評価を直接述べたものを筆者はまだ確認していないので、ここは推察にとどまる。

　このように、児童の学習の様子から現実的に考察を進めていくのは、一貫して芦田にみられる姿勢である。仮名遣いそのものに関する論考ではないが、1年生入学当初の仮名教授の重要さについて、芦田は以下のように述べている。

> 　これ（引用者注：『ハナハト読本』までの初等科用読本4冊の巻一冒頭教材例）を通覧すると、仮名教授は簡より繁にといふ理法に、児童の生活にちかい語をとつてといふ工夫が加味されてゐます。その用意すこぶる周到ですが、児童の発達に関する考慮は甚だ軽視されてゐるかと思ひます。[13]

　当時内地で使用されていたのは国定第二期読本（修正本。以下『ハタタコ読本』）と『ハナハト読本』である。いずれも冒頭教材は範語法を採用しており、指導も単語の発音・書き取りの反復といった方法が一般的であった。芦田自身も同様の指導を繰り返し経験し、反復練習の重要さは肯定しつつも、入学当初の「旺盛な学習態度をきずつけないで、どうして学校生活に移らせることが出来るか」を考えると、機械的な反復学習は児童の態度を受動的に陥らせる欠点があるのだと実例も交えながら説明している。[14]

　では、どうすればいいのか。芦田は対案を次のように述べている。

> （前略）仮名教授の根本をなす児童の生活を結晶さすには、どうしても絵画によらなければなりません。絵雑誌にある春景色とか、お伽芝居などの絵によつて、さうした場面を想像させ、それから自分の生活を反省せしめ、そこに自分に深刻な響きを持つ事柄を思ひおこさせて、その中からその場面を捷げる一語、或は数語又は短句・短文によつて仮名教授を行ひ、さらに文字を見て、その語・句・文によつて、その生活の全面をおもひおこすやうに取扱ひたい。之を私は最上の仮名教授だと思ひます。
> （中略）
> 　かうした仮名教授の整理方面は、音図が引受けて行ふことになります。したがつて少なくとも国語読本巻の一の前半は、児童の生活を書きあらはした絵ばかりで、その第一頁に音図をかゝげたものが、最も理想的だ

といふことになります。[15]

　芦田編纂の『朝鮮23年読本』は巻頭に清濁音両方の50音表を掲載しており、所信に基づいた理想の読本であったことがわかる。ただ、児童の生活から発表させるといっても、朝鮮や南洋の児童の生活語は日本語ではないので、同列に論じるのは無理があるはずだが、芦田の記述にそうした屈託は見られない。「御参考までに」と項を立てて、「朝鮮読本・南洋読本及び現行内地の読本を参照して、各地一学年の生活に即する仮名教授資料をまとめ、これによつて仮名教授の暗礁—（略）に乗上げないやうに、国語教授の第一歩を堅実に踏出させることが出来ましたら、我が国語教授界の為に大なる貢献だと思ひます。」[16]と、それぞれの巻一教材を紹介し、今後の仮名教授法の発展を期している。

　つまり芦田は、「内地の読本の欠点」として、範語法教材とそれを含めた巻一の編集方法を意識していた。入学当初の仮名教授教材として、当時使用されてた『ハタタコ読本』『ハナハト読本』巻一教材が不十分だと考えていた芦田にとって、『朝鮮23年読本』巻一は改善案の一例であり、それも自信をもって世に問うてみたい作例だった。『第二読み方教授』（1925）、『仮名の教授』（1926）、『着眼点』（1928）と、繰り返し例示していることからも、芦田の自負は相当のものだったと考えられる。ではこの芦田の立言が、以降、どのような展開を見せたのだろうか。

2．教材の検討

　前項で指摘した入門期仮名教授について検討する。まず50音表の扱いと、それを含む巻一巻頭部分に対する編集方法について、次に巻頭の教材（語・文）について考える。

2−1．巻一巻頭部分の扱い：50音表提出について

　巻一は、入学当初の児童が初めて手にする教科書であり、全体を貫く編集の方針・特徴が如実に現れるところでもある。筆者は修士論文で、巻一の仮名提出方法に関して朝鮮読本と国定読本とを比較し、朝鮮読本に、日本語を母語と

しない朝鮮人児童向けの配慮が見られることを述べた。(17)「国語読本巻の一の前半は、児童の生活を書きあらはした絵ばかりで、その第一頁に音図をかゝげたものが、最も理想的」という芦田の言に従って、再度仮名提出と50音表の扱いを見てみよう。

※拙稿（1993）より作成

	朝鮮読本（『普通学校国語読本』）			国定読本		
発 行 年	1912	1923	1930	1910 (ハタタコ)	1918 (ハナハト)	1933 (サクラ)
総 頁 数	80頁	57頁	58頁	55頁	54頁	78頁
母音提出	1-26頁	4-10頁	8-12頁	5-25頁	5-22頁	2-17頁
清音終了	31頁	34頁	27頁	30頁	30頁	27頁
濁音終了	41頁	38頁	38頁	50頁	52頁	33頁
清 音 表	42-43頁	1頁	28-29頁	54-55頁	26-27頁	76-77頁
濁 音 表	42-43頁	1頁	40頁	54-55頁	42-43頁	76-77頁

　巻頭に50音表を配置しているのは、『朝鮮23年読本』のみである。『朝鮮30年読本』は、清音提出終了を待って清音表掲載、濁音・半濁音の提出終了を待って濁音・半濁音表掲載という『ハナハト読本』の形態に合わせており、芦田の試みは継承されなかった。ただし後続の『サクラ読本』で、教科書末尾に清濁両方の50音表をまとめて掲載している点は注目される。芦田が50音表の巻頭配置にこだわった理由は「仮名教授の整理方面は、音図が引受けて行ふ」ため、つまり50音表を常に参照させて、既習文字・未習文字を児童に意識させるためである。その意味では、教科書の途中ではなく末尾にまとめて掲載していた『ハタタコ読本』のほうが、まだしも児童の自学自習には便利だったといえる。未習文字をいきなり巻頭配置することに関しては理解が得られなかったが、「仮名教授の整理」に資するように、という芦田の提言は受け入れられ、『ハタタコ読本』方式への復古という形で反映されたといえよう。では、なぜ50音表の巻頭配置ができないのか。『着眼点』にこのような記述がある。

　　（略）余談であるが、読本の編纂に、濁音・次清音等をなるべく早く出さ
　　うとして、文章を細工するのはよくない。寧ろ文の自然を主として、文
　　字は出た場合に教へると考へたがよい。うまく出なかつたら、二字や三

字は音図で教へてもよいかと思ふ。とはいふものの国定読本の一の巻に、仮名が二三落ちてゐるといふ事実が、もしあつたとしたら、天下は喧々囂々、痛罵攻撃相次ぐだらう。しかし私は音図で教授するのも一法で、仮名一二のために、文の自然が傷はれる罪よりか軽いと思ふ。それには音図を、仮名を出した後にまとめるよりも、先に出して、仮名を出す事を急がないがよいと思ふ。なほ音図を先に出すのは自学の上にも有効である。[18]

　文中で「音図を、仮名を出した後にまとめる」とあるのは『ハナハト読本』の編集方法を指している。芦田はあくまでも「音図を先に出す」ことにこだわっているが、ここで述べられている「国定読本の一の巻に、仮名が二三落ちてゐるといふ事実が、もしあつたとしたら、天下は喧々囂々、痛罵攻撃相次ぐだらう」という状況にあって、教材文の中ですべての仮名文字を網羅できなくてもよいではないかという立言は、かなり突出した斬新なものだったといえよう。つまり、50音表を巻頭配置することは、教材文と関係なく仮名文字だけを教授するのか、教材文で仮名文字を網羅する努力を放棄するのか、といった疑心暗鬼を呼ぶという懸念が、教科書編集者（文部省）内部に強かったことが推察される。名詞（範語）から入る型を打ち破った『サクラ読本』でさえ、そこまでは打ち破れなかったのだろう。ただ、前掲表からもわかるように、『朝鮮23年読本』巻一は、教材の中ですべての仮名文字（清濁表記）を提出しており、母音5音の提出に関しては国定読本の半分以下のページ数で済ませている。芦田も「国定読本の一の巻に、仮名が二三落ちてゐ」てはならないという考え方を軽視しているわけではないのである。

　植民地という特殊な事情が味方して、一度は50音表巻頭配置が実現したものの、後続の『朝鮮30年読本』では『ハナハト読本』方式に後退してしまった。しかし、国定読本に歩み寄ったかに思える『朝鮮30年読本』も、実は他の5冊には見られない特徴を持っている。

　先の芦田の提言では、「国語読本巻の一の前半は、児童の生活を書きあらはした絵ばかり」を理想としているが、表にある6冊の中で『朝鮮30年読本』のみが、巻頭6ページまで「絵ばかり」なのである。1-5ページには春の野遊びの様子や田園風景、書き取りをしている兄を覗き込む幼い女の子（家の中）、掃除をしている子どもや親子の犬（庭先）といった児童の生活風景が描かれ、

6ページに山河の遠景が入って、7ページ桜木の挿絵と「ハナ」へ続く、という構成になっている。「ハナ」のあとは8ページ「イエ／イヌ」9ページ「ニワ／ニワトリ」と範語法教材が続き、『ハナハト読本』に準じた編纂である。50音表の配置も含め、全体的には国定読本に強く歩み寄っているだけに、この巻頭部分はかなり異色である。先の芦田の提言を再度確認する。

> 絵雑誌にある春景色とか、お伽芝居などの絵によつて、<u>さうした場面を想像させ</u>、それから自分の生活を反省せしめ、そこに<u>自分に深刻な響きを持つ事柄を思ひおこさせて</u>、その中から<u>その場面を提げる一語、或は数語又は短句・短文によつて仮名教授を行ひ</u>、さらに文字を見て、その語・句・文によつて、その生活の全面をおもひおこすやうに取扱ひたい。（傍線引用者）

朝鮮人の児童の生活語は日本語ではない。従って、芦田の提言がそのまま活用されたわけではなく、直接教授法との関連（直観教材としての挿絵の必要）もあったと思われる。しかし、具体的な場面を挿絵によって示し、その場面に登場する単語・短句から教授を開始するという方法論が、植民地教科書でいち早く取り入れられていたことは興味深い。そもそも『朝鮮23年読本』の「趣意書」で、芦田は次のように述べている。

> 編者は何れの学校でも、入学当初約三週間位は<u>本書に依らず</u>簡単な日常用語を児童に課するものと見ておいた。（中略）
> 必要は学習の根本動機である。故に<u>一年生のその日その日の生活に、甚だしき不便なきやう</u>、徐々に教授を進めるがよい。(19)（傍線引用者）

日本語を生活語としない朝鮮人の児童にとって、日本語を学ぶ場も使用する場も「学校」が中心なのである。従って、日本人児童に対しては「その生活の全面をおもひおこすやうに」となるところが、朝鮮人児童に対しては「一年生のその日その日の生活に、甚だしき不便なきやう」となる（傍点引用者）。「趣意書」には具体例として、毎日の挨拶や号令、校舎建物の各名称、文房具の名称などを教授するように指示されている。芦田の理想、「国語読本巻の一の前半は、児童の生活を書きあらはした絵ばかり」は、『朝鮮23年読本』におい

ては普通学校入学後の児童が毎日目にする校舎・教具と学校生活そのものに置き換えられ、実地生活を教材として学習した後に「第一頁に音図をかゝげた」教科書教授に入っていくという形で、実現が目指されていたのである。続く『朝鮮30年読本』では、50音表巻頭配置こそ廃されたものの、まず文字に依らない教授から始めるという理念が継承され、学校内では直観できない家庭や地域での生活を描いた巻頭挿絵教材の出現となったのではないだろうか。

　50音表を巻頭に配置するという芦田の立言は、直接的には継承されなかった。しかし、児童に既習・未習を意識させて自学自習を促したいという芦田の意図は、参照しやすい巻末配置という形で国定第四期『サクラ読本』に反映された。また、入学当初の児童に対し、仮名教授に入る前に生活直観からの口頭教授を提起した面については、『朝鮮30年読本』の巻頭挿絵教材に継承された。最近の一年生の教室には、50音表が最初から掲示されている。教科書にも挿絵や写真が豊富に掲載され、それらをもとに口頭発表させる指導もごく普通に行われている。

　1920年代における芦田の先進性は疑うところがないが、その先進性を実現し、実地検証の機会をもたらしたのが植民地であったことも、見落とされてはならない。『朝鮮23年読本』の編纂という経験が芦田になければ、その立言も、違っていたかもしれないのである。

2-2．巻頭教材：範語法と文章法

　巻一の巻頭教材を一覧してみる。『朝鮮23年読本』の50音表と『朝鮮30年読本』の挿絵部分については除外して考える。

(20)

	朝鮮読本（『普通学校国語読本』）			国定読本		
発行年	1912	1923	1930	1910 (ハタタコ)	1918 (ハナハト)	1933 (サクラ)
1頁	テ アシ	※2頁 ハナ	※7頁 ハナ	ハタ	ハナ	サイタ サイタ
2頁	メ ハナ	※3頁 モモ ノ ハナ	※8頁 イエ イヌ	タコ コマ	ハト マメ マス	サクラ ガ サイタ

『ハタタコ読本』は、旗の挿絵に「ハタ」・凧の挿絵に「タコ」の範語法（word method）である。『朝鮮12年読本』『ハナハト読本』も同様に、挿絵に単語を対応させている。『朝鮮12年読本』が、児童に身近な遊具や動植物ではなく身体呼称から入っているのは異色に見えるが、直接教授法との関係で、特に準備がなくても直観できる利便性のためではないかと思われる。1933年の『サクラ読本』は巻頭から文を提出する範文法（sentence method）採用が、編修官の井上赳をして「教科書編纂のコペルニクス転回」と言わしめた教科書であり、当然目を引くが、注目すべきは『朝鮮23年読本』である。

『朝鮮23年本』は、「ハナ」「モモ　ノ／ハナ」のあと、「イヌ／イヌ／コイヌ」「ウシ／オヤウシ／コウシ」と続くため、一応は範語法が採用されているといえる。しかし「モモ　ノ／ハナ」は分かち書きされており、一単語ではなく「モモ」と「ハナ」を助詞「ノ」でつないだ文（短句）だと考えるのが妥当である。「趣意書」にも次のように記されている。

　　　第三頁　モモ　ノ　ハナ。
　　「ハナ」は概念をあらはした語である。それを会得したら、色に赤・白・黄色等の差があり、物にツツジ・レンギョウ・サクラ・モモ等の名あることを知らせなければならぬ。こゝに桃を採つたのは、朝鮮各地で実物が得易いといふことと、その花が春の感じにふさはしいのと、新字が少いためである。
　　「モモ　ノ　ハナ」といふ名が明かになつたら、レンギョウ・サクラ・アンズ等の名を口頭にて教授し練習することを怠つてはならぬ。また赤い花・白い花・黄色い花等の句も、余力あらば教授し練習してもよい。[21]

つまり、「レンギョウ　ノ　ハナ」「サクラ　ノ　ハナ」と応用することまで念頭においているのである。その応用も区分し、名詞と名詞を「ノ」でつなぐ練習は「怠ってはならぬ」レベル、名詞に形容詞を冠す形に関しては「余力あらば」として次の応用レベルであると例示されている。仮名教授の問題にしても、最初のページですでに「ハナ」二字は学習済みであるから、「モモ　ノ　ハナ」では〈モ〉〈ノ〉の二字を新たに学習すれば足りる。応用部分に関しては「口頭にて」と明記されており、児童の負担が徒に増えないよう配慮するとともに、口頭で練習させてから仮名教授へという指導法を強調している。「趣

意書」には、特に朝鮮人児童への日本語教授であることをおさえた次のような指摘もある。

> 第八頁　キンサン、オハヨウ。ミナサン、オハヨウ。
> 学校用語として、入学当初から用いなれてをる朝の挨拶をこゝに採つたのは、言葉の習得を確実ならしめるためである。<u>耳による言葉の学習は、時にきゝあやまりがある。使用し得る言葉を書きあらはしてみることは、正確に習得する捷径である。</u>この意義に於て、朝鮮の綴り方教授は教育上特に重要な任務があると思ふ。(22)（傍線引用者）

まず口頭で「話す・聞く」に習熟させ、「読む・書く」仮名教授で正確に定着させるという発想である。他にも、前後の課の予習・復習への応用、既習事項や学校行事体験の援用など、「趣意書」には各教材についての指導方法が、細々と具体的に示されている。口頭練習への便宜ということを考えたときに、「ハナ」から飛躍して「ハト」「マメ」がくるよりは、「モモ　ノ　ハナ」が続く方が無理のない連想である。また、同じ花であっても「サクラ」「ツツジ」といった固有名が続けば新字が増えてしまう。「モモ　ノ　ハナ」とすることで仮名教授を最低限に抑えつつ、「○○　ノ　ハナ」という口頭での応用練習まで示している点で、熟慮された教材である。
　ちなみに、『サクラ読本』編修官井上赳は、そのきっかけとなったドイツの初等教科書「ハンザ・フィーベル」との出会いを次のように紹介している。

> その巻頭を見ますと「I」という字が掲げてあります。その下に男の子が立って、両手を胸に当てているさし画があります。私は最初に見た瞬間、これは「Ish」のIだと早合点し、国定最初の吉岡読本のイエスシの類かと思いました。ところがとんだ見当違いで、（中略）取扱の型をやってもらいますと、これは思い切った大きい声で「イー」と発音するのです。さし画の子どもは今ころんで起き上がったところで、手は土でよごれている。それを胸でふきながら「I」と叫んでいるのであります。できるだけその場面を具体的に指導しながら、「イー」と叫ばせる。実感が出れば出るほど「I」の発音が正確なドイツ語の発音になるのだそうです。（中略）なるほどこれならば、たしかに一語であるとともに一文であ

ります。実は日本で唱導されているセンテンス・メソッドの、もっとも児童的な、原初的な具体的教材を、このハンザ・フィーベルに見出したわけでした。(23)

　そして、児童の実感がこもった教材を勘案した末に生み出されたのが「サイタ／サイタ」と、動詞から始まる範文法の『サクラ読本』だったのである。井上が紹介している「ハンザ・フィーベル」は、要するに児童が具体的に想像しやすい生活場面をいかに教材化し、教室での実践に役立てるかという事例であり、字数を絞った仮名教授、実物や挿絵を利用した直観による口頭教授と発話練習という芦田の試みに通じるものがある。井上の欧州視察は芦田が朝鮮総督府編修官を免官された直後（1925-1926年）の時期にあたる。『着眼点』のなかで、芦田は新読本編修官に意見を伝えたことも述べており、井上が欧州視察での体験と重ねて、芦田の提言を参考にした可能性も考えられよう。

　以上をまとめると、『朝鮮23年読本』は範語法の体裁はとっているが『ハタタコ読本』『ハナハト読本』とはやや発想を異にすることが明らかであろう。児童の生活から連想が容易で、口頭指導の応用がしやすい材料を配置するために、冒頭から助詞「ノ」を含む短句を採用しているのがその特徴である。また、語学教科書的な側面から、直観物を活用した名詞の教授から入ることは理にかなっており、この点も国定読本の範語法とは異なる。日本語を第一言語とする児童に対して名詞にこだわる必然性はなく、春の桜を見た児童がまっ先に何を叫ぶかと考えた結果が「サイタ／サイタ／サクラ／ガ／サイタ」の『サクラ読本』を生み出した。つまり、児童の生活の必然に着目したという点で、『朝鮮23年読本』の編纂レベルは、『ハナハト読本』よりもむしろ『サクラ読本』に近いのである。(24)

　なお、単語の配列を見る限り『朝鮮30年読本』は、『ハナハト読本』の巻頭教材に近い。この時期、まだ『サクラ読本』は生まれておらず、歩み寄りを迫られた国定読本は『ハナハト読本』であった。最初の「ハナ」が桜の挿絵になっている点など、『ハナハト読本』を意識していることは明白である。ただし、この「ハナ」は、巻頭挿絵の春景色からの連想で最初に教授する仮名が「ハナ」である、と解釈することも可能である。巻頭の挿絵がなければ、次の「イエ／イヌ」という教材への飛躍に驚かされるところだが、巻頭挿絵から7ページ「ハナ」（桜木の挿絵）までを第一教材とすれば、8ページ「イエ／イ

ヌ」から第二教材と考えて自然に取り組むことができそうである。現に、8ページ「イエ／イヌ」9ページ「ニワ／ニワトリ」は、見開きページで、民家の前に犬が寝そべり、そのまま庭先の景色へ続いて鶏が歩いているという一連の挿絵によって、範語教材ではあるが「庭先の情景」というまとまりを与えられている。ここには『朝鮮23年読本』が提示した口頭練習への便宜が継承されている。建前はどうあれ、日本語を第二言語として教えるために有効な点は継承されなければならなかったのだろう。

いずれにせよ、児童の生活場面を具体的に読本教材化するという試みは、1933年の『サクラ読本』以前に、朝鮮で実践されていた。『朝鮮23年読本』を範文法とみなすのは無理があるが、従来「読本編纂のコペルニクス転回」と位置づけられてきた『サクラ読本』に遜色ない教科書だと筆者は考えている。『サクラ読本』の功績の一つは範文法導入であるが、本稿で検討したように、『朝鮮23年読本』の範語法は『ハナハト読本』の範語法と『サクラ読本』の範文法との中間的な性格を持っており、初等国語教科書発達史を考える上で、もう少し注目されてもよいように思えるのだが、どうだろうか。

3．まとめ

芦田惠之助が朝鮮総督府で読本編纂の任にあたったことは、国語教育の研究者であれば当然知っている事柄に属する。芦田自身が、自らの編纂した「朝鮮読本」に愛着を持って著作のなかで頻繁に紹介しているし、第二言語としての日本語教授テキストとして、その有用性に着目した研究もあり、一定の評価は受けているからだ。しかし、やはり「国語教育」は第一言語としての教育である、という認識が邪魔をするのか、国語教育の歴史というよりは日本語教育の歴史、という文脈で語られることが多い。[25]

だが、間違いなくそれは「国語教育」だったのである。少なくとも芦田の意識の中では区別されていなかったし、入門期に多少教授法をたがえても、将来的には統一されていく「国語教育」としてイメージされていたと思われる。筆者が国語教育史の中で植民地にこだわるのは、そのためである。芦田惠之助という傑出した実践者が編修官であったこと、そこが植民地であったがために、国定読本であれば実現できない新奇な試みも許容されたこと——歴史にIfは

ないのだが、植民地がなかったら、国語教科書の歴史は違っていたかもしれない。であれば、やはりその事実は功罪とともに検証されねばならないと思う。

　本稿の試みは、芦田惠之助という人物をキーパーソンにすることで、国語教育史上に植民地朝鮮を引き寄せようとするものであった。それは、国語教育史を再検討する作業でもあり、まだ明確に先を見通せていない。幸い、芦田については全集が刊行されており、さまざまな著作の中で「朝鮮読本」に触れているので、当面はその叙述を丹念に追っていきたいと考えている。

【注】なお、引用中の旧漢字については筆者が新字体に改めた。「芦田惠之助」の表記に関しては、全集に冠されている字体を使用している。
(1) 沖垣寛宛書簡『芦田惠之助国語教育全集　第24巻　恵雨書簡・語録篇』所収　明治図書　1988　pp.9-10。詳細な年月日は不明だが、芦田の任官が1921（T10）年10月10日、免官が1924（T13）年4月1日であり、本文中にある「朝鮮読本」の使用開始が1923（T12）年4月であるから、この書簡が書かれたのは1923年初頭であると推察される。また、本文中にある「補充読本」は、1924年5月から順次刊行された『尋常小学国語小読本』を指すが、ここにある事業計画どおりには進まず、芦田の書くところの「第一部」を巻十まで刊行するにとどまっている。
(2) 芦田惠之助が国語科教育史上どのように評価されているか、『全集』巻頭の「刊行のことば」から引用する。「芦田惠之助は、東京高等師範学校附属小学校に勤務していた期間はもとより、長い年月にわたる教壇行脚を通じて、国語教室の授業の生成にすぐれた実績を挙げ、参観者たちの胸底に多大の感銘を刻みつつ、授業実践者としてのありかた、生きかたに鮮烈な印象と指針（あるいは示唆）を与えてやまなかった。また芦田惠之助は、正規の教員養成機関を経ることなく代用教員として出発した、独学の身であったにもかかわらず、初等教育の実践者として、とりわけ国語教育の探究者として、青年期から老年期まで精励して倦むことなく、自己の実践を文字化して世に問い、自らの著作物を次々に公刊するなど、目を見張るばかりのめざましい活動をつづけた。その業績は、授業研究、教材研究、教科書編修、綴り方教授研究、読み方教授研究、児童読物の創作など、多方面にわたって厖大な量に達している。また、自ら創始した「教式」に拠る、芦田惠之助の授業そのものは、名人芸（至芸）とも呼ばれ、神技ともみなされた（後略）」。実際、現代に通じる卓見が多く、筆者自身も芦田の功績を否定するつもりはない。だからこそ逆に、芦田が経験した「植民地」を看過したくないのである。
(3) しかし、その枠組が、現実に合わなくなってきているとの認識も、徐々に広まっている。全国大学国語教育学会設立50周年記念大会（2000年8月4日）において、

甲斐睦朗が「国語教育と日本語教育の連携」というシンポジウム提案を行っている。（同学会紀要『国語科教育』第49集　2001）そのなかで甲斐は、初等教育段階での「日本語学習者の増加という現状を見過ごせなくなっ」ていること、「小中学校の全児童生徒の0.1％」が日本語学習を必要としている実情を挙げ、国語教育と日本語教育との連携案を提起している。90年代以降、特に社会言語学・歴史学方面から「国語」に関する論考が相次いで公にされるなかで、国語科教育史研究においても、「国語科」という教科枠組を改めて問い直す動きがあり（小笠原拓『近代日本における「国語科」の成立過程』学文社　2004など）、今後も「国語科」教育内容・枠組設定についての議論は続くと思われる。

(4) 本稿では前述の『芦田恵之助国語教育全集』（以下『全集』）を主にテキストとして使用するが、この全集に「朝鮮読本」「南洋読本」そのものは収録されておらず、『第二読み方教授』『恵雨自伝』でも朝鮮赴任中に関わる記述には省略箇所が多い（ただし、芦田自身が著作の中でたびたび両読本の教材を紹介しているので、芦田自身が評価していた教材に関しては収録されているといえる）。全国大学国語教育学会紀要『国語科教育』のバックナンバーでも、大塚浩が芦田の読本編纂に関わる仕事全体を見通すなかで両読本を取り上げた一連の論考（「蘆田恵之助編纂『普通学校国語読本』の海外受容」（『国語科教育第40集』1993所収など）以外に、両読本を取り上げたものは見当たらなかった。

(5) 井上敏夫「解題」『全集』第13巻教科書編　p.782。

(6) 「普通学校国語読本編纂趣意書」。筆者が所蔵しているのは巻一～八を合本刊行したもののコピーで、1925年刊。著作・出版は「朝鮮総督府」となっているが、先の書簡のように芦田自身が自ら執筆したと述べていること、芦田の著作との共通内容も多いことから、本稿では芦田が執筆したものと考えて参照する。

(7) 『国語読本各課取扱の着眼点　尋常科第一学年』。『全集』第14巻教材研究編その一所収。初版は1928年蘆田書店刊。「朝鮮読本」「南洋読本」編纂後、各地の小学校を授業行脚し、いわゆる「芦田式七変化」の実践の中で執筆されたものである。当時使用されていた『ハナハト読本』全教材について、実践的な分析・指導の手引きが示され、順次『第六学年』まで刊行された。

(8) 『第二読み方教授』蘆田書店　1925　pp.180-181。なおこの「植民地に関する材料」の項は、全文が『全集』未収録である。

(9) 『小読本』については『全集』第13巻教科書編所収のものを参照。『朝鮮23年読本』は筆者がコピーで所蔵しているものを参照している（発行は巻三が1923.5.10、巻五が同5.30、巻六が同9.20、巻八が1924.8.31と奥付記載されている）。この表では、1課全体が朝鮮材料であるもののみ一覧しているが、部分的に朝鮮に触れている教材も多い。

(10) 拙稿「朝鮮総督府編纂『普通学校国語読本』の研究——朝鮮民話・伝説に取材した

教材についての一考察」(『国語教育学研究誌』第15号　大阪教育大学国語教育研究室　1994所収)。
(11) 前掲（5）　p.781。
(12)『全集』第1巻明治期実践編所収　pp.115-116。初版は1900年同文館刊。
(13)『第二読み方教授』『全集』第7巻読み方実践編その一所収　p.442。
(14) 前掲（13）　p.445。
(15)『仮名の教授』『全集』第7巻読み方実践編その一所収　pp.569-570。初版は1926年蘆田書店刊。
(16) 前掲（15）　p.579。
(17) 拙稿「朝鮮総督府編纂『普通学校国語読本』の研究」大阪教育大学修士論文　1993。
(18) 前掲（7）　p.55。
(19) 前掲（6）　p.15。
(20) 1912年使用開始『普通学校国語読本』については筆者がコピーで所蔵しているもの（1918年訂正再版と奥付に記載）を参照。国定読本については『日本教科書体系－近代篇－』講談社　1964を参照。
(21) 前掲（6）　pp.9-10。
(22) 前掲（6）　p.13。
(23) 井上赳「国定読本の編集」1959　井上赳著・古田東朔編『国定教科書編集二十五年』武蔵野書院　1984所収　pp.32-33。
(24) 拙稿「朝鮮総督府編纂『普通学校国語読本』の研究」1993。教材における場面性重視の分析から、『朝鮮23年読本』と『サクラ読本』の編纂レベルの近似性に言及している。
(25) 多仁安代『大東亜共栄圏と日本語』勁草書房　2000など。

台湾総督府編修官加藤春城と国語教科書

陳虹彣＊

はじめに

　台湾における植民地教育の実施において、台湾人を対象とする教育は主に初等教育や職業教育が中心であり、中高等教育は極少数のエリート層の子弟しか受けることができなかった。大多数の台湾人子弟は公学校教育で、植民地教育方針に従って育てられてきた。台湾人生徒が公学校で使う教科書は台湾総督府所属の編修関係の部局が編纂したものであり、台湾総督府の教育政策が形となってあらわれるものと言える。従来、総督府の政策方針と実際に教科書内容を編修した編修官、編修書記たちについては、語られたことが少なかったと思われる。

　台湾における植民地教育は国語教育、すなわち日本語教育を中心に行われてきた。教科書の編修に関しては、最初の正式な教育機関である国語学校を根拠地として、統治初期は日本本土から招いた教育者たちが中心的な役割を果たしていた。統治中後期から、教科書の編纂責任者は台湾に長期間在住する日本人の教育者にまかせることが主流となり、台湾の教育実情への理解が深く、台湾の学校での教育経験を持っている教員経験者が担当した。植民地統治下の一般台湾人にとって、生活上最も交流の機会があった日本人は警察官以外、公学校の日本人教師が多かったと思われる。公学校段階の子供たちは教師の影響を受けやすい時期にあたり、子供を通して一般の台湾人家庭に国語学習や日本式の生活行事を宣伝することも大切であり、公学校の日本人教師が果たした役割は大きかった。このような実際の学校現場の教育経験を有し、台湾の教育現状を理解している人たちが教科書編修官となり、行政側

＊東北大学大学院教育学研究科博士後期課程・学術振興会特別研究員

の総督府の教育方針を受けて教科書を編纂する場合、政治上の要請と教育現場の現実を考え、どのような配慮が払われていたのか、編修官個人としての編纂理念が教科書編集にあたって、どのような影響を与えていたのかについては未だ十分に研究されておらず、興味深いものである。

　今回本稿で取り上げる編修官加藤春城は、1906（明治39）年に台湾国語学校師範部甲科に入学し、1908（明治41）年に卒業してから国語学校、附属公学校、一般公学校、中学校などで教諭を勤め、昭和期から台湾総督府編修官に任命され、1938（昭和13）年に編修課長に就任した人物である。彼は長年の公学校の教職経験を積みながら、台湾総督府の編修書記や台湾教育会会誌の編輯事務などに従事し、30年間にわたって台湾の教科書編纂に関わっていた。

　加藤春城が1943（昭和18）年に退職するまでに、台湾における第四期と第五期の国語教科書が編纂された。台湾においては1936（昭和11）年以降皇民化運動が強化され、1937（昭和12）年の日中戦争の勃発、1941（昭和16）年からの国民学校への移行等激動の時局の影響を受け、それに応じて編纂された国語教科書にも戦争の影が潜んでいる。しかし、「皇民化」、「内地化」、「戦時色」のような時代背景の中で、加藤春城が手がけた台湾の国語教科書は時局の影響を受けながらも、台湾なりの独自性を持っていた。本稿では、一農家出身の日本人教員加藤春城が渡台してから国語学校を卒業後、公学校などの教職を経て台湾総督府編修官として働く道のりを辿り、彼の国語教育に対する信念や教科書の編纂理念を明らかにし、加藤が台湾の国語教科書に与えた影響を解き明かしたい。

一、台湾総督府編修官加藤春城

（一）台湾の教科書制度と編修官制について

　加藤が編修官として在任した頃の台湾教科書事情について簡単に述べてみよう。当時日本人の小学校で使う教科書は国定教科書であり、内地と同じ教科書であった。それに対し、公学校の教科書は台湾総督府で編纂したものであり、補習学校での教科書は国語、公民科、農業は総督府編纂のものを使用し、中等学校は文部省検定済のものから選ぶということになっている[1]。なお、公学

校の教科書には一種と二種があるが、一種は本島人の福建、広東両種族に属する子弟の入学している学校に使用させるものであり、二種は主として高砂族の子弟を収容している学校に使用させるものである。一種も二種も骨子は大体同じであるが、環境と国語力を考え、学習の効果をできるだけ高めることを最優先に編纂されたものである[2]。

当時の台湾総督府の編修官制については、1925（大正14）年最後の台湾総督府官制の改制[3]により、台湾総督府文教局の下に編修課を置く仕組みとなり、編修官と編修書記が図書編修事務を担当する[4]。教科書の審査について、1900（明治33）年に最初の「台湾公学校教科用図書審査規程」が公布された。1917（大正6）年に新たな規程が公布され、「公学校教科用図書審査委員会」が設けられた。その後、1920（大正9）年に新しい「教科書調査会規程」が制定され、これによって設けられた「教科書調査会」が修身、国語、漢文、歴史、公民、地理などの教科書を審査していた[5]。「教科書調査会規程」によると、教科書調査会会長は総務官長、副会長は文教局長が担当し、委員は総督が地方の官員や教育有識者、各級学校の代表者や経験者から選出する。毎回、各種の教科書の編修にあたり、その編纂趣旨と方針を論議し、教科書の原稿を審査する重要な役割を担っていた会である。審議の内容や法案は基本的に編修課が作成し、課長が報告してから委員会をあげて審議する。その場で、委員各自の意見を述べることができるが、報告者こと編纂総責任者の編修課長の影響力も大きいと思われる。

（二）台湾総督府編修官までの道

1、日本本土での教職経歴

加藤春城は1886（明治19）年に、広島県高田郡井原村で農家の次男として生まれた[6]。旧国語学校（現台湾国立台北教育大学）明治時期の「生徒学籍簿」によると、彼は1899（明治32）年に井原村の私立遷喬館を卒業した後、広島県私立教育会講習部に1年の講習を受け、1902（明治35）年に尋常部小学准教員免許状を取得した。さらに、加藤は1904（明治37）年に尋常小学本科正教員免許状を取得し、1906（明治39）年末に台湾総督府国語学校師範部甲科に入学するまで日本本土で小学校教職に奉職していた。本土の尋常小学校に在職する期間、2回の受賞経験を持つ優秀な教員であった。彼が何の理由で

渡台を選んだのか今の段階では不明であるが、当時台湾での日本人教員への待遇は本土教員より良かったことも誘因のひとつだと考えられる。

2、総督府国語学校在学と公学校教員時期

　加藤が国語学校師範部での在学時期に築いた友人関係や生活経験は、彼の将来にかなりの影響があった。中でも同窓の栗田確は在学の期間に共同作業などを共に体験した友であり[7]、彼の存在も将来加藤が『台湾教育』の編輯に関わり始めるきっかけとなった。

　1908（明治41）年3月に台湾総督府国語学校師範部甲科を卒業し、同年5月同校の附属公学校の教諭に任ぜられ、公学校教育の実際的研究及び教生の指導に尽くしていた。1914（大正3）年3月に台北市大稲埕公学校に転じ、1922（大正11）年5月台北第一中学校の教務に嘱託されるまでに、編修書記などの公務をも兼任しながら、公学校の教職を勤めていた。

　加藤は国語学校に在学中から台湾教育会雑誌に投稿し、教諭になってからも次々と国語教育、修身教育などの関連論文を『台湾教育』に発表した。彼の代表作としては、「書き方教授に就いて」や『台北師範学校創立三十周年記念誌』にも収録された「台湾公学校における国語教授小史」、「公学校における国語教育問題」などがある。これらの研究成果の発表が、彼が公学校国語教育の有識者として認められた重要な根拠であろう。

3、『台湾教育』編輯担当期

　加藤自身が台湾教育会会誌『台湾教育』の400号記念に書いた「本誌の歩みを顧みて」からは、彼が台湾教育会会誌の編輯陣に入るきっかけを推測することができる。1911（明治44）年7月、当時の『台湾教育』の主要な編輯者には前述した加藤の同窓の友栗田確が就任した。栗田の手により、『台湾教育』の体裁や編輯にいろいろな改革が行われ、好評を得た。しかし、栗田が1916（大正5）年に30歳の若さで急逝。それ以降、加藤がその遺志を継ぎ、台湾教育会の編輯事務を担当し始め、同年10月に台湾総督府編修書記に任じられ、正式に総督府の教科書編纂にも関わり始めた[8]。

　台湾教育会は当時総督府国語学校の教職員によって設立された組織であり、台湾教育全体の発展と改進を求める教員中心の教育団体である。運営上は独立した団体であるが、実質上は官が統制している半官半民の翼賛教育団体であっ

た。もちろん、加藤が『台湾教育』の編輯責任者として抜擢された理由は、『台湾教育』編輯担当者であった栗田との親交だけではなく、彼が8年間公学校で積んできた経験、『台湾教育』で多数の国語や修身、また公学校教育関係の研究論文の発表も大きな要因であり、彼自身の実績によるところが大きい。

　さらに、彼は『台湾教育』の編輯を担当した時期に、教員として上級学校の教員資格を求めることも忘れていなかった。1920（大正9）年12月に師範学校中学校高等女学校国漢科教員資格免許状を取得し、1923（大正12）年5月に新たに台北第一中学校教務に嘱託されて赴任した。当時、編修書記を兼務していた。この時から、『台湾教育』の編輯担当者及び総督府編修書記としての加藤春城は教師から総督府編修官への道を歩み始めていた。台湾教育会会誌『台湾教育』は官の統制が強いため、編輯と言っても完全に編輯担当者の自由意志にできるものではない。本文中に台湾の行政中心から発した教育情報を知らせる「台北通信」という記事欄があるが、これは慣例として編輯担当者が自ら執筆したコーナーである。加藤がこの通信を担当する期間、当時の「隈本学務部長は毎号の「台北通信」に目を通し、時には意見を加へ、相当重要視されていた[9]」との記録もあった。台北通信を執筆することにより、彼は台湾教育政策の変化や行方を最も理解し詳しく知る者となっていった。記事や編輯事務のために、長期間にわたって加藤は台湾教育会の役員及び総督府の高層級の教育官僚と頻繁に接触し、人脈も知らず知らずに広まっていったであろう。当時の修身教科書などの編修事務にも参与していたことも「台北通信」からわかる。

4、台湾総督府編修官専任期――編修課長への昇進

　加藤は十有余年の間、公学校で教鞭を執っており、総督府教科書編修の勤務を経て、1926（大正15）年から正式に編修官として文教局編修課に就任。1938（昭和13）年5月に三屋静の次に編修課長の重職を任せられ、同時に台湾教育会出版部[10]部長を兼任、1943（昭和18）年依願免官までの5年間、その職にあった。30年近く台湾の初等学校及び中等学校の諸教科書の編修に力を注ぎ、彼の台湾への貢献は頗る大きいと言える。

　加藤春城は公学校教職経歴、教科書編纂に参与する実務経験等から台湾総督府編修課長へと大抜擢された。長年間の総督府職務経験で加藤は「明敏にして朴雅、識見高邁、今や文教局に於ける古参右翼にある[11]」との評も得ている。昭和期以降、日本語理解率を高めることを目標とする国語普及運動が推進され

ている時期でもあり、編修課が背負う責任も重くなった。特に1937（昭和12）年以降の戦時期に入ってから、文教局の人事は大きな変動が見られる中、加藤が軍隊や警察などの背景を持たずに編修課長に昇進したという事実は、総督府高官が加藤の能力をいかに信頼していたかを示している。

二、加藤春城の国語教科書編纂理念について

　加藤春城は台湾における三十余年の経歴を踏まえ、実際に編修書記に任命されて以来、教科書の印刷事務などの事由で本土へよく出張していた。東京、大阪などで1ヵ月以上滞在することもあり[12]、編修官に昇進してからももちろん公務で頻繁に本土へ出張していた。『台湾教育』編輯時期の学者との接触に加え、度重なる出張によって、本土の教育事情や研究動向にも自ら詳しくなるのである。

　彼の中に形成されている「台湾専用国語教科書」の編纂理念は一体どのような内容であろうか。以下は加藤が発表した文章を中心に取り上げ、彼が朝鮮、台湾、日本本土の国語教科書について論じる部分を分析し、彼自身が重要視していた台湾の国語教科書編纂に欠かせない要素を考えてみたい。

（一）朝鮮の国語教育に対する評論

　1918（大正7）年、加藤が『台湾教育』に「公学校における国語問題（上）[13]」を発表したとき、彼は台湾のほかの教育者の意見を参考にして、「朝鮮児童の国語力に及ばない以上、公学校十数年の教育経験はこれからも努力しなければならない」と述べている。1936（昭和11）年には、加藤が新国語読本の改定の参考として、自ら満鮮の国語教育現状の実地視察を行った[14]。

　同時に行われた関東州、満州の視察に関しては、日本語教育は未熟なもので、目で見たままに現状を記述したが、朝鮮の視察報告には、実地の調査により、加藤個人の意見や感想がたくさん述べられていた。同じ植民地にもかかわらず、台湾と朝鮮での国語教育の成立と展開にはかなり異なる背景があった。加藤が記述した双方の国語教科書編纂問題に関する対話のやりとりによると、お互いに同志であると同時にライバル意識もあったことが文面からよく見て取れる。

1、仮名遣いについて

　台湾は、3年生まで国語教科書に表音仮名遣いを採用する朝鮮と異なり、歴史的仮名遣いを採用している。歴史的仮名遣いは低学年に余計な負担をかけているのではないかとの朝鮮京城師範附属普通学校の国語主任からの指摘に、加藤は歴史的仮名遣いの困難度を認めながらも、その指摘を明確に否定し、「一に国語の現し方の統一という点」から公学校の台湾人生徒の国語読本において小学校の読本と同じように歴史的仮名遣いを採用する意向を示した。このようなやりとりは前述した通り台湾と朝鮮の国語教育者との友でありながらも好敵手である関係を示した一方、植民地での教科書編修者たちの考えが国語教科書に影響力を与えていることを示していることも明らかである。

2、語法と発音の問題

　まず、加藤は朝鮮での国語教育者にとって日本語教授はそれほど困難なことではないというイメージを強く受けたようである。前述した満鮮への国語教育視察報告の中に、朝鮮人生徒の国語力を認めたが、そもそも朝鮮語自体の語法は日本語に似ていて、朝鮮人生徒の日本語習得には台湾人生徒よりかなり有利だと判断した。

　しかし、台湾と同様に発音には弱みがあることを認めている。朝鮮の方は濁音の発音が弱いようであるが、教師は誤った発音に多少慣れていたせいもあり、授業の進行を考えて、子供たちの発音を矯正してあげることができなかったようである。台湾語の影響で台湾人生徒は「ダ行」の発音を「ラ行」と間違ったりするのであるが、諸先輩の研究調査を知らせて、発音の矯正に一層努力をするように台湾の教師を励ましていた。

3、国語読本の使用

　加藤は国語読本の使い方に関して、前述した満朝鮮教育視察の報告に「普通学校の国語教授を拝見すると、殆んど例外なく読み方をやっている」と述べ、朝鮮の学校現場からも「読本を中心にやっている」「話し方は特設していない」との意見があったことを紹介している。これに対し、加藤は読本を用いた読み方中心の国語授業に反対しているようである。実は、加藤の要請でいくつかの学校参観では朝鮮人生徒が読本を読むのを止めさせ、実際の教材に関する問答

練習をやらせた。結果、朝鮮人生徒は読本を読むのは強いが、問答と話す力はそれほど優れたものではないと加藤は観察した。これは彼が提唱する対応式の国語教授法にも影響をもたらしたであろう。

（二）公学校の国語教育問題――加藤が語る台湾人生徒の国語授業の真実

　第四期国語読本の改定案が正式に提出される1935（昭和10）年に、加藤は『台湾教育』に「国語教授視察雑感―台南高雄両州下に於ける―(15)」という視察報告を発表した。彼は1935（昭和10）年5月中旬から下旬にかけて、公学校高等科国史と同地理書の編纂趣意を講演するために台湾南部を回ってきた。この機を借りて台南、高雄両州30校の公学校を回り、直接公学校教師の意見を聞いたり、生徒と問答したりする機会が出来た。この報告を通して、1935（昭和10）年に第四期国語読本の改定が正式に着手される直前の台湾公学校の情況がうかがえる。

1、公学校生徒の勉強意欲について
　まずは学級人数の多さである。大半の学級で1つの教室に60～80人の生徒が詰め込まれており、教師の苦労と大変さが想像できる。総体的に言えば、1931（昭和6）年頃より国語力が向上しており、都会でも農村においても公学校児童の学習態度は非常に真面目であると加藤は評価した。この点について、加藤は近年交通機関が著しく改善されて、農村に至るまで文化的刺激が強くなり、中でも国語普及運動が盛んになったことなどが有力な誘因ではないかと述べている。

2、国語教科書の使用について
　加藤のこの視察報告により、当時の公学校での国語教科書使用は「読本を標準にしていえば、各学年を通してこれを相当自由にこなせるというのは、先ず最上の部をだんだん下がってくると、読本教材を持てあましているところが少なくない」と評価された。台湾での国語教育が実施されてから40年も経った1935（昭和10）年、加藤の中では「漸く公学校規則で要求している水準ぐらいに到達した」と思われるようになった。このような感想も加藤が後の第四期国語読本編纂に当たって、台湾教育は今なお啓蒙時期にあると判断する根拠に

なるのであろう。

　なお、地方の公学校教師が、当時使われていた第三期の国語読本だと話し方の練習ができない、或いは読む力の向上の支障になると考えていたことに対し、加藤はこのような指摘は多少誤解であり、重要なのは読本を活用することと、話し方の教材を読本に限らないことと弁明した。その一方、加藤は公学校教師が行う読本の教授は本文の読み方解釈にこだわり過ぎており、教材の説明が必要以上に行われていると指摘した。実際、教科書の編修は大多数の生徒を最優先に配慮して行われる[16]ので、進学するようなレベルの高い生徒には物足りないと感じさせたかもしれない。加藤は、公学校でこのような教授法が取られたことは筆記試験の場合には有利であり、進学試験や考査の弊害だと指摘した。

　これらの観察結果により、加藤は国語読本の教材内容を実際の教授上で活用できるように編纂することを目指し、国語読本を公学校での国語習得の主な教材として、教授法の選択に対応できるように使用する方針を立てたのであろう。

3、発音の指導について

　加藤が1918（大正7）年に発表した「公学校における国語教育問題[17]」で指摘した台湾人生徒の日本語学習の根本的な問題は発音の問題にある。なお、発音の問題について追究すると、初学年から五十音、イントネーション、日常会話に馴染ませることが大事だと彼は判断した。台湾人生徒の一般生活において使い慣れない日本語の発音は、台湾語の影響もあったし、どうも耳障りに感じるが、生活環境を短期間で変えることが不可能なので、公学校の国語授業や教材を通して最低限の日本語の能力を求めるしかないと加藤は述べる[18]。

　なお、発音の教授上の不備について、まず教師の言葉が一体に粗末であることが原因のひとつに挙げられている。特に台湾人生徒は台湾語の影響で日本語を話す時に独特な口調を持っている。日常の学校生活で発音を直してあげられるのが日本人教師だけであるため、教師として、決して油断してはいけないと加藤が説いている。生徒人数が多すぎる一方、質問に対して生徒が一斉に答えることが多く、児童の誤答と不完全な発音をそのまま看過することも多く、発音の矯正を徹底的に行うことが難しい状況であった。さらに、実際の授業の時に、実物標本掛図などの準備不足もあり、会話形式で背景想定などの授業がうまく行われないことが多かったようである。これに対し、加藤は特に台湾語を使用しない方針であるから、絵などの使用や、教材に合わせて生徒の学力を事

前に調査することが大事であり、自分の生徒に対応した教授法を選ぶようにと主張した。

　つまり、当時一般の公学校の国語授業は大勢の生徒に対し、教師が十分に対応しきれていなかったと言える。国語教授上も不備な点が多いまま、就学率が高くなり、公学校自体の負担も多くなりつつあった。戦時期には、経費上の余裕がないことも想像がつくことである。なお、台湾人生徒の勉強に対する意欲が強いので、受験勉強優先の状況も国語の授業に影響を与えていくようになった。台湾生徒の「国語生活」が完全に達成されることには、まだまだ時間かかりそうだと加藤は考え、解決策として、教育現場における国語読本と教授法の活用を強調した。

4、日本語を使う機会が少ない

　在台日本人の数が本島人より少ないのは当然のことであるが、この時点で台湾における内地人と本島人の生活は分けられており、交流する機会が多くないことは想像できる。生活上の交流が少ない限り、台湾人生徒の日本語能力を上げることは困難であった。このような指摘は『台湾教育』の記事にもよく見られる。当時もう一人の編修官中美春治はこの皇民練成下の台湾人の国語力の渋滞状況について、内地人社会のこの問題に対する冷淡さを指摘し、「本島の国語問題には、内地人社会も連帯責任があるはずである[19]」と批判した。つまり、在台の日本人は国語の模範を示す気がない、積極的に国語使用を促進する気持ちがないとのことである。しかし、この生活上の隔離について、加藤は多くの人と同様、事実として台湾人生徒の国語力が足りないとの現状を述べるだけであった。「民族への同化」が強化されても、台湾人民に対する同化はあくまでも差別上の一視同仁であり、実際に台湾に生活していた日本人たちは、心から台湾人を日本国民と同等な存在だと認めていなかったのであろう。総督府が政策上の国語教育普及を通して台湾人を教化しても、実際の台湾社会は台湾人の地域と日本人の地域が分けられており、実質上の同化の実現は難しいのが現実の姿であった。同化政策下の植民地統治の根本的な破綻もそこにあるのであろう。

　加藤はその解決策の一つとして、教科書に本島児童の日常生活を取り入れ、これを皇国民的考え方、感じ方に導くことを主張した。「もとより風俗習慣等について内地風のものを多分に取り入れ、これによって知らず知らずのうちに

薫化することが大切であるが、本島人児童の日常生活を顧みないで、内地で出来た教科書にある内地人児童の生活のみを教育の対象とすることはもとより許せるべき事ではない[20]」と強調した。この点については、中田敏夫が、台湾の読本は「比較的に独自の教材を持ち続ける[21]」と指摘していることからもわかる。つまり、日本国民の養成は児童が馴染んでいる日常生活から始めなければならないのであり、日本語を外国語のように感じる台湾人生徒に対して、この点について配慮を払わなければならないということなのである。

（三）内地国定国語教科書との関係──独自性を保つべき台湾の国語教科書

加藤春城は第四期国語読本の発行とともに、『台湾教育』で「公学校用国語読本巻一、二編纂要旨（上）[22]」を発表し、第四期の公学校用国語読本と国定本（サクラ読本）について説明した。台湾読本の大体の様式は、内容形式が国定本に接近した第三期の国語読本と同様であるが、そのまま第三期を踏襲するものでもない。また、小学校国語読本の編纂方法を模倣することもしていないと述べている。

加藤が言う1932（昭和7）年の小学校国語読本の特徴は、まず従来の編纂様式である初歩的教材の語法的、論理的であったものを退け、児童心理の要求を基とした律語[23]を初学年の読本に使うことである。次に、内容は総合的な教材選択を排除し、文学的色彩の濃厚なものにした。さらに低学年の読本は全て色刷で華やかに仕上げられた。これらの特徴において、台湾の読本はどのように編修され、国定本との相異点はどこにあるのであろう。

まず、第四期国語読本は「低学年巻一から律語をつかわない」ことである。それは日常生活に台湾語で話す台湾人生徒にとって、日本語はほぼ外国語のような存在であるので、日本語の基礎とされる低学年の読本編纂もこの現実を含めて考えなければならないのである。つまり、編纂手法は国定本の真似をするが、台湾の事情に配慮し、必要な教材を改編、あるいは新たに作る方針であった。

教材においても同じである。児童心理の要求を重視し、児童の情意を刺激し、それに適したものを選択するのが基本であるが、常識を供給するという性格上、各種の教材を採用する総合的見地を捨てることはできなかった。それは「文化的に見て台湾が今なお啓蒙時代に属すると考えたから[24]」と加藤は説明した。この発言は中田の論文[25]にも大切な発言とされている。加藤がこのような感

想を述べた理由も、前述の公学校国語授業の視察報告から窺われる。つまり、日本語教育が台湾で始まって以来40年、実際の教育者としてようやく国語教育を軌道にのせることができたということであろう。

　なお、加藤は「この時期における読本の使命として、一図に児童の文学読本という立場のみから教材を選択することは如何かと考えられたのである(26)」と台湾の国語読本が持つべき性質について語った。よって、単なる植民地だからというより、むしろ台湾の実情を考えて、公学校国語教科書がもつ「総合的読本」の性質を現段階で変えることは適切ではないと加藤が判断したのであろう。

三、台湾向けの国語教科書

　加藤春城は、「教科書は面白くない」と言う世論に対し、編纂者としてはこの点についてかなり苦心を払っていると、教科書編纂へのこだわりを述べており、(27)「殊に読ませることを主とする国語読本などは最もその点に注意している」と主張した。教科書としては卑俗や砕けすぎることを避けなければならないし、相当の品位を保つことも大事だと言い、「一程度、二興味、三品位」が教科書編纂の至言だと語っている。加藤にとって、台湾での国語教科書、いわゆる日本語教科書の編纂は、前述した国語教育の抱える「発音」、「教授法」、「話し方の練習」などの難題を解決する重要な方策であった。以下は前述した内容を主にし、加藤が第四期国語読本の発行に際して発表した編纂方針(28)を加え、彼の考える台湾向けの国語教科書編纂要点をまとめてみよう。

（一）初学年にこだわる国語教科書の編修

　新領地台湾の生徒を十数年間見てきた加藤は、日本語をまったく外国語のように教えている経験を、実際に本土での国語教育方針と比較することができた。そこで彼が気づいた新領地の国語教育の最も肝心な部分は、初歩的な段階にある低学年の日本語教育である。1942（昭和17）年、大東亜共栄圏の理念が全面的に打ち出された時期に、加藤春城は『台湾教育』に「日本語教科書に就いて(29)」という論文を寄稿した。彼は教科書編纂者の立場から、大東亜共栄圏下の南方占領地における日本語教科書について私見を述べた。この中に彼の

「国語」教科書編纂に対する信念が表れている。以下、その要点をまとめてみよう。

1. 日本語教科書を編纂するのは日本語普及信念の確立である。台湾、朝鮮、南洋諸島などに、「日本語を通して日本の国柄を理解させ、日本の国民性に親しみを持たせるということは、指導者が絶えず念頭を離してはならない理念である」。
2. 教授法は直接法を指導原則とすれば、初級に入る前適切の準備期間が必要である。教科書に現れていなくても指導者が確実な信念を持たなければならない。
   （1）教材の選択は最初から実物について直観させることが大切である。実際の指導にあたり、平生見慣れている物で親しみを持たされ、興味を感じさせるものを使うことが大切である。
   （2）直接法により、最初から多くの内容を望むことは無理である。「日常早近（ママ）の生活語、職場にあるものならそれに直接必要な言葉などの修練を圖るのが順序で、教材はこの線に沿って発展させるべきである。」
3. 教科書を編纂する者の立場としては、「出来るだけ親切に指導方法を示唆するやうな組立を考へなければならない」。

その中で、加藤が最も強調していたのは「教科書の編纂も、実際の指導も、最も骨が折れて、最も影響が大きいのは初歩の段階である」とのことである。彼は「台湾の国民学校教科書に就いて[30]」という文章の中にも「欲をいえば全国各地方で、少なくとも下学年の教科書だけは別個のものを作らなければならぬのである」と自分の考え方を述べていた。

すなわち、彼は植民地の日本語教科書編纂において、国の方針に従いながらも、植民地の特殊性や児童の発達段階を重要視し、心にかけてきたと推察される。彼も台湾での国語教科書について、「本島人児童に対して特殊な教科書を編纂して与えることは、国民学校教育の目的を達する上から至当な処置で、本島人児童は恵まれているといってよい[31]」と評している。初学年の国語教科書の編纂は全国各地方条件に合わせて作るのが加藤の信念であり、台湾での勤務は彼にとっても自分の理想が叶えられる最高の場所であったろう。このような彼の考えは台湾の国語教科書の国定本との最も大きく異なる特徴に繋がっている。

(二）「日本化」を前提とする台湾独自の国語読本を作ること

　日本語を通して日本の国柄を理解させ、日本の国民性に親しみを持たせるというのは、「指導者が絶えず念頭を離してはならない理念である[32]」と加藤が言っている。この基本的な理念は加藤自身の教科書編修を国の方針に従うようにさせたと考えられる。「古参右翼」と評される加藤のこの基本信念も戦時期の国語教科書に大きな影響を与えた。

　それと同時に、彼も内地化の前提に台湾児童の日常生活を中心とする編纂方針を主張した。この方針により、日本化した人物や挿絵で台湾の生活風景に合わせた教材の選択がポイントとなる[33]。その内容は台湾関係の事物だけでなく、台湾独特の物産、生活スタイルをも含み、特に日本と全く違った社会風俗、宗教や「民族性」への取り扱いなどは、教科書編纂にとっては困難度が高いと思われる。よって、加藤が主導する第四期の国語教科書教材の選択方針は従前のように「綜合読本」の方針を採るが、各課や各巻の材料の平均には拘泥することがなく、「要はなるたけ児童の情意の陶冶に適切で、国語教授の目的を達するに都合のよいものを選択すればよい」と主張した。なお、地方によって取り扱い困難な教材をできるだけ避ける方針も明示されていた。

(三) 国語読本を国語授業において全面的に活用できるように編纂すること

　加藤は台湾での勤務が始まって以来、現場の国語科教師として熱心に国語教育研究を行っていた。彼の『台湾教育』での発表を見てみると、特に「国語教授法」と「書き方」に力を注いできたことがわかる。従来、公学校の国語読本の使用上は「読み方」に偏っている欠陥があるが、これに対し加藤は自身の経験によって、読み方だけでは台湾人生徒の実力を上げることがないと考え、国語読本の用途を国語科教授上の「話し方」「綴り方」「書き方」などに全面的に活用出来るように改革しようとしている。これによって、教授法の選択が最も大切であり、学年ごとの教材文体、内容と教材排列にも注意を払わなければならないと主張した。

　なお、第四期の国語読本においては、教材の分量を増加、程度をあげることにし、漢字の総数は国定に準拠する。ただし、初学年の日本語基礎教育を重要視するため、公学校初学年では話し方に時間を注ぎ、教材の量は国定本と同等

にはしなかった。

四、理想と現実の間

(一) 第四期と第五期の国語教科書について

　加藤春城の任期中、国語教科書は、第四期新公学校用国語読本が1937（昭和12）年から1942（昭和17）年まで毎年2冊ずつ出された。1941（昭和16）年に、公学校は日本人小学校とともに国民学校へ移行し、新学校システムに応じ、1942年から加藤の手により、新しい第五期の国民学校国語教科書が編纂された。

　第四期国語読本において加藤が強調した編纂のポイント[34]は、まず児童心理に従い、台湾語常用の公学校生徒の必要を考え、総合主義によって台湾の風土に合う教材を選択し、学年順による適切な教材の排列方法を採ることである。特に初学年の国語読本を外国人に日本語を教えるように丁寧に編纂することを重視し、国定本と同じ基準を取るのは漢字総数、仮名遣い、字体、発音、標点記号、挿絵の描き方、色刷などの技術上の事項であった。全体的な教材配分で言えば、第四期公学校国語読本は実学教材、一般言語教材や皇民教育関係教材を中心に構成され、他種類の教材も適当な分量を取り入れている。第四期の国語読本は皇民化運動が強化される前の1935（昭和10）年から着手したため、1937（昭和12）年に最初に出された初学年の国語読本は加藤の理想に最も近いものであることが考えられる。

　しかし、1937（昭和12）年以降の戦争激化の影響を受け、加藤が描く理想の国語読本の編纂は、1939（昭和14）年以降の巻七から次第に変調し、加藤が書いた編纂要旨も巻六で途切れ、戦争による変化や国民学校への移行に対応しきれていないと考えられる。道徳教材と実学教材を削り、新たに皇国民化に連結できる教材を選び、全面的に皇国民精神の涵養を目指した。一方、日本帝国の「南方発展基地」とされた台湾の位置を自覚させるために、第四期国語読本に、新領土事情として南洋関係の教材や、軍事関係の戦時教材などが取り入れられた。その上で、教授上の手引きにも直接これらの教材の真意を表し、植民地台湾の人々が背負う聖戦の責任を教え込み、最終的に台湾での兵力の募集

に繋げることを意図していた。第四期の国語読本は、国民学校が発足した2年目の1942（昭和17）年に全巻が刊行されるに至ったのであるが、同時に第五期の国民学校初等科国語教科書の時代を迎えた。

　第五期国語教科書の編纂は皇民錬成の徹底を求め、内地と同様に国民学校となったことで再び「一視同仁」を達成する理念を提起し、国定本の低学年の「ヨミカタ」に対し、台湾は皇国思想が込められた「コクゴ」と名付け、植民地台湾が背負わされるべきとされる戦争に対する責任を、教材を通して子供たちに伝えようとした。中高学年以降、教科書の中身はほとんど戦記物や皇国思想を提唱する内容に占められ、高学年から付録の形で主な拓殖や戦争事情が収録され、本文は一定の文学性を保ち続けた国定本に比べれば、台湾国民学校高学年の「初等科国語」はほとんどが戦争関係の文章を取り入れ、内地より濃厚な軍国調教科書となった。

　第四期と第五期の国語教科書について論じると、加藤の編纂信念が最も影響を与えたのは初学年部分の読本の編纂であろう。第五期国民学校の新国語教科書は、中高学年の教材選択の尺度を国勢に応じて妥協しなければならなかったが、低学年部分の編纂手法は確かに国定本により近づきつつも、教材内容は国定本と全く違う新しい構成であった。さらに、教材の採用について、低学年の段階に第四期と異なる教材が編纂され、生活化事物や児童文学教材も取り入れた。当時の教科書調査委員会の会議記録は発見されていないが、加藤は編修課長としての自分の信念を貫くのに、多大な努力が必要であったことは確かである。

むすびにかえて

　加藤春城の日本国民として、しかも総督府の官員としての日本に対する忠誠心はもちろん、国語を通して国民を育てるという論理に基づいた信念も疑う余地はない。1943年に、第五期に当たる国語教科書の原稿が仕上げられたのとほぼ同時に、加藤春城は本人の意思で編修課長を退任し、台湾での教科書編纂生涯の幕を閉じた。

　加藤は台湾の国語学校出身であり、教師として十数年間、台湾民間の「教育実態」を見ており、編修官になっても視察や訪問を通して、実際の国語読本の使用状況や教育現場の意見を把握してきた。その一方、台湾教育会での経歴を経て、

総督府の官僚になり、総督府中央の空気を誰よりも先にわかっていた。台湾の教育実態を見てきたことで、国語教育者としては台湾の生徒に合わせた教科書を作ることを望んだが、行政側の政策にも即しながら最も適した植民地用教科書を作らなければならなかった。彼自身の編纂信念と国の方針の間には相違点があったが、国家の利益や日本語教育の普及＝日本国民の創出という共通認識の前提で、国語教科書の編纂方針は最終的には国の望む通りに修正された。

　このような背景の影響を受け、加藤が手かけた国語読本は植民地で使う総合日本語教科書から全面的に皇国調へ変換する通過点で現れたものとなった。基本的には学習理論に沿って初学年の読本内容にこだわり、台湾独自の教材を取り入れたが、中高学年は国家の必要を優先し、教材の構成も国民精神や軍事教材などに偏ったものであった。このような時局変化への対応を反映している台湾の国語教科書も植民地教科書史に注目すべき存在である。

附録　加藤春城年表

家庭：妻、一男、三女　　住所：広島県高田郡井原村358番邸　　平民　農　壽郎一（ママ）　次男

1886（明治19）年	8月15日広島県高田郡井原村に生まれる
1899（明治32）年	4月井原村私立遷喬館卒業（在学5年）
1902（明治35）年	3月広島県私立教育会講習部卒業（在学1年）
	6月尋常部小学准教員免許状を取得
1904（明治37）年	7月尋常小学本科正教員免許状を取得
1906（明治39）年	12月29日台湾総督府国語学校師範部甲科入学
1908（明治41）年	3月台湾総督府国語学校師範部甲科を卒業
	5月国語学校附属公学校教諭
1914（大正3）年	大稲埕公学校教諭へ転任
1916（大正5）年	『台湾教育』編輯担当
	10月総督府編修書記に任命
1920（大正9）年	台湾小学校理科教授要目調査委員
1921（大正10）年	12月師範学校中学校高等女学校国漢科教員資格免許状を取得
1923（大正12）年	久住栄一、松井実と共著の『台湾公民読本』発行
	5月台北第一中学校教務
1924（大正13）年	台湾教育功労者として表彰される
1926（大正15）年	10月台北第一高等女学校教諭
	総督府編修官として文教局学務課勤務

1935（昭和10）年	高雄州、台南州国語教育視察
1936（昭和11）年	満鮮国語教育視察
1937（昭和12）年	第四期公学校国語読本巻1.2発行、1942年まで毎年2巻ずつ発行
1938（昭和13）年	5月文教局編修課長、台湾教育会出版部長兼任
1939（昭和14）年	主編する『台湾教育沿革志』発行
1942（昭和17）年	第四期『公学校用国語読本』全巻完成
	第五期国民学校国語教科書発行、1944年に完結
1943（昭和18）年	依願退官

＊参考資料：旧台湾国語学校（現台湾国立台北教育大学）所蔵明治期生徒学籍簿『台湾人物誌』。

【注】
(1) 加藤春城「青少年と読書」『台湾時報』（1939年2月号）、pp.65-66。ただし、内地の教科書を使用する小学校において、理科、図画、農業授業の教科書は総督府編纂のものを用い、中等学校の公民科や理科、博物の教科書も総督府編纂のものを使用していた。基本的に総督府編纂の教科書を用いる公学校でも、算術教科書だけは内地の国定本と同様のものを使用していた。
(2) 加藤春城、官界人物編「台湾の国民学校教科書に就いて」、『東亜共栄圏と台湾』第一冊産業・人物編所収、1942.3、台湾大観編纂局編、pp.35-37。
(3) 台湾省文献会編、『重修台湾省通志』巻六、1994、p.262。
(4) 台湾における図書編修職員の設置は1901年「台湾総督府図書編修職員官制」の公布で始まり、編修官や書記の人数は時期によって異なるが、大概常時に編修官2-3人、書記は4-6人が設けられていた。
(5) 教科書調査会の沿革については、『台湾総督府職員録』大正6年（p.65）、大正7年（p.66）、大正8年（p.87）、大正10年（p.85）分に掲載されている関連内容によってまとめた。
(6) 台湾国立台北師範学院（旧国語学校）所蔵、明治時期の「生徒学籍簿」による。
(7) 加藤春城、「二三の思い出」、『台北師範学校創立三十周年記念誌』、1926、p.226。
(8) 編修書記の仕事は主に全般的な編修関係の事務の担当であるが、実際の教科書編修や編纂の実務においても担当することがある。
(9) 加藤春城「本誌の歩みを顧みて」『台湾教育』400号（1935年出版日不詳）、pp.60-66。
(10) 1928年に教育会は組織が変更され、庶務部、学校教育部、社会教育部、出版部、写真部などに分かれ、雑誌編輯は出版部に属し、出版部長の指揮を受けることになった。出版部長は歴任の総督府編修課長が就任し、初任の浮田辰平から三屋静へ、

そして加藤春城、最後は石井権三であった。
(11) 前掲（2）、p.31。
(12) 台湾教育会雑誌『台湾教育』毎号の「台湾通信」に総督府編修課の人員の近況が記録されている（主に大正年間の通信）。
(13) 加藤春城「公学校における国語問題（上）」『台湾教育』188号（1918年2月）、pp.37-41。
(14) 加藤春城「満鮮の見たまま感じたまま」『台湾教育』407号（1936年6月）、pp.57-67。
(15) 加藤春城『台湾教育』397号（1935年出版日不詳）、pp.77-82。
(16) 前掲（1）、pp.60-66。
(17) 前掲（13）
(18) 前掲（13）
(19) 中美春治「徴兵制と国語の問題」『台湾時報』（1943年11月号）、p.90。
(20) 前掲（2）、pp.35-37。
(21) 「台湾総督府編纂公学校用国語教科書を通してみた国民意識の形成」、『台湾の近代と日本』、名古屋中京大学社会科学研究所編/出版、2004、pp.209-233。
(22) 加藤春城、「公学校用国語読本巻一、二編纂要旨（上）」、『台湾教育』419号（1937年6月）、pp.3-19。
(23) 「サクラ、サクラ、サクラがさいた」のような表現。
(24) 前掲（22）
(25) 前掲（21）
(26) 前掲（22）、p.130。
(27) 前掲（17）
(28) 前掲（22）
(29) 『台湾教育』第484号（1942年11月）、pp.61-64。
(30) 前掲（2）、pp.35-37。
(31) 前掲（2）、pp.35-37。
(32) 前掲（29）
(33) 前掲（22）、加藤は「挿絵を通して習俗の改良或いは内地人風の気持ちに同化させる」と主張した。
(34) 前掲（22）

謝辞：台湾総督府国語学校生徒学籍簿についての調査では、台湾国立台北教育大学及び同校の何義麟教授に多大なご協力を得ました。ここに篤く御礼申し上げます。

国民学校期の『初等科地理』と『初等地理』との比較研究
―― 文部省発行1943年版と朝鮮総督府発行1944年版を中心に（前編）

白 恩 正＊

はじめに

１）本研究の目的

　太平洋戦争期の教育は学問的要求よりも時代的要求に応じる形が極端に現れた。1941年の国民学校令もその１つである。1931年の満州事変から1937年の日中戦争により全面化した戦争は、ついに1941年には太平洋戦争にまで拡大した。教育は、この戦争を勝利に導くための支配体制側の直接的影響に晒されて、その道具となった。

　1938年の第３次朝鮮教育令によって朝鮮の「普通学校」は小学校に、1941年の国民学校令（朝鮮教育令の一部改正）によって小学校は国民学校に変わった。この国民学校令によって「地理」は、「修身・国語・国史」の３教科と共に国民科として統合された。この４教科は統合はされたものの、授業はそれぞれの時間を設けて行った。これは４教科が類似の性格をもちつつも、それぞれ独自の役割を有していたためと考えられる。

　国民学校期の地理教科書はそれ以前のものとは著しく性格を異にしている。地理は最も時代状況、国際情勢の変動に影響されやすい教科である。なかんずく、国民学校期は最も国家の影響が強かった時代であるゆえ、この時期の地理教科書には国家の道具としての学校教育が反映されている。

　本論文では、文部省と朝鮮総督府の国民学校に関する規定（文部省令と朝鮮総督府令）の比較を通して両者の共通点、相違点を明らかにする。また、その規定からどのような教科書が生まれたか、文部省発行『初等科地理』（1943

＊　創価大学大学院文学研究科社会学専攻博士後期課程

年版)と朝鮮総督府発行『初等地理』(1944年版)を中心に比較検討する。それを通して、国民科修身・国語・国史とは異なる、国民科地理の独自の役割を明らかにする。さらに、この役割が「内地」と朝鮮との間で、どのような共通点・相違点を有しているかを比較・検討する。

２）先行研究

　植民地期の地理教育とその教科書に関する研究は、国語等の他教科に比べて遅れているのが現状である。先行研究としては、韓国においては、①張保雄「日本統治時代の地理教育」(群山教大論文集４、1971、群山教育大学)、②南相駿「日帝の対韓植民地教育政策と地理教育——韓国地理を中心に」(地理教育論集17、1986、ソウル大師大地理教育科)、③黄載璣「地理科教育課程の変遷（旧韓末～日帝末）」(師大論集20、1979、ソウル大師大)、④権赫在「開化期と日帝時代の地理学と地理教育」(韓国教育史研究の新動向、集文堂、1982)、⑤沈正輔「日帝の植民地時代の朝鮮における初等学校地理教育課程の変遷」(忠北大学碩士論文、1998)などがあげられる。

　これらの論文は併合後の1910年から1945年までの、朝鮮における地理教科書制度の法令の変遷を中心に検討しているが、教科書そのものの内容にまでは踏み込んでいない。

　日本においては、寺本潔「国民科地理に関する一考察——初等科地理（上）、（下）を中心にして——」(新地理29-2、1981)がある。この研究は、国民学校期の文部省発行の地理教科書の内容分析を試みたものである。

　しかし、先行研究を見る限り、「内地」と朝鮮の地理教育の相関関係や、文部省発行と朝鮮総督府発行の地理教科書を比較した研究は、わずかに、国民学校期の地理教科書の入門書に当たる「郷土の観察」(内地)と「環境の観察」(朝鮮)を比較研究したものとして、①沈正輔「文部省と朝鮮総督府の国民学校国民科地理に特設された『郷土の観察』と『環境の観察』の比較分析」(新地理51-2　2003)、②沈正輔「文部省と朝鮮総督府の国民学校におけるPestalozziの教育思想と郷土地理教育」(国民協力研究誌10-2、2004)があるのみである。

1．国民学校令期における国民学校に関する規定

　1941年4月から実施された国民学校の基本構想は、教育審議会での「幹事私案」の検討に始まり、「国民学校ニ関スル要綱案」の作成を経て「答申」において肉づけがなされ、国民学校令（1941年3月1日・勅令第148号）と第3次朝鮮教育令の一部改正（同3月26日・勅令第253号）の公布によって、内地でも、朝鮮でも小学校は「国民学校」となった。

　1941年の国民学校令は、初等科・6年と高等科・2年から成るとし、その教科は、国民科、理数科、体錬科、芸能科及実業科［朝鮮では職業科］[1]の5つと規定し、国民科は「修身、国語、国史及地理」の4科目から構成すると定めた。

　ここではまず、国民学校に関する文部省令「国民学校令施行規則」（1941.3省令4）と朝鮮総督府令「国民学校規程」（1941.3府令90）に拠って、「国民科の要旨」と「国民科地理の目的」比較検討を行い、両者にはどのような異同があったのかを明らかにする。

　次に朝鮮総督府の第3次朝鮮教育令の「小学校規程」（1938.3府令24号）と「国民学校規程」を比較することによって、1938年から1941年の短期間ではあるが、戦時下において植民地朝鮮がいかに太平洋戦争基地としての役割を担わせられたかを明らかにしたい。

1）国民科の要旨――「内地」より徹底された朝鮮の忠君愛国

　まず、国民学校「国民科」の要旨を比較してみよう。

　「国民科ハ我ガ国ノ道徳、言語、歴史、国土国勢等ニ付テ習得セシメ特ニ国体ノ精華ヲ明ニシテ国民精神ヲ涵養シ皇国ノ使命ヲ自覚セシムル」（文部省令第2条）

　「国民科ハ我ガ国ノ道徳、言語、歴史、国土、国勢等ニ付テ習得セシメ特ニ国体ノ精華ヲ明ニシテ国民精神ヲ涵養シ皇国ノ使命ヲ自覚セシメ<u>忠君愛国ノ志気ヲ養フ</u>」（朝鮮総督府令第3条）

国民科は①国土国勢について習得、②国体の精華、③国民精神を涵養、④皇国の使命の自覚という共通の目的を有している。これに朝鮮総督府は⑤忠君愛国の志気を養う、という1項目を加えている。
　この「忠君愛国の志気」は次のように説明された。「忠君愛国の志気は国民精神の中核をなしてゐる。<u>君国のためには死して顧みない奉公の赤誠に外ならない</u>」。「朝鮮に於いては、内鮮人のいづれたるとを問はず、まづ一視同仁の聖旨を奉体し、内鮮一体の実を挙げて国運の進展をいたすことが焦眉の急務である」(2)。
　つまり、死をも辞さない奉公の赤誠こそ、忠君愛国の志気であり、この皇国の使命を自覚せしめることが急務だ、というのである。戦時下にあって、朝鮮の児童を軍国少年に育て、日本兵として戦わせるためには、一日も早く「国民精神を涵養」し「忠君愛国」の精神を身につけさせる必要があったのであろう。
　さらに国民科についてはその狙いと留意事項を、文部省令（2条）も朝鮮総督府令（3条）も共通に次のように述べている(3)。
　ア．皇国ニ生レタル喜ヲ感ゼシメ、敬神、奉公ノ信義ヲ体得セシムベシ
　イ．我ガ国ノ歴史、国土ガ優秀ナル国民性ヲ育成シタル所以ヲ知ラシムルト共ニ我ガ国文化ノ特質ヲヲ明ニシテ其ノ創造発展ニ力ムルノ精神ヲ養フベシ
　ウ．他教科ト相俟チテ政治、経済、国防、海洋等ニ関スル事頁ノ教授ニ留意スベシ。
「皇国」「我が国」に、朝鮮を含んでいることは言うまでもない。

2）国民科地理の目的——強調された東亜及び世界における皇国の使命

（1）文部省と朝鮮総督府との比較

　次に、「国民科地理」に関して、文部省と朝鮮総督府との間でどのような共通点、相違点があるのかを検討したい。
　国民科地理の目的は、文部省令も朝鮮総督府令も「我ガ国土国勢及諸外国ノ情勢ニ付テ其ノ大要ヲ会得セシメ<u>国土愛護ノ精神ヲ養ヒ東亜及世界ニ於ケル皇国ノ使命ヲ自覚セシムルモノトス</u>」という点までは同一である。
　傍点部は知的目標であり、下線部は道徳的目標であるといえる。特に後者の道徳的目標を重視することによって、地理の国民科としての役割を見出せる。

国民科地理の目的は①我が国土国勢と、②諸外国の情勢についての大要の会得、③国土愛護の精神を養う、④東亜及び世界に於ける皇国の使命を自覚させることである。この目的規定では、文部省も、朝鮮総督府も同じである。
　しかし朝鮮総督府の説明になると、その重点は次のようになる。
　地理は「1．国土、2．国勢、3．外国の情勢であり、又将来も悠久無根に発展すべき基盤である。故に国土について正確な認識を与えることが何より緊要である。かかる意味に於て国土を正確に認識せしめる地理の科目が大切なものとなつて来る。国勢とはこのような国土に生を享けた国民が自然と調和しつつ所謂合自然的に国土を開発してつくつた文化である」と述べたうえで、「更に我が国土国勢は外国との関係を無視しては真の理解は出来ないのである。即ち真の我が国土国勢の価値を評価し、採長補短をなすには側面的観察が必要である。かかる意味に於て外国地理を学習することは、決して外国地理のための地理教材では無く、我が国土国勢の再認識のためであるから、前2者に加ふるに外国の情勢を以て来て最善の目的を貫徹しなければならないのである」と述べている[4]。
　つまり、外国地理の学習は、学習した知識を通して相手を理解し、共存することを学ぶのではなく、あくまで「我が国土国勢の再認識」のためであると指摘しているのである。これは、地理学習の本来の目的とは懸け離れたものであると言わざるをえない。
　さらに続いて朝鮮総督府は、「国民学校では忠良な日本人をつくることに最高の目標がある。それには日本国民としての教養即ち皇民としての基礎的錬成が必要である。言換へれば国民の基礎的錬成中に含蓄されたことの第1に国民錬成である。時代の背景をとるならば大国民の錬成である。単なる児童の教育ではなく次代を担当する国民としての教育でなければならない。」「東亜及び世界の大勢を明にして大国民たるの資質を啓培すると云ふのが即ちこれである」と叙述している[5]。
　当時の教育政策がここでも典型的に述べられている。児童の教育という重要命題を「単なる児童の教育」と矮小化し、「国民としての教育」、「大国民たるの資質を啓培する」と述べ、国家が望む国民の育成を強調している。

（2）朝鮮総督府の小学校規程（1938年）と国民学校規程（1941年）との比較
　次に、第三次朝鮮教育令（1938年）の「小学校規程」（府令24号）の「地理」と国民学校令（1941年）下の「国民学校規程」（府令90号）の「国民科

地理」との比較検討を行って見よう。

　「地理ハ自然及人類生活ノ情態ノ概略ヲ授ケ我ガ国勢ノ大要ト諸外国ノ状態ノ一斑トヲ知ラシメ我ガ国ノ地位ヲ理会セシメテ愛国心ヲ養成シ国民ノ進取発展ノ志気ヲ養ハンコトニ資スルヲ以テ要旨トス」（小学校規程第21条）

これが国民学校規程になると、傍点部が削除され、下線部は変更される。

　「国民科地理ハ我ガ国土国勢及諸外国ノ情勢ニ付テ其ノ大要ヲ会得セシメ国土愛護ノ精神ヲ養ヒ東亜及世界ニ於ケル皇国ノ使命ヲ自覚セシムルモノトス」（国民学校規程第7条）

　地理の目的は、①自然と人類生活の情態の概略を授ける、②我が国勢の大要と諸外国の状態の一斑とを知る、③我が国の地位を理会、④愛国心を養成、⑤国民の進取発展の志気を養うことであった。
　地理と国民科地理との相違点は、以下5点である。
①国民科地理には「自然及人類生活ノ情態ノ概略ヲ授ケ」が削除。
②国民科地理には「我ガ国ノ地位ヲ理会セシメテ」も削除。
③地理の「国勢」が、国民科地理では「国土国勢」に変更。
④地理の「愛国心」が、国民科地理では「国土愛護ノ精神」に変更。
⑤地理の「国民ノ進取発展ノ志気ヲ養ハン」が、国民科地理では「東亜及世界ニ於ケル皇国ノ使命ヲ自覚」に変更。
　国民学校の地理教育において、「国土国勢」は、国土は位置・地勢・地質・気候・海洋・資源・景観等が主たる事項として扱われ、国勢は人口・集落・交通・産業・軍事などが主たる事項として取り扱われた。「元来国土と国勢は切り離して考えることが出来ない。国土が国勢を形成する重要条件なるに鑑み、国土、国勢は一体関係に於て取扱う」[6] ことになった。
　また、国民学校の地理教育においては、自然地理中心から、「国民生活の特質を明かにするためには、自然と生活との相関関係を具体的に考察させることが重要」[7] とされた。
　国民科地理では、①「自然と人類生活ノ情態ノ概略ヲ授ケ」という普遍的な

項目が削除され、④「国民ノ進取発展ノ志気」の代わりに「東亜ト世界ニ於ケル皇国ノ使命ヲ自覚」に変えられた。また、②「我ガ国ノ地位」の記述は、「東亜及ビ世界ニオケル皇国ノ地位」と意味が変わった。

3）国民科地理の教育内容に関する規定──「内地」よりも早期の地理教育

つぎに、国民科地理の教授法に関する規定について、文部省と朝鮮総督府とを比較すると次の通りである。

「初等科ニ於テハ郷土ノ観察ヨリ始メ我ガ国土及東亜ヲ中心トスル地理ノ大要ヲ授ケ我ガ国土ヲ正シク認識セシムベシ」
「高等科ニ於テハ世界地理及我ガ国勢ノ大要ヲ授クベシ」（文部省令第6条）

「初等科ニ於テハ生活環境ノ地理的観察ヨリ始メ我ガ国土及東亜ヲ中心トスル地理ノ大要ヲ授ケ我ガ国土ヲ正シク認識セシメ更ニ世界地理及我ガ国勢ノ大要ヲ授クベシ」
「高等科ニ於テハ其ノ程度ヲ進メテ之ヲ課スベシ」（朝鮮総督府令第7条）

科目の独自性や根本精神においては、文部省と朝鮮総督府は全く一致している。しかし、教授法の規定においては、文部省と朝鮮総督府との間には大きな相違点が見られる。

文部省においては、「世界地理及我ガ国勢ノ大要ヲ授ク」ことを高等科に譲っている点が著しい特徴である。すなわち文部省は、初等科では、地理の大要と国土認識を主としており、高等科では、世界地理と国勢の大要を授ける。

これに対し朝鮮総督府の場合は、全ての要素を初等科に含め、高等科においてはその程度を進めて課するとされている。

その理由は、初等科と高等科への就学状況の相違にあると考えられる。朝鮮における国民学校の形式的な修業年限は「内地」と同様であるが、実態としてはその目的を十分に達し得ないという認識が含まれている訳である。第3次朝鮮教育令で小学校の修業年限は、それまでの普通学校4年から6年に延長されたものの、大部分の小学校では4年制が存続し、6年制でも5年修了の学習をしていた。国民学校期になっても、修業年限6年の初等科だけの学校がほとん

表1　朝鮮の学校現況と生徒数（1942年）

			学校数	学級数		生徒数		計
						男	女	
国民学校	官立		14	129	内	353	272	625
					鮮	3,254	2,016	5,270
	公立	1	532	2,584	内	49,853	47,284	97,137
					鮮	4,239	1,417	5,656
					外	12	4	16
		2	3,110	23,258	内	509	531	1,040
					鮮	1,178,523	505,371	1,683,894
					外	6	5	11
	合計		3,656	25,971		1,236,749	556,900	1,793,649
中学校	公立		52	501	内	11,201	0	11,201
					鮮	14,809	0	14,809
					外	1	0	1
	私立		19	193	内	8	0	8
					鮮	11,151	0	11,151
			71	694		37,170	0	37,170
高等女学校	公立		59	441	内	0	14,350	14,350
					鮮	0	9,044	9,044
	私立		12	107	内	0	989	989
					鮮	0	5,269	5,269
	合計		71	548		0	29,652	29,652

注1）朝鮮総督府「諸学校一覧表」（昭和17年5月末現在）をもとに作成。
　　出典：渡部学・阿部洋『日本植民地教育史料集成』第62巻、龍渓書舎、1988。
注2）「内」は朝鮮在住の「内地人」児童、「鮮」は朝鮮人児童、「外」は朝鮮在住の外国人児童の略。これを当時のままに表記。

どで、大多数の朝鮮人児童は6年の初等科をもって国民学校を終えており、高等科や上級学校へ進学する児童の数は少数であった[8]。

　表1の通り、1942年の国民学校の児童数は179万3649名、中学校や高等女子学校の生徒数は6万6822名で、国民学校の全児童のわずか3.7％だけが進学している。同年、朝鮮の総人口数2582万7308名から見て国民学校の児童が示す割合は6.9％、中学生は0.14％、高等女学生は0.11％を占めている。従って中学校、高等女学校への進学率は全人口から見てわずか0.25％に過ぎない。

　こういう状況下では、ほとんどの朝鮮人児童は世界地理を学ぶ機会がなくなる恐れがあるため、「内地」では高等科で教授する世界地理の内容を朝鮮では初等科で行ったものと考えられる。

4）国民科地理の教授法に関する規定

（1）文部省と朝鮮総督府との比較——郷土愛とその限界

　文部省と朝鮮総督府との初等科と高等科の教育内容に関する規定を検討したが、次にその教授法に関する規定について文部省と朝鮮総督府を比較検討する。

　文部省令（国民学校令施行規程）の国民科地理の教授法に関する規定は次の通りである。

　　第1項「自然ト生活トノ関係ヲ具体的ニ考察セシメ特ニ我ガ国民生活ノ特質ヲ明ナラシムベシ」
　　第2項「郷土ノ観察ハ国史、理数科等ト相俟チテ統一アル指導ヲ為スベシ」
　　第3項「簡易ナル見取図、模型ノ製作等適当ナル地理的作業ヲ課スベシ」
　　第4項「地図、模型、図表、標本、写真、絵画、映画等ヲ利用シテ具体的直観的ニ習得セシムベシ」
　　第5項「読図力ノ養成ニ力メ遠足、旅行其ノ他適当ナル機会ニ之ガ実地指導ヲ為スベシ」（以上、文部省令第6条）

　朝鮮総督府令（国民学校規程）の国民科地理の教授法に関する規定は次の通りである。上の文部省令の傍点部が削除され、朝鮮総督府令では次の下線部が追加された形である。

　　第1項「自然ト生活トノ関係ヲ具体的ニ考察セシメ特ニ我ガ国民生活ノ特質ヲ明ナラシムベシ」
　　第2項「大陸前進基地トシテノ朝鮮ノ地位ト使命トヲ確認セシムベシ」
　　第3項「在外邦人ノ活動状況ヲ知ラシメ世界雄飛ノ精神ノ涵養ニ力ムベシ」
　　第4項「簡易ナル見取図、模型ノ製作等適当ナル地理的作業ヲ課スベシ」
　　第5項「地図、模型、図表、標本、写真、絵画、映画等ハ力メテ之ヲ利用シテ具体的直観的ニ習得セシムベシ」
　　第6項「常ニ読図力ノ養成ニ力メ遠足、旅行其ノ他適当ナル機会ニ之ガ

実地指導ヲ為スベシ」(以上、朝鮮総督府令第7条)

　上記の文部省と朝鮮総督府の教授法に関する規定比較すると、以下の点が分かる。
　①文部省令の第2項「郷土ノ観察ハ国史、理数科等ト相俟チテ統一アル指導ヲ為スベシ」が、朝鮮総督府令にはない。
　この理由は「郷土」という言葉が持つ教育上の矛盾にあった。中村栄孝は「郷土」という言葉の本質について「通俗的にはこの言葉は種々なる観念を聯想せしめて、誤れる郷土観、或は郷土愛、延いては歪曲せられた祖国愛乃至は偏狭にして独善的、又差別的或は封建的ともいふべき感情を誘発し醞醸せしめ勝なのであります」(9)と指摘している。
　つまり、朝鮮総督府としては、日本臣民であるべき朝鮮人が郷土愛を教えられることによって、祖国愛＝民族愛を持つことを惧れた。しかし、これこそが郷土愛が歪曲された祖国愛へと変質していく国民科地理教育の限界と言えるであろう。
　②朝鮮総督府令の「第2項」、「第3項」は、文部省令にはないもので、激化している時局を視野に入れての項目であると考えられる。
　第2項「大陸前進基地トシテノ朝鮮ノ地位ト使命トヲ確認セシムベシ」は、日本が中国及び世界に進出するに当たって、朝鮮は大事な役割を果たす国土であるとの使命感を朝鮮人児童に持たせるための項目と見られる。
　第3項「在外邦人ノ活動状況」は太平洋戦争での日本人の活躍ぶりを紹介し、「世界雄飛ノ精神」を「涵養」し、この聖戦に勝つことこそ、真の東洋の平和、世界平和につながるとの論理を示している。
　また、朝鮮総督府令の第2項、第3項は、内鮮一体とは言え、朝鮮においては「内地」における以上に皇国史観を徹底する必要があったからである。

（2）朝鮮総督府の「小学校規程」(1938)と「国民学校規程」(1941)の地理教授法に関する規定の比較——国民科地理の限界点
　次に朝鮮総督府の地理の教授法に関する規定を、小学校規程（1938年）と国民学校規程（1941年）を比較し、3年間でどのように変遷したのかを検討してみよう。
　　小学校の「地理」の教授法に関する規定

第1項「教材ノ変動ニ留意シテ適切ナル知識ヲ与ヘ」
第2項「在外邦人ノ活動状況ヲ知ラシメテ海外発展ノ精神ノ養成ニ資スベシ」
第3項「地理ヲ授クルニハ成ルベク実地ノ観察ニ基キ」
第4項「地球儀、地図、標本、写真等ヲ示シテ確実ナル知識ヲ得シメ」
第5項「歴史及理科ノ教科事項ト連絡セシメンコト」（以上、小学校規程第21条）

　これが国民学校の「国民科地理」の教授法では、先にも紹介したのだが、上の下線部が変更され、新たに次の傍点部が追加されている。

第1項「自然ト生活トノ関係ヲ具体的ニ考察セシメ特ニ我ガ国民生活ノ特質ヲ明ナラシムベシ」
第2項「大陸前進基地トシテノ朝鮮ノ地位ト使命トヲ確認セシムベシ」
第3項「在外邦人ノ活動状況ヲ知ラシメ世界雄飛ノ精神ノ涵養ニ力ムベシ」
第4項「簡易ナル見取図、模型ノ製作等、適当ナル地理的作業ヲ課スベシ」
第5項「地図、模型、図表、標本、写真、絵画、映画等ハ力メテ之ヲ利用シテ具体的直観的ニ習得セシムベシ」
第6項「常ニ読図力ノ養成ニ力メ遠足、旅行其ノ他適当ナル機会ニ之ガ実地指導ヲ為スベシ」（以上、国民学校規程第7条）

　小学校の「地理」と国民学校の「国民科地理」の教授法に関する規定の比較からは次の点が明らかになった。
　①国民学校規程の国民科地理には第1項「自然ト生活トノ関係ヲ具体的ニ考察セシメ特ニ我ガ国民生活ノ特質ヲ明ナラシムベシ」、第2項「大陸前進基地トシテノ朝鮮ノ地位ト使命トヲ確認セシムベシ」が加わる。
　②小学校規程の第2項「海外発展ノ精神ノ養成」は、国民学校規程では第3項として「世界雄飛ノ精神ノ涵養」へとなった。
　③小学校規程の第3項「実地ノ観察」は、国民学校規程では第6項として「実地指導」へとなった。

④小学校規程の第 4 項「確実ナル知識」は、国民学校規程の第 5 項では「具体的直観的ニ習得」へとなった。

国民学校規程の第 2 項「大陸前進基地トシテノ朝鮮ノ地位ト使命トヲ確認」は「朝鮮地方と我が国土・国勢との関連、還元すれば我が国土の一地方として如何なる地位を占めるかの認識と理会」(10) を意味している。つまり国民科地理では、日本が大陸に進出するための基地としての朝鮮の役割を重視している。

また、小学校規程の第 2 項「海外発展ノ精神ノ養成」は「在外邦人の活動は、我が国人の海外への発展を有力に物語るものであるから、その状況を知らしめて、海外発展の志気を鼓舞するやうにせねばならぬ」(11) ことから加わった項目であった。これが国民科地理では「世界雄飛ノ精神ノ涵養」に変わった。日本の海外発展に留まらず、「世界雄飛」すなわち、東亜及び世界進出への積極的な意欲を窺わせる。国民科地理の第 2 項、第 3 項は、戦争による日本の世界進出への意欲とそれに伴う朝鮮の「大陸前進基地」としての役割を明記したものと言えよう。

「実地ノ観察」、「自然ト生活トノ関係」、「具体的直観的ニ習得」等の用語は、直観教授法に基づくペスタロッチ、ヘルバルトの影響から来ていると思われる。

ペスタロッチやヘルバルトの教授学のキーワードを使用してはいるものの、1942 年発行の『環境の観察』教師用書をみると、「国民科地理」の指導の留意点として、「第 1 項、既成の自然地理・人文地理等によつて地理学的智識を授けるものでなく、国土国勢を関聯的に理会せしめて、我が国の地位と使命とを明らかにするのが目的である」「第 5 項、読図力は国防と深い関係がある」(12) と記している。

ここでは、国土国勢を関連的に理解させることは評価に値するが、これは結局日本を世界の中心とする皇国史観へ繋がっている。また児童に読図力を養成させ、実際の生活で利用できる点は評価に値するが、国防との関係上から必要としているという点は国民科地理の限界点であると言える。

従って、ペスタロッチ、ヘルバルトの直観教授法は形式や言葉としては受容されたものの、教育思想そのものの中身は受け継がれていなかったものと考えられる。

以上、国民学校規程を比較検討した結果、以下の点を指摘できる。

〈国民学校期における文部省と朝鮮総督府の違い〉
①文部省に比べて、朝鮮総督府の方が忠君愛国に関する記述が多い。当時、朝鮮では「内鮮一体」というスローガンの下、朝鮮人も日本人として皇国日本のために戦うよう求められたが、異民族である朝鮮人に武器を持たせるためには、徹底して忠君愛国を訴え、皇国史観を注入する必要があったのであろう。
②「郷土ノ観察」が「生活環境ノ地理的観察」へ変わった。これは、前述の通り「郷土愛」が「祖国=朝鮮」愛へと発展していくことを恐れてのことである。

〈朝鮮総督府における小学校規程(1938年)と国民学校規程(1941年)の違い〉
①国民学校規程では大陸前進基地としての朝鮮の重要性が訴えられた。
②国民学校規程では東亜と世界における日本の地位が強調された。
③国民学校規程では「実地ノ観察」「自然ト生活トノ関係」「具体的直観的ニ習得」等、地理教授法の面で評価できる部分もあるが、結局国防との関係や皇国史観に繋がるところが「国民科地理」の限界点である。

2．文部省と朝鮮総督府における国民科地理

　学校教育は人間だけが行う営みである。何を教え、何を排除するかという教育内容の範囲を決めて記述したのが教科書である。従って、「意図的かつ計画的に行われる教育」において、教科書の作成は児童をどういう人間に育てるかという問題と密接な関係を有している。それゆえ、この教科書を作る際その主体者が誰なのかが大事になってくる。それによって教科書の目的も変わる可能性があるからである。
　この教科書作成の権限が国家に委ねられたとき、国家は国家が目指す人間に児童を作り上げようとするであろう。高橋哲哉が「国家というものは、それ自身の抜きがたい『本性』のゆえにさまざまな理由をつけては個人の心に介入し、それを支配しようとする」[13]と述べている通り、国家によって国民の心を支配する一番有効的な手段はたしかに教育であろう。
　「戦前の朝鮮の大多数の民衆はマスコミとはほとんど無縁の生活をしていた」[14]という実状を考えると、学校教育における教科書が児童に与える影響は多大なものであったことは想像に難くない。

1 では国民学校規程における「国民科地理」に関する規定を比較検討した。ここでは、その法令の下にどのような地理教科書が作られて、国民学校で児童に教授させられたかを検討してみたい。本稿で比較対象とするのは、文部省発行の『初等科地理』「上」「下」（1943年）[15]と朝鮮総督府発行の『初等地理』「第五学年」「第六学年」（1944年）[16]である。

1）国民学校における「国民科地理」の教授

1936年8月に就任した南次郎朝鮮総督（元関東軍司令官）によって、宇垣総督時代の文化主義的「内鮮融和」政策が捨てられ、強圧的な「内鮮一体＝朝鮮人の日本人化」政策が採られることになった。

この皇民化教育政策を南次郎の片腕となって支えたのが、「半島のヒトラー」の異名をとった塩原時三郎であった。彼は1937年7月に異例の大抜擢で「学務局長心得」に就任したとされる[17]。従って、地理教科書の発刊年度からみて1940年の『初等地理』の編纂からは、総督の南次郎と学務局長の塩原時三郎の強硬な教育方針が影響を与えたと見られる[18]。

地理と国史（日本歴史）は第2次朝鮮教育令（1922）によって新たに設置されるようになった。それまでは両教科は行われなかったが、この時期から普通学校の修業年限が4年から6年へと延長されたことによって地理と国史が教授されるようになったのである。

朝鮮の「国民科地理」は5学年、6学年で学習されるが、4学年では「国史及び地理」の綜合的教科に「環境ノ観察」と名づけて学習させた。つまり、国史と地理を教える前にその入門書として「環境ノ観察」を設けたのである。従って、4学年は「環境ノ観察」が1時間、5学年、6学年は地理、国史がそれぞれ2時間ずつ設けられた。「内地」では4学年で「郷土ノ観察」[19]が1時間、5学年、6学年で国史、地理がそれぞれ2時間ずつ設けられることになった。

表2　朝鮮の地理授業時間（1910-1945）

年度＼学年	1	2	3	4	5	6
1911	0	0	0	0		
1922	0	0	0	0	2	2
1938	0	0	0	0	2	2
1943	0	0	0	1	2	2

2) 地理教科書の概観

(1) 書名

朝鮮総督府の『初等地理』は、従来は「上」「下」と表記したのが、1944年からは「第五学年」「第六学年」と記すようになった。これは、上巻が第5学年で学習され、下巻が第6学年で学習されるのに基因する。「初等科国史」も同じ現象が見られるが、「内地」や台湾ではこの動きは見られない。

磯田一雄は「教科書名に「初等」が現れるのは1931年の「初等理科書」が恐らく最初であろう」と述べている[20]。翌年1932年には『初等地理書』が出現している。普通学校では従来、地理は文部省の国定教科書に『普通学校地理補充教材』を併用してきたのだが、1931年に朝鮮独自の教科書を編纂して、普通学校に通う朝鮮人児童も、尋常小学校に通う朝鮮在住の日本人児童も共通使用することになったのである。それによって、「普通学校地理」ではなく、「小学校と普通学校の両方に共通という意味で「初等」と名付けた」[21]ものと考えられる。第3次朝鮮教育令によって普通学校は小学校と改称されることになるが、「「初等」という名称は引き続き存続し、やがて国民学校時代になると朝鮮だけではなく、内地・外地を問わず普遍的に使用される」[22]ことになる。

第3次朝鮮教育令発布以前は、既設の公立学校では日本人と朝鮮人の学校が区別されていたが、新しく設置する学校においては、特に支障のないかぎり共学とすることになった。教授上の要旨、教科目、教科課程についても、朝鮮語以外は基本的な方針は同様であった。この時期から普通学校の必須科目であった朝鮮語は随意科目となり、朝鮮人児童が学校で朝鮮語を学習する機会はほぼなくなってしまったのである。

(2) 発行年度

1941年に国民学校令が出されてから、国民学校で使う地理教科書が新しく編纂された。文部省発行の第6期国定地理教科書『初等科地理』「上」「下」2巻（1943年）と朝鮮総督府発行『初等地理』「第五学年」「第六学年」2巻（1944年）がそれである。

文部省の初等科地理の上巻が1943年2月24日に発行され、同年3月31日翻刻発行された。また、下巻は1943年2月27日に発行され、同年3月31日翻刻発行された。つまり、1943年度から国民学校で使用されるようになった

のである。これは第5期の国定教科書発行から5年後、国民学校令が出されてから2年後のことである。本書の使用期間は約2年半で国定教科書の中でもっとも使用時期が短い教科書であった。

　文部省は、このように新しく教科書を改めたのは「昭和16年春から国民学校制度が発足したことと、同年12月に太平洋戦争が始められた」ことにより、「昭和13年には陸海軍の進攻によって、東アジアの事情が大きく変化すると共に、これらの地域と日本の関係が全く新しくなった。このような理由が重なって地理は他の教科書とは異なって、特に国際情勢の推移によって教材を改めなければならなかった」[23]と述べている。国際情勢の影響を大きく受ける地理教科書は、国際情勢の変動によって改訂の必要性に迫られていたのである。

　朝鮮総督府の場合は、『初等地理』「第五学年」と「第六学年」が1944年3月28日に同時に発刊され使用された。1941年の国民学校実施より3年後、文部省の教科書発行より約1年後のことである。

　1941年に出された朝鮮総督府発行『教科書編輯彙報』には「国民学校実施の年から、せめて1、2年生なりと新しい教科書を使用せしめたいと、色々研究もし、編纂に関しては文部省とも打合をしたが、<u>一応文部省発行のものを見た上で、これに朝鮮独自の要求を織り込んで編纂した方がよい</u>といふことになり、万全を期して1年後れの方針を執つたのである」[24]とあることから、朝鮮総督府は文部省発行の地理教科書を参考にして、朝鮮独自の地理教科書を編纂しようとしたことが分かる。その理由から、『初等科地理』より『初等地理』の発行が1年遅れたのである。

　国民学校実施の1941年から新しく教科書が編纂されるまでの間は、旧教科書を用いることにした。「本年4月より国民学校令実施せらるゝにつき、本教科も新教育令に依つて形式内容に亘り全般的に改まる訳であるが、教科書は当分の間旧教育令に依つて編纂されたものを使用するの已むなき状態にある。依つて本年4月からはたとひ教科書その他の機構は旧態を脱せざるにしても、その取扱は新教育令の精神に依つて取扱ふべき」[25]であると説明した。つまり、旧教科書を用いるが、その教授の際は国民学校令の精神を徹底するよう述べているのである。

　1944年以前のものとして、『初等地理（巻一）』が1942年1月に発行され、翌1943年1月に改訂される。同書の「巻二」は1941年3月初版が発行され、翌1942年1月改訂2版、1943年3月改訂3版が発刊された。世界地理を扱

っている「巻二」の改訂が多いのは、太平洋戦争によって著しく変わりつつある世界情勢と無縁ではないと考えられる。このように頻繁な改訂を繰り返し、ついに1944年には従来とは大きく異なる教科書が登場したのである。

「巻一」の発行は1942年なので国民学校実施の1941年には1940年に発行したものをそのまま使った。その理由として、1941年に朝鮮総督府は、「昭和15年度から行はれている改訂本は、殆んどその面目を一新したもの」で、「朝鮮教育令改正の精神に則り、……かなり徹底的に訂正が施されたので……国民学校の地理教科書として、そのままを以て、必ずしも、使命を果し得ないとはいへないと考へられます」(26)と述べている。

さらに、「第6学年用、即ち巻二に至りましては、極めて特色ある修正が加へられ」(27)とあるように、「巻二」は大幅に修正が加えられて1941年に新しく発行された。朝鮮総督府は「取扱の態度は、従来のものに比して格段の進歩を見、国民学校教育のためにも、確かにこれを活用して立派に国民科地理の目的を果し得るものと信ぜられるのであります」(28)と述べ、続けて「巻二の東亜及び世界地理の部分は、大体、新令と一致してゐる」(29)と述べている。つまり、朝鮮総督府は国民学校が実施される1941年に、『初等地理（巻一）』は1940年のものをそのまま使用し、「巻二」は1940年のものを改め新しく発行したのである。

しかし、旧教科書を改訂して使うだけでは限界が生じるのはやむをえなかった。その理由として、朝鮮総督府は次の点を挙げている(30)。

　　環境の観察が、新に、第4学年に課せられたため、これとの関係上、巻一の記載事項は体系なり、分量なり、根本的な改訂が痛感されるのである。従つて巻一に分量的に大部を占める朝鮮地方の取扱については余程の考慮が払はれねばならぬと思はれる。その他新令に強調される国土・国勢の認識についての記載が未だ徹してゐないことや東亜地理といふ概念が明確にされてゐない。かくの如く新精神に即せんとして改訂された『初等地理』書にも、なほ、これに即応しない部分も多々あるのである。

このように、旧教科書をできる限り国民学校令の教則に合わせようとしながらも、国民学校令に備えた新しい教科書の出版を待望していた。1942年に朝

鮮総督府は、「旧教科書を以て新法令による授業を行ふのであるから、その困難は一通りではない。来年度は環境の観察の教師用書が出来、これにつづいて、5・6学年用の新教科書が出るのであるが、その完成まで、猶ほ2・3年の年月がある。それ迄は現状の不備のままで進まねばならない。新法令の精神を体し、時局の間断なき動きに着目し、国民科地理の目的が充分発揮されるやう折角研鑽努力を祈つてやまない」[31]と述べていることから、後2、3年の間に国民学校令に備えた新しい教科書の出版が予定されていることが分かる。それまでの間は、現行の地理教科書を用いて国民学校令の精神にふさわしく教授することを強調しているのである。新令に備えた新しい地理教科書は1944年についに発行された。（以下次号）

【註】
　引用文中では、新字（当用漢字）・旧仮名遣い（歴史的仮名遣い）使用に統一している。数字の場合、固有名詞、書名は漢数字、それ以外は全て算用数字に改めた。法令の引用文中の下線及び傍点は全て執筆者による。
(1) 文部省と朝鮮総督府に関する国民学校に関する規定は全て以下の文献から引用したものである。近代日本教育制度史料編纂会『近代日本教育制度史料』第2巻、講談社、昭和39年。
　同編纂会『近代日本教育制度史料』第8巻、講談社、昭和39年。
(2) 朝鮮総督府『環境の観察』教師用、1942年、13-14頁。
(3) 同上、17頁。
(4) 朝鮮総督府「教科書編輯彙報」第8輯、国民学校特輯、1941年。（渡部学、阿部洋編『日本植民地教育政策史料集成――朝鮮篇』第23巻、龍渓書舎、1990年、47-48頁。）以下、朝鮮総督府「教科書編輯彙報」第8輯〜第11輯からの引用はすべて同資料集に基づく。
(5) 同上、45頁。
(6) 朝鮮総督府『環境の観察』教師用、1942年、25頁。
(7) 皇国教育研修会『朝鮮国民学校各科教授要義』島田文栄堂、1941年、169頁。
(8) 中村栄孝「国民学校国民科教則案について」（上）『文教の朝鮮』187、1941年6月、23頁。総督府編修官兼教学官である中村栄孝の発言からの引用である。
(9) 同上、27頁。「内地」の国民学校5学年から教授する地理科目に先立ち、国民学校4学年に地理科目の入門書として「郷土の観察」を教えた。朝鮮では、これに当たる科目として「環境の観察」を教授させた。つまり、「内地」の「郷土」が朝鮮では

「環境」に変わったのである。
(10) 朝鮮総督府『環境の観察』教師用、1942年、32頁。
(11) 同上、32頁。
(12) 同上、31-33頁。
(13) 高橋哲哉『心と戦争』晶文社、2003年、11頁。
(14) 宮田節子は朝鮮のラジオの普及状況を1937年の人口約2300万人の内3万1916人で100分の1にすぎない。また、新聞、雑誌の場合も1942年末の総人口2582万7308人に対し66.5人に1部の割合となると指摘している。その上、都市と農業村の格差も大きいし言葉の問題も発生すると指摘している。(宮田節子『朝鮮民衆と皇民化政策』未来社、1992年、11-17頁。)
(15) 文部省の国定5期の地理教科書『尋常小学地理書』「巻一」、「巻二」はそれぞれ1938年、1939年に発行された。国民学校令に備えた国定6期『初等科地理』は、前期の発行から5年後の1943年に発行された。
(16) 朝鮮では、1941年に国民学校令が発布されたものの、教科書の発行が間に合わなかった。そのため、「巻一」は1940年発行の地理教科書をそのまま使い、「巻二」は1941年に新たに発行された。「巻一」が新しく発行されたのは翌年の1942年である。それ以来、「巻一」が1943年に改訂、「巻二」が1942年（改訂2版）と1943年（改訂3版）に2回改訂される。従って、国民学校期における朝鮮総督府発行『初等地理』は、「巻一」が1942年・1943年・1944年版の3冊、「巻二」が1941年・1942年・1943年・1944年版の4冊存在する。本稿の比較対象は文部省発行の『初等科地理』1943年版と朝鮮総督府発行の『初等地理』1944年版である。なぜなら、この両者の教科書は他の時期とは著しく違う形を成しているからである。本来ならば、さらに正確な比較検証のため、台湾総督府発行の『公学校地理書』も比較対象とすべきだが、今のところ実物が見つかっていない。発行されたのに実物が見つかっていないか、発行そのものがなされていないかは確かではない。ただ、磯田一雄の国史教科書に関する研究によると、「国民学校制への移行にさいして台湾は朝鮮とは異なり、国史教科書は独自なものではなく、文部省の『初等科国史』を内地に1年遅れて、1944年度からすべての学校で採用することになっていた。」(『台湾総督府官報』第157号、1942年10月6日、及び同第624号、1944年4月24日による。)との記述から、おそらく国史と同じく地理も文部省の『初等科地理』をそのまま使った可能性も考えられる。
(17) 宮田節子「皇民化政策の構造」『朝鮮史研究会論文集』第29、朝鮮史研究会、1991年10月、42-43頁。「学務局長心得」の「心得」とは、官制上局長は勅任官でなければならなかったが、塩原の官僚としての年数が足りなかったための措置であった。(同書、43頁。)
(18) 1940年以前の地理教科書として1938年発行の『国史地理』がある。これは国史と

地理科目を統合したもので、朝鮮の4年制の初等学校で教授された。『国史地理』科目における日本と植民地間の相関関係については、磯田一雄の『「皇国の姿」を追って』（皓星社、1999年）に詳しい。

1936年8月に南次郎が総督に就任し、1937年7月に塩原時三郎が学務局長心得に就任した。それ以来、1937年10月に「皇国臣民ノ誓詞」が制定され、学校や官公署、職場での日常的な斉唱が義務付けられた。1938年には第3次朝鮮教育令、国家総動員法等が定められた。また、朝鮮教育の三大綱領が国体明徴・内鮮一体・忍苦鍛練と定められ、徹底した皇国史観が児童に教え込まれるようになった。

(19) 文部省発行の「郷土の観察」と朝鮮総督府発行の「環境の観察」は教師用のみで、児童用は作られていない。「郷土の観察」は「郷土に於ける事象を観察させ、郷土に親しみ、郷土を理会し、これを愛護する念に培ふこと」（文部省『郷土の観察教師用』昭和17年、33頁。）を目標とし、「国民科地理及び国民科国史の学習の基礎たらしめること」を期した総合教科目である。原本は、1942年3月27日、文部省発行で、中扉・目録3頁・総説・各説103頁、附録30頁からなる。
(20) 磯田一雄『「皇国の姿」を追って』皓星社、1999年、207頁。
(21) 同上、207頁。
(22) 同上、207頁。
(23) 海後宗臣編「地理教科書総解説」『日本教科書大系』近代編、第17巻（地理3）講談社、昭和14年、623頁。
(24) 朝鮮総督府「教科書編輯彙報」第8輯、国民学校特輯、1941年、2-3頁。
(25) 同上、43頁。
(26) 朝鮮総督府「教科書編輯彙報」第9輯、国民学校特輯第2、1941年、39-40頁。
(27) 同上、40頁。
(28) 同上、40頁。
(29) 朝鮮総督府「教科書編輯彙報」第11輯、国民学校特輯第4、1942年、45頁。
(30) 同上、45頁。
(31) 同上、50頁。

台湾の「国語」と民主化による
多言語主義

中川　仁*

0. はじめに

　日本の敗戦により台湾は中華民国政府に接収され、同時に国語教育（北京語同化政策）が打ち出された。それは日本統治時代の言語政策と中華民国政府の言語政策とは全く別のものではあったが、接収後に行われた政策は日本統治時代に行われた言語政策が基盤となっている点があるといえる。
　まず先行研究として陳（1998、pp.89-134）によれば、国語教育の展開の時期を次の三つに分けている。

　①「改制穏定時期」（1945～1969）
　　日本語を排除し、国語教育（北京語同化）を強化し、中華文化を継承し、中国化する。
　②「計画貫徹時期」（1970～1986）
　　国語教育の展開を計画的におこない、愛国心及び国家意識を高める。
　③「多元開放時期」（1987～現在まで）
　　「本土化」や「台湾化」という形で族群の融合と母語の復権という形で、郷土教育が尊重される。

　この三つの時代区分については国語教育を北京語同化政策という観点からみており、国語教育の展開と多言語状況の実態を述べたものといえよう。またこれよりも詳しく法令と規定にのっとって、藤井久美子氏（以下、藤井氏とする）が新たな見解を述べている。それは次の三つの時期に分けられる[1]。

＊　明海大学

①1945 ― 1949　　「国語」の中国化
　②1950 ― 1986　　「国語」の絶対化
　②1987 ―現在まで　「国語」の多元化

　この新たな見解は台湾の国語教育が展開されるなかで一つの指針を立てる位置づけとなっているといえよう。しかしながら台湾での言語政策は清末・民初の中国大陸で起きた一連の国語運動からの通史的展開と政治的意図の下で形成されたものと考えられる。そして思想的にも中華文化の正統的な継承者という意識の上での「国語」の浸透といえる。つまり台湾での北京語同化政策は清末・民初の国語運動を国語教育の展開の以前とし、領台時代はある種の空白な時代とする。そこで本稿では大きく以前・以後に分けて、以前は中国大陸での一連の国語運動、そして以後は藤井氏の指針に基づいた三つの段階にしたがい、台湾の国語教育の展開を法令と規定に着目し、台湾の人々がどのように国語を共同語という観点で受け入れていったか、また国語は共同の産物になりえたのか、国語と多言語状況を言語法[2]の立場から考察し、二・二八事件以降の外省人と本省人の族群対立から、本省人の民主化運動の経緯と台湾から国外に亡命した本省人の知識分子達がもたらした独立論から結びついた多言語主義を本来の台湾のあるべき姿とし、言語状況の実態を明らかにしていく。

1．台湾の国語教育（北京語同化政策）

　台湾の国語政策（北京語同化政策）を通史的にみていくためには、中国大陸における清末及び民国初期の国語運動の一連のできごとを検討しなければならないであろう。台湾は戦後そして国共内戦以後、国民党政権の政治的基盤であり、正統的国語の形成を推し進め、国語意識を高めることを強要していった。清末及び民初の一連の国語運動は中国大陸と台湾でそれぞれ展開されることとなる。
　まずその背景には方言の多さから生じた言語接触の困難さ及び文盲率の高さから、教育を通して言語政策を進めていこうとする考えがあったといえる。また外圧による国内の不安定な状況からも知識分子の層が共通語の必要性を主張

し、民族と言語の一体化を試みたものなのである。

1．1．中国大陸の国語運動

　中国において共通語の概念は古代の「雅言」[3]から中世の「文言」[4]に移行し、そして中原音となり、宋・元の時代背景のなかで中原音と北京語音とが距離を短くし、社会的にも人々に受け入れられた。これが階層をこえた言語として生成されたことから近代の「白話」へと発展していった。この白話とは口語的表現であるが、この理論の指導的立場の学者は胡適・銭玄同であり、その理解者で支援的立場に立っていた学者が蔡元培である。とくに彼らの主張は明朝及び清朝の小説や物語の類を白話の基本とし、模範とした。しかしこれらは大衆の言葉とは隔たりがあり、白話文と大衆語とは対立し、「あいの子白話文」[5]なるものが流行っていく。この運動の結果「国文」が「国語」という名称に移行してゆくのである。

　また漢字の音を符号であらわそうとした切音新字運動がおこり、漢字は形声文字を多く含んでいるところから、その文字構造の半分は意義を表し、その半分は音符を表すとあり、形声文字は絵をかいて傍に名前を記入し、発音の変化によって形声の発音を表す音符が消滅していったことを表している。古い時代には字原的扁と音標的旁が分かれていて、音標時代というものがあったと思われるが、中国語の性格上、音を異にする語が減り、同音の語が多くなり、表意文字への回帰によって、これらを修正することになっていった。それによって形声文字が発展し、その文字の形から文字の発音ができないものに対して「直音」[6]や「反切」[7]の表現方法がとられていた。しかしこれらの表現方法には欠点も多く不便であったため、便利さを求めるまでには至らなかった。

　この改革に関わる人物として、まず黄遵憲があげられる。彼は日本の仮名文字の便利さを知ってからそれに興味を示したといえる。次に盧戆章であるが、彼がはじめて漢字の標音符号を考案した。また華英字典の編纂に携わったところからヒントを得て、ローマ字式字母を考案し、「中国第一快切音新字」をあらわす。これをきっかけとして、呉敬恒が「豆芽字母」をあらわし、蔡錫勇も「伝音快字」をあらわした。これに続いて色々な「表音新字」が考案され[8]、とくに王照の「官話合声字母」や労之宣の「簡字全譜」は有名である。結果的にこれらの運動は国情の不安や統一的なものが足りなかったとして、考案者の

一つの主張にしかならなかったということになる。

　その後、今度は簡字運動がおこり、漢字そのものを改良するという文字改革が考案されていった。盧戇章は第一快切音新字をひろめ、それ以外に日本の片仮名による新しい文字を研究し、民国政府にそれを提出したが、色々な理由から却下されたのである。王照は日本に亡命中に仮名文字の影響を受け、「官話合声字母」を作り、ある地域を中心に流行したが、時の文部大臣である呉汝綸と貴族院議員である伊沢修二は中国音標文字作成の必要性を感じていた。また労乃宣は「簡字研究会」を作り活動を進めていき、中央議会において「国語統一法案」を通過させたが、辛亥革命によってすべてが壊されてしまった。

　新字研究は民国に入ってから行われた。清朝が滅び革命政府は「注音字母」（漢字の音をあらわすための字母）を採用し、読音統一を推進するため、「読音統一会」を作った。そもそもこの注音字母は章柄麟の「紐文韵文」を修正したものである。これが命名されるまでは様々な論争がかさねられ、決定した注音字母で1万3700字の漢字国音に注音をした。字母の合計は39個であり、1918年に正式に公布されたが、名称は「注音符号」となった。文字ではなく符号として活用され、北京語音を標準としたのは1924年のことである。

　しかしこの注音符号もまた多くの欠陥をもっていることから統一会は「国語羅馬字」の作成に取り組んでいく。漢字をローマ字で表記する方法は、宣教師の間で行われていた。とくに文字革命は国語ローマ字にすることが望まれていたという経緯から従来、ウェード式が使用されていたが、これとは別に国語ローマ字が考えられていた。1922年に「注音字母書体式」が公布されて、ローマ字は注音字母と別のものとされ、第五回国語統一準備会大会において「国語羅馬字委員会」を設定し、「国語羅馬字拼音研究委員会」は「国語羅馬字拼音法式」を作って、1928年に公布した。注音符号は初等学校から教えられ、国語ローマ字は高等小学校で教えられた。

　また1928年は比較的安定した時期であったが「漢字を廃止して標音文字を用いよ」と主張する人々もいた。しかしこれも注音符号の域を越えることはできず、新たな運動がはじまる。ラテン化新文字運動とエスペラント運動である。北京語音を基礎として「国語注音符号」及び「国語羅馬字」は作られたが一般には浸透しにくかったのである。それを補うという形ではじまったのが、この運動である。瞿秋白はソヴィエトに滞在中、文盲教育に対する政策の実施をみて、母国の事情と合わせて研究し、1929年『中国ラテン化字母』という小冊

子を完成させる。ソ連領内に住む中国人労働者は10万人を超え、ラテン字母によって文盲から救われたものが多くを占めていたことは事実であり、1932年ごろからエスペランチストたちによって紹介されつつもあったが、結局のところ伝統的な考え方ではないという理由から、排除されてしまう。とくに共産勢力の強いところからの輸入文化でしかなかったという意味合いが反映されていたのであろう。またエスペラント運動は思想と結びついており、単なる国語改革のためだけではなく、社会思想的な運動と密接につながっていった。共産主義思想のプロパガンダになっていったのである。1949年には新中国が成立すると、毛沢東も文字改革にのりだして、黎錦熙などが積極的に活躍の場を与えられたのである。

　1945年、日本の台湾統治に終止符が打たれた。中華民国が日本にかわってこの地を接収し、光復節を迎えることになる。そもそも日本が統治していたことから、当然の如く日本語教育が展開されていたわけだが、かわって国語（北京語）による言語同化政策が開始された。前述したとおり、藤井氏（2003）の見解にしたがい、三つの段階に分けて考察する。

1．2．第一期

　第一の時代は敗戦による台湾での国語（北京語）同化政策の開始期である。それ以前の言語環境を考えた場合でも北京語はごく少数の言語であって、官話として使用されていた言語にすぎない。とくに明朝末期に移民してきた人たちの母語は閩南語系の言語が中心であり、それに続いて客家語話者が台湾に入る。これらの族群[9]は母語以外に日本語を共同の言語としていたために、国語（北京語）同化が難しかった第一世代である。

　日本語から国語へという転換も非常に困難を極めていた。中華民国接収当初は「台湾省国語推行委員会」が設置され、『全国国語運動綱領』と台湾の言語状況から『台湾国語運動綱領』が制定され実施されていた。しかし一方では日本語が公の場から姿を消すことはなかった。重層殖民としての反抗から日本語の需要があったという点と、族群対立があったという理由から、二・二八事件以降、国語（北京語）同化政策は一層厳しくなっていったのである。

1. 3. 第二期

　第二の時代は政策による展開、二・二八事件以降の族群対立、国際社会からの孤立、民主化運動の初期段階に位置付けられ、極めて政治的な流れのなかで国語教育が推進されていった。1949 年国民党政府は中国共産党との国共内戦に破れ、中国共産党は中華人民共和国を成立させる。一方で国民党政府は台湾を「復興基地」とし、大陸反抗への道を歩んでいく。それは中華民国政府が大陸の新政府から政権を奪回することを目的としたものである。それにより言語政策にもかなりの力が注がれ、日本語と方言の排除が強制的に行われた。

　1956 年には「説国語運動」が始まり、公の場では日本語と方言が話せなくなり、これらの使用に対し厳しい取締りが行われた。それは罰金や暴力、方言札をかけられるなど極めて強制的で、かつての日本統治時代の言語政策の一側面のようにも思えるのである。日本統治時代の日本語教育は天皇制国家原理に基づいて形成された国語教育であり、暴力性と侵略性を持っていたといえる。中華民国政府も蔣介石政権の一党独裁の下で行われたものであり、中華民国が中国大陸でできなかったことを日本から受け継いだ領土で、また大陸反抗の基地として、この言語政策を行っていったのである。

　1965 年には各県市や学校で「加強推行国語計画」も発令され、中国大陸での文化大革命への反発から、台湾が正当な中華文化の継承者であることを強調した。これは事実上の中華文化復興運動である。中華文化の保持という点においては外省人の文化を崇拝する意味であり、本省人と原住民は完全に文化という視点からは追いやられていたのである。

　しかしこのような状況の下で国際情勢は悪化し、国連の中国代表権問題をめぐって、アメリカ大統領ニクソンが訪中したことによって台湾は孤立した。それによる愛国心と民族思想の提唱のために 1973 年には『国語推行辦法』が制定された。それは「国語」の地位確立であり、国内でのプロパガンダといえる。「注音符号」と「国語」は中華文化保持の役割を果たし、国語使用の絶対化に結びついているのである。またマス・メディアでも台湾接収当初はラジオで日本語が流れていたし、方言も流れていた。それも『広播電視法』などの施行によって、方言は禁止とされ、正しい正書法にしたがった国語を強制したのである。

　一方で台湾には少数民族である台湾原住民（以下、原住民とする）がおり、

そこでも国語を強制的に浸透させたのである。1951年の『台湾山地施政要点』をはじめとして『台湾省各県市山地推行国語辦法』が、1973年には『台湾省各県山地郷国語推行辦法』(10) が施行され、その第一条には「本省では広く国語を普及することとする。山胞が日本語や方言を使用する習慣を徹底的に是正し、よって祖国の文化を注入し国家概念を増進させる。」と明記している。

　原住民（ここでは生蕃(11) をさしている）に対しては、日本の統治時代は日本語が超民族語(12) として、各部族間同士の共通の言語となりえたところから、これにかわって国語が共通の言語となったのである。それに伴って、70年代の後半は民主化の動きの初期的な段階に入り、国語と各族群の言語の権利が主張されることになる。

1．4．第三期

　第三の時代は、台湾を主として考えた場合、中華民国が副となり、台湾を「復興基地」とした場合、中華民国が主となり、台湾が副となる。この状況は、中華民国が台湾を接収した時は一省の言語政策にすぎず、日本統治時代の言語政策を基礎とし、日本語の排除と方言の排除から法令と規定を軸とした国語教育の展開を行ったものである。そして国共内戦で移動した第二の地である台湾で、国民党は「中華民国復興基地」と定めた時から、国語の強制的な法令と規定を施行し、国語の絶対化を推し進めたのである。しかし中華民国が主である時代は、蔣政権への抵抗と覇権の衰退から民主化の流れのなかで、台湾化と土着化の傾向が強くなっていった。

　それは多言語状況の容認という形でも現れた。漢民族系の言語と台湾原住民の言語の容認である。漢民族系では方言の復権、原住民の言語では危機言語として扱われ保持される傾向が出てきた。国語も共同語としての言語となり、絶対的な言語としては地位が失われていったといえる。しかし国語は台湾国語(13) から台北国語(14) に変化し、北京語からの変種として台湾化し、方言も中国大陸の方言とは異なったものを生成し、また原住民諸語は消滅しかけているという現状から、『語言平等法』の草案（以下、言語平等法とする）が国語推行委員会の審議を通過し、言語に対する自由化が始まったといえるのである。

　もし第四の時代を新たに設定するならば、台湾は族群の比率から決められてしまうだろう。民主化活動家や海外の独立論者の多くは閩南系であるため、閩

南語系の言語が上位に立つと思われる。しかしこの言語平等法によって、すべての言語を尊重する方針がはっきりと現れ、台湾新家庭[15]の原型を表したことになる。

2．民主化運動の展開

　1947年、二・二八事件が起こったことをきっかけとして族群間の対立が深まり、本省人と外省人との間に亀裂が入ったとされる。しかし本省人の心中としては、台湾接収当初、国民党に対して、民主的政治の実現を求めたが、国民党はそれを受け入れず、日本統治時代の抗日運動と同様に、台湾人のアイデンティティは考えられなかった。二・二八事件をきっかけに民主化運動が始まったとされるのは安易な考えであり、それ以前にも民主化運動はあったが、二・二八事件をきっかけに民主化が加速化したということはいえるのではないだろうか。台湾人のアイデンティティが民主化の流れのなかで、言語問題とナショナリズムを結びつけるのは、現状の言語政策を反映したものである。
　民主化の流れは国内と海外の動きからナショナリズムが形成されたということを強調してしまえば、危険思想になってしまうかもしれない。しかし現状の台湾では「民主台湾」が存在する。それは台湾国内の活動家と海外の独立運動家たち（二・二八事件以降に海外に亡命した）がもたらしたものといえよう。同時に民主化及び言語の自由、言論の自由、そして多言語主義をもたらした。
　言語と政治は関わりにくいものと考えられることが多く、言語は言語として扱うものであるとするのが一般的である。しかし敢えて政治と結びつけることによって、民主化と言語の関係を考えていかなければならない。台湾の場合はつねに外来政権の統治を受けてきたことから、重層殖民を形成してしまったためである。
　国内では二・二八事件後も不穏な動きのなかで、蒋介石が台湾に入ってきた。勿論、この時期に白色テロ、為政者に反抗的な社会主義者や台湾独立論者が逮捕され、大量に殺害されたことはいうまでもない。その初期段階の台湾独立論者には謝雪紅・廖文毅・陳智雄・王育徳などがいる。王育徳以外の活動家は政治的な動きが中心的であり、中国大陸へ活動のために赴いた者、投獄され最終的には処刑などという形で消えていった者などがいる。

王育徳は二・二八事件以降に当局から目をつけられ、香港を経てから日本に亡命した活動家の一人である。この人物は政治的なことには触れずにマルクス主義の文筆家というイメージのもとで独立論を主張し、雑誌『台湾青年』(16)を主宰した。その一方で、台湾語(17)の研究に従事し、台湾語の定義を言語と台湾民族の系譜から明らかにしようとした。言い換えれば、台湾からの亡命学者ということになり、二・二八事件により迫害され、一貫して台湾語の研究と独立運動に勢力を傾けた人物といえる。

　また国内にも本省人の独立論者がいる。彭敏明・謝聡敏・魏廷朝の三人であるが、法律の立場から「台湾人民自救宣言」の草案を構想した人たちである。この草案を作成したことにより、三人は当局に捕らえられてしまう。この草案は台湾で印刷されたが、それは公の場で目にすることはなかったことはいうまでもない。しかしこれは密かに日本に持ち出され、雑誌『台湾青年』に「台湾独立宣言」(18)という形で発表された。この草案はやがて1999年に李登輝が提起する「二国論」(19)につながってゆくのである。「台湾独立宣言」については原文が北京語であり、閩南語ではないということを付け加えておく。

　またその間に独立や民主を訴えた第二世代もいるが、それらの運動は「台湾がどこに属するか」「日本の統治以降、国際社会からどう見られているのか」を理論にのっとって主張したものが多く、同時に現状の国民党政府への批判を訴えるものが中心であった。民主化活動家である黄信介はもともと国民党党員でありながら、この島は民主化していないとして、言論運動を推し進め、閩南語を使用し、選挙演説をするなどして、民主化を訴えた一人である。

　台湾はさかのぼっていくと政治的環境が常に外来政権のもとで台湾島民は苦しめられてきた。日本の統治時代もそうであり、中華民国政府が接収してからもそうである。日本統治時代の場合は後から来た中華民国政府の人間と政策が問題であったことから親日感情へと結びつくのである。あくまで本省人と原住民の層である。しかし初期段階の民主化活動家のほとんどは日本語の洗礼を受けており、日常の言語生活は日本語及び台湾語であった。中華民国政府が台湾の接収を行ったころ、日本語は近代的な生活には確実に必要のものになっていたが、中華民国政府は日本語排除の動きを推し進めていった。台湾島民は納得がいかず、日本語の使用期間の延期等を政府に求めたが却下され、中華文化の崇拝を強制されていった。

　その最初に行われたことが北京語同化政策である。これに対する批判として、

本省人の民主家活動家は台湾語の使用を推し進めていった。日本語の排除から台湾語へという図式が描かれるのは本省人で閩南系の人たちの特徴をさすものであるが、強制的な北京語同化政策も一方では展開されていた。その政策は本省人にとって、民主化と独立への思いを浮かび上がらせ、当局への反抗を呼び起こした。民主化活動家は常に台湾語を使用し、海外においても独立論者たちが公の場で台湾語を使用するのは当たり前のようになされていた。しかしこの言語には正書法を持っていないところから、ごく一部の本省人で閩南系の人たちの言語でしかなかったこともいえよう。つまり台湾人アイデンティティの追及という形で現れたものではあるが、「党外」の政治家が台湾島民の支持を得るために台湾語で民主化の訴えをしたのである。

　1980年代になると急速的な民主化運動への影響にともない、台湾語の復権がはっきりと現れ、被差別言語ではなくなっていったことがいえる。この台湾語の復権というのは各族群にも影響を与えることになり、客家語もその一つに数えられる。

　民主化が加速的に進む一方で、台湾の台湾化ということがいわれるようになった。それはしばしば選挙で見られる光景の一つであるが、外省人系の候補者が台湾語を使用し、有権者に対して演説をしている。これはあくまで政治的配慮として考えられることではあるが、台湾の台湾化がはっきりと現れ、族群の調和という意味で新しい展開の始まりといえることである。しかし台湾語の復権は正書法の問題があり、話し言葉としては成立するが、書写のレベルでは研究を必要とする。その問題を解決してくれるのは「国語」である。「国語」は支配言語で為政者の言語であるにもかかわらず、共同化したことによって、共通の言語となった。一方で台湾語は民主が勝ち取った台湾アイデンティティの象徴の如く使用されている。それは本省人の時代の到来ともいえるが、台湾の台湾化であることがはっきりと現れてきたことにも反映している。この兆候は「新国民意識」として台湾社会で浸透している台湾島民の意識である。

3．多言語主義の到来

　台湾の民主化運動の根本は外来政権が統治したところからの抵抗と民族の自決が掲げられ、海外の独立論者はそれよりも過激に台湾国内の政治批判を訴え

ていた。台湾の多言語主義はむしろ民主化活動家と海外の独立論者から起こった思想なのである。それは戒厳令が解かれ、李登輝時代に台湾の本土化が進み、2000年の総統選挙の結果から台湾の台湾化が急速に叫ばれたことにつながる。

多言語主義は族群調和という考えから、北京語同化政策からの抵抗と脱皮を試みたものである。言語的な側面からみてもやはり政治的な影は感じられる。外来政権のなかで正式に言語政策が行われたのは日本の統治時代と中華民国政府とであるが、現在では日本語は「残存日本語」として存在するだけで、言葉の超民族的機能の役割は果たしていない。むしろその役割を果たしているのは共同語[20]としての国語であり、それにかわって台湾語という位置づけもされているが、族群の調和を考えた場合、複雑な立場に立たされることが多い。結局のところ民主化活動家は本省人の閩南系の人たちが占めていたところから、漢民族系が上位の構造を作ってしまうことになった。それは、海外の独立論者たちも閩南系の人たちが占めていたところから、台湾人アイデンティティの探求や台湾ナショナリズムの形成は彼らが中心となって築いてきたものとされる。また原住民の調和については無視していたこともあり、政治的な課題として扱われるようになったのは2000年総統選挙がきっかけであったといってよい。それはまず政治的な流れのなかで、陳水扁が自叙伝『台湾の子』で「族群問題の解決」を取り上げたことである。この自叙伝の出版は選挙に対する国民への表現とされるものかもしれないが、実際のところ各族群の調和のため、文化的な相互理解を穏便に進めていこうとしたものであり、言語平等法の草案に結びつく考えである。

またそれ以外の新来外国人は経済発展を成し遂げた台湾にとって必要とされる人たちであり、台湾人が避けている3K職場などでの需要とされ、労働者が増加し、香港なみになっている。しかしここではそれには触れず、台湾の各族群の調和ついて考えていく。

新しい政権は族群の調和を言語平等法から解決し、多言語状況を容認して、民主国家である台湾の象徴的な言語状況を作っていった。また海外の独立論者はこれよりも過激ではあるが、台湾語を国家語とする考えを強調している。しかし現状では言語平等法の考えに頼るしかなく、この調和策こそ、台湾の将来にとってもプラス思考の要因になるものなのである。つまりこの多言語容認の考えは国語の三つの段階から李登輝時代の本土化、そして台湾の台湾化に結びつき、民主的言語政策の展開の始まりとされるのである。

この言語平等法の草案は全部で25条からなっている。この草案は鄭良偉氏を中心に言語平等と言語教育を法的にまとめたものである。政権交代により、国内の民主化活動家と海外の独立論者がこの考えをもってきたものと考えてよかろう。とくに独立論者は海外に亡命していた人たちであり、国民党政権時においてはブラックリストに名前を連ねていた人たちとされる。このリストが解除されることによって、台湾に帰国できるようになり、新政権の国策顧問などに就任している者も少なくない。差別を禁止し、各言語への尊重を強く主張した。これは中国大陸にとっては言語上での二国論ともいえる。中国大陸では言語法で国家語の規定を制定し、台湾とは言語的な差異が明らかにみられるようになった。

ここでは言語平等法の草案[21]を第1条から第5条までみていく。

第一条（立法精神・目的及び法律の適用）
　国内の各族群が日常生活において、また政治・宗教・教育・文化などの公共的な事柄に参加する場合に、自身のグループ言語を使用する権利を有することを維持・保障するためには、国内各族群の使用言語の自由を保障し、各少数族群の言語の一層の保障を制約してはならないとして、特に本法を制定する。
　本法には規定がまだないので、そのほかの関連する法律の規定を適用する。

第二条（用語の定義）
　本法の用語の定義は以下のようである。
一、言語：現在わが国の各族群に固有の自然言語・手話・書写記号・所属方言を指す。
二、文字：前で述べた言語を表記することのできる書写システムを指す。
三、国家言語：国家語とは国内で使用されているところの各原住民語と漢民族の言語を包括したもの。
四、地方通用語：ある一つの地区で使用される主要な媒介言語を指す。

第三条（言語文字の平等）
　およそ本国内の国民が使用する言語と文字は法律上一律に平等である。

政府はいかなる言語と文字の使用も公的権力をもって禁止或いは制限をしてはならない。

第四条（国家の多言語文化の承認）
　国家は言語の多様性を容認・尊重しなければならない。それらはみな台湾の文化的資産であり、特に各原住民族語・客家語・Ho-lo 語（台湾語）はそうである。

第五条（差別の禁止）
　国民の公的・私的な場面で自己の言語を使用する権利を有し、これによって公平な排斥・あるいは制限が遭ってはならない。

　この草案はまだ試行錯誤の段階にあり、民主化することの大きな意味を表してはいるがまだ完全なものとはいえない。しかし北京語同化政策から各言語の尊重という意味では、この草案は成功したものといえる。
　ただ漢民族系の言語の復権にはそれほど強く影響を与えたとはいえない部分をもっている。閩南語は発音から国語の発音に転換させ、漢字で表記するという語彙が生まれている。教育部では『台湾閩南語音系統』が公布され、国語との対応表があり、方言という形では残るものとされる。
　また客家語については閩南語とは違って少数派の方言となっているおり、台湾では客家人が閩南人に山地に追いやられていったという経緯から、台湾で孤立した状況にある。しかし客家語も『台湾客家語音標系統』の公布により、少数派の言語として残っていく可能性を高めている。台湾国内ではこのような状況であるが、客家人の集団意識は海外でも強く現れている傾向から、母語教育に対して積極的に取り組んでいる。両方言とも漢民族系の言語として存在が危ういということはないといえる。
　むしろこの草案のなかでは原住民の言語の保持が強く訴えられている。危機言語を残そうという、族群の融合からきている発想であろう。原住民諸語は人口の減少と原住民の母語離れのため危機に瀕している。母語離れは、原住民が簡単に同化を受け入れてしまうことが原因であると考えられる。しかし最近は母語教育の重要性を訴え、アイデンティティを追求するという傾向が現れてきた。その言語習得は地方行政区の管轄にあり、語学教育として展開されてはい

るものの規定の基準を決めたのはごく最近のことである。このような問題に対しては、文化という意味から訴えているだけで、実際の母語教育は山地の小学校及び中学校で1週間に2時間程度の授業しかなされていないのが現状である。それでも政府は積極的にこの原住民諸語を台湾の文化の一つであるということを強調したがっている。それが言語平等法草案の第15条に現れている[22]。

> 第十五条（消滅に瀕した国家言語の保護）
> 　中央および地方政府は国内の各エスニック・グループの言語に対して保存・伝習・研究を行わなければならず、消滅に瀕した国家言語、特に各原住民族語には、政府は積極的に保護・伝授を行い、また回復・伝承・記録・研究の実施を推進しなければならない。回復・保護・伝承・奨励に関する法令は別に制定する。

　原住民諸語は漢民族系の人たちがもたらした多言語主義に便乗した形で言語の保持が行われた。原住民は歴史的な経緯から常に追いやられていた少数派の人たちであり、それはオランダ・スペイン・清朝・日本・国民党政府の支配を経て、李登輝時代になってようやく保護されるようになったのである。原住民にとって重層殖民は抑圧であり、母語を消滅させる原因であった。しかし1998年には『原住民族教育法』が公布され、1999年には『原住民族教育法施行細則』も制定され、「郷土教育」の重要性が説かれたのである。事実上の多言語主義は族群の壁を超え本省人と原住民の調和ということになる。多言語主義は外省人への反抗と中国大陸への抵抗となって表面化し、もたらされたものなのである。

4．おわりに

　台湾は国民党政府が入台後、言語政策の法令や規定の制定で多言語状況と日本語を言語的な地位から引きずりおろし、言語的な環境から台湾島民を苦しめていった。それは国民党政府が外省人優位の社会構造を作ってしまい、為政者の言語たる北京語を強要し、本省人に対して支配をしたのである。北京語同化政策の土台となるものは日本統治時代の日本語教育であり、重層殖民政策の一

部分として扱われることがある。しかしこの北京語同化政策は、国民党政府が中華民国政府の言語政策を引き続き台湾の地で実施するということを掲げ、日本統治時代の政策を真似て行ったものといえる。

　1949年国共内戦に敗れた国民党政府は台湾を大陸反抗の本拠地とし、北京語同化政策の三つの段階を経ることによって北京語を強要し、法令と規定で締めつけながら共同の産物にしむけていった。しかしこれは明らかに言語侵略として考えられるべき問題であり、二・二八事件の前兆的状況だった。

　二・二八事件以降の本省人と外省人との亀裂のきっかけとなったのは外省人の横暴である。しかし社会の流れは本省人として台湾人のアイデンティティを求めるきっかけを作り、民主化運動を活発化させていった。それと同時期に二・二八事件以降に海外に亡命した人たちが「独立」を訴え、蒋政権への批判をおこなった。つまり北京語同化政策から民族の独立心が芽生えはじめ、自分たちの母語を大切にする精神が各族群に起こっていったのである。

　たしかに台湾島民をまとめる言語として北京語は必要であることは認めざるをえない。現状の共同語としての言語となるに半世紀が費やされている。その一方で民主化活動家や独立論者は台湾語を「国語」として認定しようとしたが、実際には書写の問題からきわめて難しく、今後の記述的方面の研究が重要な課題とされる。台湾語は言語平等法の立場から考えれば、一族群の言語にしかすぎないということになり、北京語が共同語としてあるかぎり、台湾は小中国になってしまう可能性があるかもしれない。それでも、あくまで北京語は共同語としての地位にとどめ、台湾の変種としての中国語として研究されるべきものなのである。

　また台湾は繁体字を使用していることから、大陸の共産党イデオロギーとして考えられている簡体字の使用はさけ、ローマ字については世界的に通用している拼音を使用する傾向に進むことが考えられる。台湾の台湾化のために繁体字とローマ字を使用し、啓蒙でなく実践として、北京語は「共同語」＝「国語」いわゆる共通の概念として認知されるべきであろう。

　また多言語状況の容認という形が台湾のあるべき姿であり、国民党政権と平行して民主化が行われ、海外の亡命者は「独立」を掲げ、現状の言語状況を成立させた。政治的運動と海外の亡命者がもたらした多言語主義は台湾の文化面では確実に進歩したリベラルな言語思想であり、世界に対して表現できる最も適切な手段なのである。

現状の考えは2000年の民主化が決まった時点で行われ始めたものであるが、実際は何十年も前からこのような考え方は存在し、『台湾青年』に掲載されている。しかし蒋政権と国民党の政策によって、封じ込められていたことは事実であり、台湾の多言語主義は台湾の台湾化と本土化の現れであり、中国とは異なった思想の展開として認められなければならない。今後も、言語的には明らかに中国大陸とは異なっているという点から台湾の独自の姿が展開されるであろう。

【注】
(1) 多言語社会研究会・第24回研究会（2003）において藤井久美子氏の発表した「台湾における言語政策の土着化―『国語推行辦法』から『語言平等法』へ―」のレジメから引用した。
(2) 台湾では2003年2月『語言平等法』（言語平等法）草案が国語推行委員会の審議を通過させた。言語権の考え方は人間の平等という概念を言語的側面から言語差別を是正しようとするものである。
(3) [論語・述而]では「子所雅言、詩書執礼、皆雅言也・子の雅言する所は詩、書、執礼、みな雅言す。」とある。日常口にする言葉であり、いつもいいなれた言葉を意味する。また詩歌などでは上品な言葉をさす場合もある。
(4) 「文言」とは飾りだけで実のない言葉と[韓非・説疑]にはある。手紙や文章に使用され、白話の原型とされる。
(5) 豊田国夫「言語政策の研究」p.229に「あいのこ白話文」とあるが、現在では差別的要素の強いことばであるため、混合言語あるいは混合語とされる。
(6) 反切の発明される以前において漢字音を表わすためには、他の同音字をもって、「某字音同某字」として表わした。
(7) 漢字の音を表わすために、他の既知に二つの文字の音韻をかりる方法、上の字の声（頭字語）と下の字とをあわせて別の一音を生み出す。例えば「反」fanの音韻は甫遠（ほえんの反切）といい、甫（fu）のf、遠（yuan）anとから「fan」を導き出す方法、四声は下の字による。
(8) 「表音新字」の考案は各地域社会の漢字音の差異から統一性がなく、困難な状態にあったことはいうまでもなく、共通の産物にはなりえなかった。また豊田国夫氏の『民族と言語の問題』pp.346-350を参照されたい。
(9) 正式にはエスニック・グループと翻訳される場合が多いが、台湾では一般的にこの用語が使用されている。
(10) 藤井久美子（2003）『近現代中国における言語政策』p.160による。

(11) 生蕃は純粋な先住民族のことであるが、生蕃から高砂族へと名称は変化し、その後もいくつかの名称が使用されたが、現在では台湾原住民とされている。
(12) 言語共同体間における相互伝達のために利用される言語をさすが、代用言語的な要素が強いことから、どんな言語でも他の共同体で援用できる言語とされる。
(13) 本省人が「国語」を第二言語として習得したことから、母語の「訛り」を同時に含んだものとされ、本省人でも高齢者や地域社会の言語として、さまざまな変種がある。
(14) 「国語」を第二言語として習得していた本省人の第2世代及び第3世代、外省人の第2世代及び第3世代がそれぞれ第一言語としている言語である。台北を中心に標準語とされ、北部から伝播している。
(15) すべてのエスニック・グループの人々が融合し、平等な社会の創成と相互信頼できる社会を築くべきであるという主張であり、本省人、外省人、原住民と差別がなく民主的社会の実現と創造を目的としている。
(16) 二・二八事件以降、台湾人の知識分子達は台湾から脱出し、海外に亡命した。王育徳氏もそのなかの一人である。「民主台湾」を掲げ、自由と民主を訴え、国民党政権を批判していた。あくまで日本でその運動が活発であったといえる。(この雑誌は1960年から2002年まで42年間続いたものである。)
(17) そもそも台湾語(閩南語とされる場合もあるが、ここでは台湾語とする)は戦後の国民党政権下では、タブーとされていた言語であり、「国語」が中心であったということはいうまでもない。日本の植民地時代においても台湾語の研究は少数ではあったが、小川尚義氏によっておこなわれていた。戦後、国民党が台湾を接収してからの何年間かは台湾語を媒介語として、国語教育(北京語同化政策)がおこなわれていたことも事実として残されている。しかし戦後の台湾語研究は、むしろ日本で王育徳氏が研究し、台湾では蒋経国の死後、李登輝政権の本土化政策の展開によって、台湾語の復権とそれ以外の母語復権が叫ばれたのである。
(18) 「台湾独立宣言」は彭明敏、謝聰敏、魏廷朝の三人によって、作られたものである。この草案を作っている途中で三人は国府警察に捕まってしまうが、その草案は密かに日本に持ち出され、『台湾青年』第62号 pp.4-16 に掲載された。
(19) 「二国論」とは李登輝氏の主張であるが、中国大陸と台湾は一つ一つの独立国家であり、対等な立場に立たなければならないということを強調した。
(20) 藤井氏の見解によれば、1987年の戒厳令の解除に伴って、「国語」が台湾化してきているとある。筆者も先行研究として、この見解に従うが、あえていうならば、「国語」が多言語社会をとりまとめる一つの手段として、生成されたものであることを指摘しておきたい。また「国語」の変種も台湾独自のものが生成されていることもあり、各エスニック・グループが言語の自由化を訴え、「国語」とその他の言語が平行線上にあり、共通の概念を生み出したのである。

(21) 多言語社会研究会・第24回研究会（2003）において藤井久美子氏の発表した「台湾における言語政策の土着化─『国語推行辦法』から『言語平等法』へ─」のレジメから引用した。また『言語平等法』の翻訳もこのレジメによる。
(22) 同上のレジメによる。

【日本語参考文献】
言語権研究会編（1999）『ことばへの権利』三元社
台湾独立建国連盟『台湾青年』創刊号から37号及び62号
陳培豐（2001）『「同化」の同床異夢─日本統治下台湾の国語教育史再考─』三元社
豊田国夫（1968）『言語政策の研究』錦正社
藤井久美子（2003）『近現代中国における言語政策─文字改革を中心に─』三元社

【中国語参考文献】
陳美如（1998）『臺灣語言教育政策之回顧與展望』高雄復文圖書出版社
倪海曙（1959）『清末漢語拼音運動編年史』上海人民出版社
施正峰・張學謙（2003）『語言政策及制定『語言公平法』之研究』前衛出版
王育徳（1999）（訳・黃國彦）『王育徳全集・1 台灣・苦悶的歷史』前衛出版
王育徳（2002）（監訳　許極燉・初訳　何欣泰）『王育徳全集・7閩音系研究』前衛出版
張博宇（1974）『台湾地区国語運動史料』台湾商務印書館
中国語文雑誌社編（1953）『中国文字改革問題』中華書局出版

Ⅲ．研究ノート

オーラル・ヒストリーの研究動向
―― ポール・トンプソン著、酒井順子訳
『記憶から歴史へ』を中心に

樫村あい子＊

はじめに

　近年、オーラル・ヒストリーが各分野から注目を浴びてきている。その歴史史料的意義は大きな発展を国内外で遂げている。特に1960年代前後のテープレコーダーの発明に端を発し、保存・録音機器の発展と共に、オーラル・ヒストリーを生み育てた欧米をはじめ、日本を含むアジア諸国でもオーラル・ヒストリーの保存とその研究方法が飛躍的に発達していった[1]。

　しかし、残念なことに、日本では欧米のオーラル・ヒストリーの史料的価値に対し、歴史分野では相変わらず一次資料偏重主義がその発展の大きな壁となっている。

　そこで、本稿では、まずオーラル・ヒストリーの発展の外観を俯瞰し、オーラル・ヒストリーの歴史・意義・手法を包括的にまとめた、ポール・トンプソンの『記憶から歴史へ――オーラル・ヒストリーの世界』を中心として、オーラル・ヒストリーの日本における問題点を提示し、その問題にどのように挑戦するかを提示する。最後にオーラル・ヒストリーの課題と限界、そして今後の可能性を考察してみようと思う。なお、本稿では、筆者の問題意識が「占領地教育」であるために、「戦争」の記憶にフォーカスして論を進めていく点はご容赦願いたい。

　参考までにトンプソンの『記憶から歴史へ』の章立てを以下に記しておく。

　第1章　歴史と共同体
　第2章　歴史家とオーラル・ヒストリー
　第3章　オーラル・ヒストリーの成果

＊　一橋大学大学院博士後期課程

第4章　口述の証拠
第5章　記憶と自己
第6章　プロジェクト
第7章　インタヴュー
第8章　史料の保存と整理
第9章　解釈—歴史の創造
ライフ・ヒストリー・インタヴュー・ガイド
補論　日本におけるオーラル・ヒストリーの可能性

1、オーラル・ヒストリーの発展

　欧米でのオーラル・ヒストリーの発達をトンプソンの著書では第2章で扱っているが、注目すべき点は「最も重要なのは、イギリスに影響されて成立したアメリカの都市社会学が、1920年代にシカゴ学派によって急速に発展したことである」[2]と指摘していることである。シカゴ学派はそのオーラル・ヒストリーの手法・方法論を著しく発展させたが、特にライフ・ストーリーの方法論の発展に貢献した。その後もオーラル・ヒストリーの手法は人類学・社会学・精神医学の分野の垣根を越えて共同作業として発展を遂げていった。
　ここで注目したいのは、日本国内における発展形態との違いである。日本では、オーラル・ヒストリーに対する分野別の名称の違いにも見られるように、欧米のように共同作業的に発展していったのではなく、各分野において個々の手法・方法論の発展を遂げていった。以下大別すると、
　1、事実の探求・調査型…供述調書・ルポルタージュなど
　2、聞き書き（事実の保存）…戦争被害の記録・移民記録・伝記・回想録など
　3、社会調査型…女性史・民衆史・生活史など
　4、意識分析型…ライフ・ヒストリー、ライフ・ストーリーなど
にカテゴライズされる。近年の潮流は4を中心に発展を遂げていると言える。しかし、着眼したいのは1と2はオーラル・ヒストリーそのままの保存と真偽確認に意義があり、3と4はオーラル・ヒストリーの分析解釈に重点が置かれている点。加えて、3は量的分析と質的分析に更に大別される点である。
　よって、上記のように方法論だけを列挙して大別すると、おのおのは関係性

を持たない個々の発展形態のように見えるが、実は3と4を精緻に行うためには1と2の蓄積が基盤となっており、1と2の分析が3と4に繋がっているのである。このような観点からもここに来て分野の垣根を取り除こうとする努力がやっと国内では緒についたばかりといえる[3]。

ここで参考までに国内の「戦争」のオーラル・ヒストリーの特徴を成田龍一のまとめに従い三期に大別し概観してみよう[4]。その特徴を簡単にまとめると以下のようになる。

第一期は1945年～60年代後半で戦争に巻き込まれたという「被害者の意識」であり、「われわれ国民」という視点から語られている点である。

第二期は1960年代後半～80年代後半で、その特徴は、「被害者の立場を主張しているように見えるが実は告発という姿勢持つ」ことである。この時期から個々人はそれぞれ異なった視点で戦争を語り始める。そして、「加害者」である「われわれ」という意識が影響力を持ってくる。

第三期は「国民」という主体を前者二期は想定していたが、この「われわれ」「国民」の自明性が疑われるようになる時期であった。語りの位置が問題とされ、誰が誰に向かってどの立場から戦争を語るのかに焦点化されてくる。つまりは、これまでは「体験」が語られてきたが、「記憶」が語られていることが問題視されるようになった時期である。そして戦争の語りとは、記憶をどのようなかたちで表象するのかということとして考察されはじめたのがこの時期からとする。

ここでの「語り」の特徴を成田は「第二期を担った人たちは体験としての戦争を参照系にして語ったのに対して、第三期の人たちは、体験を参照系にしない戦争の語りを問題にしはじめている」[5]と指摘している。

特徴的なのは成田の提示する「記憶の検証」[6]についてである。成田は、第三期には、経験の再定義が行われてくると言う。それはつまり、被害者であった人が過去の語りなおしを始めるということと成田は反駁している。その語りは「事実の発掘でも隠蔽された過去の暴露でもなく、語りなおし、過去の再定義だと思う」といい、自己肯定をするためにコンバージョン（回心）が起きていることを成田は「語り」の変遷の特徴として指摘しているのである。

このような「戦争」の語りはオーラル・ヒストリーの手法としても様々な問題点を内包している。次にその代表的な問題を考察してみる。

2、オーラル・ヒストリーの日本での問題点とトンプソン

　アジアの戦争のオーラル・ヒストリーについて松田素二は「アジアの戦争犠牲者が過去の記憶を紡ぎ物語る被抑圧の語りは、官許の歴史のなかから消し去られてきた。この官許の歴史にとっては、庶民の口から語られた経験は、歴史史料の価値序列最下位に位置するもっとも信憑性の低いものとなる。フォーマルな文書に比べると、戦争被害者の口頭陳述は「客観的ではない」と決めつけられてきたのである」と述べている[7]。

　この問題に対して、トンプソンは「日本では、特に「戦争の記憶」をめぐって、口述の証拠のもつ信頼性が問題となってきたということだが、この問題は、記録文書と同じように批判的に吟味しながら使っていくことによって解決されうる」と答えている[8]。

　そして、歴史家がしばしば引用する既存史料の権威者の視点に対し、オーラル・ヒストリーは、貧困層、非特権層、打ち負かされた人々の証言を得ることによって、より公平な歴史判断を可能にすると提言している[9]。加えて（4章に詳しいが）、逆に記録文書へ信頼性の真偽をはじめとする疑問を投げかけ[10]、対して、オーラル・ヒストリーによる史料は、記録文書よりもはるかに確信をもってこれらの疑問に答えられるという利点を指摘している。また、史料批判における「バイアス」の問題にしても、史料学の分野ではバイアスの議論が不十分であるが、オーラル・ヒストリーは社会学のインタヴュー方法や社会調査において十分な処理の議論がなされてきたと反駁している。

　つまりは、「歴史資料として口述史料がふさわしいのか、書かれた記録がふさわしいのかという問題は、その文脈によって決まるのである」[11]と「妥当性」がオーラル・ヒストリーを使用する重要な論拠であることを述べている。

　また、「語られない歴史」の問題についても、トンプソンは「語られないことに対して敏感になるだけで、これまで見逃してきたかもしれない点に気づくことができるのである」[12]と指摘し、「何が語られないかを観察し、その沈黙の意味を考えることである。そして、最も単純な理由が最も説得的でありうる」[13]と答える。つまりそれは無意識の持つ役割は意識的なものと同じととらえることで、「語られない歴史」の課題に答えている[14]。

3、オーラル・ヒストリーの課題と限界

　しかし、ヨネヤマ・リサが「実際起こったことを掘り起こしてゆく作業は、文化批判の重要な手法であることは間違いない。しかし同時にまた、周縁化されていた記憶に声をあたえ、それまで見えなかった歴史的体験を可視化することは、現存する言説と表象を超越したものではありえない」[15]と述べているように、依然強い一次資料偏重主義の壁を妥当性と正統性を持っていかにのりこえるかの問題に対しては、残念ながら国内においては特に歴史分野におけるそれに打ち勝てるまでの確固たる研究方法の蓄積がないと言えよう。ただ、その解決の糸口は従来までのセクショナリズム的な研究方法ではなく学際的研究の発展にあることは確かであるが、この点についてはトンプソンも学際的研究発展の必要性を西洋社会において指摘している[16]ものの、まさに日本のオーラル・ヒストリーの発達がたどってきたように、使用される用語——オーラル・ヒストリー、ライフ・ヒストリー、ライフ・ストーリー、ナラティヴ、証言、伝記など——の違いと同時に分析方法の基本的違いが、分離主義を生み、オーラル・ヒストリー全体の発展を衰退させる危険性をはらんでいることをヨネヤマは危惧している。

4、オーラル・ヒストリーの可能性

　以上のように、甚だ大雑把ではあるが、現地住民の体験を追記するオーラル・ヒストリーの手法は「戦争の歴史」の掘り起こしに有効な研究方法であると言える。なぜなら、官許の歴史を「本流の歴史」とすると、オーラル・ヒストリーは個々の支流を今の問題として語り、彼等・彼女等を国家の歴史に位置付けるからである。それはオーラル・ヒストリーが記憶の再生であるからであり、そして再生の時、記憶は彼等の内で再解釈され彼等の人生史として再構築されるからである。つまりそれを読み解くことは彼らの人生史を読むという行為と同時に、当時の日本側の教育、社会や国家の歴史の再構築を彼らの言葉で描きとらえることができうるからである。付け加えるなら、読み手（私たち）は現地住民たちがどのように教育を受け止めながら生活をしていたかを同じ目

線で知るのである。そして個々の支流を集めることで「実態」とは決して一方向から語られるものではなく、もっと立体的で相互に交錯したものであることを知るだろう。トンプソンの言葉でいうならば「オーラル・ヒストリーの最大の利点は、ほかの史料を使うのに比べて本来的に複数的な視点を再構成できることにある」[17]ということである。

おわりに

　トンプソンの『記憶から歴史へ』は、西洋のオーラル・ヒストリー研究について書かれたものである。よって、トンプソンのこの著書の内容がすべて日本に当てはまるかというと答えは否であろう。また、同じ欧米での研究においても、例えば、「オーラル・ヒストリーの一般化」の問題については、トンプソンの意見に対し、フランスのダニエル・ベルトーは反対の立場をとっている[18]など残された課題は多い。

　しかし、トンプソンのこの著書の内容は日本のオーラル・ヒストリーの抱えている課題に多くの有意義な解決の糸口を与えてくれると同時に、オーラル・ヒストリーの歴史に将来的な可能性を系統だった説得力を持って見せてくれる。特に日本の読者のために書き下ろされた補論は「戦争の記憶」の掘り起こしにオーラル・ヒストリーがいかに貢献でき、その成果をあげられるかをまとめている点で必読であろう。

　また、6章以下のオーラル・ヒストリーの方法論の説明は、丁寧かつ詳細な実践方法が具術されており、初めてオーラル・ヒストリーに触れる読者の手引書としても適している。

　現在の欧米におけるオーラル・ヒストリー研究の動向をつかみ、今後の日本国内のオーラル・ヒストリー研究の可能性と発展を模索するうえで、トンプソンの『記憶から歴史へ』は非常に有意義なものである。オーラル・ヒストリーとは「個々人が自らの歴史を取り戻し、自らの歴史を書くことを可能にする方法である」[19]との一文は、今後の日本のオーラル・ヒストリー研究の指標となることだろう。

【註】
(1) 筆者が研究対象としているシンガポールにおいては公私の保存施設が点在している。また、中国・台湾・インドなどでも活発な実践と支持機関が設立されている。
(2) ポール・トンプソン著、酒井順子訳『記憶から歴史へ』2002年、青木書店、p.107。
(3) 上野千鶴子が指摘しているように、「体験のない人びとがどのようにして過去を再定義してゆくか、が問題になってきている」(『戦争はどのように語られてきたか』p.38)。その際、ライフ・ヒストリー、ライフ・ストーリーの読み解き方法は大きな示唆を与える。
(4) 川村湊・成田龍一ほか『戦争はどのように語られてきたか』1999年、朝日新聞社、pp.19-25。
(5) 同著 P.25。
(6) 同著内で、上野は「過去の問題として、自分を肯定できるような生活をしている人しか自分史を語らなかったという問題が残る。→現状を肯定できる人しか受難の過去は想起できない」と反論している (p.34)。
(7) 松田素二「文化　歴史・ナラティブ―ネグリチュードの彼方の人類学」『現代思想』26、1998年、青土社、p.207。
(8) 前掲書 (2) p.1「日本の読者へ」。
(9) 前掲書 (2) p.24。
(10) 文書の真偽・著者の特定・社会的目的など。
(11) 前掲書 (2) p.232。
(12) 前掲書 (2) p.314。
(13) 前掲書 (2) p.315。
(14) この「語られない歴史」の問題については成田龍一「「引揚げ」に関する序章」『思想』2003年12月号にも多くの示唆が記載されている。
(15) ヨネヤマ・リサ「記憶の未来化について」小森陽一、高橋哲哉編『ナショナル・ヒストリーを超えて』1998年、東京大学出版会。
(16) 前掲書 (2)「語りを重視するナラティヴの視点を取り入れるなど、オーラル・ヒストリー運動に活気と興味深さを与えてきた学際的性格については、その価値をもっと明確にする必要があると感じている」(p.14)。
(17) 傍点は筆者、前掲書 (2) p.24。
(18) トンプソンは一般化について、方法によっては可能性を見出せ、時としてはそのようなことを考える必要はない、とした立場をとっているが、それに対してベルトーは「歴史的一般化や社会理論の優雅さはオーラル・ヒストリーが根ざしている普通の人々の生活からかけ離れたものである」という立場をとっている。
(19) 前掲書 (2) p.566。

戦前の台湾・朝鮮からの留学生年表（稿）

佐藤由美＊・渡部宗助＊＊

　本稿は戦前来日の台湾・朝鮮留学生に関する情報を年表形式で整理したものである。対象とする時期は1895年から1945年の「解放」までの50年間で、対象とする留学生の出身地域は日本統治下の台湾と朝鮮である。

　アジアからの留学生年表には、これまでにも実藤恵秀「中国人日本留学史年表」（『中国人日本留学史』くろしお出版、1960.3）、田中宏「アジア留日学生史年表」（『アジア留学生と日本』日本放送出版協会、1973.7）、満洲国留学生についての「年譜」（『満洲国学生日本留学拾周年史』留日学生会中央事務所、1942.9）などがあり、研究の途上でしばしば助けられてきた。

　本年表はそれらと比較すれば、限定的な年表ではあるが、それによってより小さな情報も集録・所収することができ、台湾と朝鮮を併記することで初めて見えてくる事実や疑問、新たな課題を提示することになるのではないかと考えた。未定稿の段階ではあるが、留学生研究の基礎作業として「叩き台」の役割が果たせればと考えている。

　もとより、台湾・朝鮮留学生は、同時に来日アジア留学生の範疇でもあるので、その限りで必要と思われた事項は収録した。また、1895年以前と1945年以後についての事項の収集にも努めたので、然るべき研究課題に即して補充することの意義を感じている。

　年表作成の方針としては、情報ソースを多様にすることを目指した。『読売新聞』、『教育時論』・『東洋時報』などの雑誌、『学之光』など留学生団体の機関誌、台湾総督府・朝鮮総督府の刊行物、『官報』（大蔵省と両総督府）、留学生監督機関や内務省警保局発行物、公文書資料（国立公文書館、外交史料館、都府県文書館、台湾文献館等）、台湾・朝鮮留学生に関する先行研究などを出

　＊　青山学院大学・専修大学（非）、＊＊　埼玉工業大学

典としている。本来ならば事項ごとに出典を明記すべきであるが、紙幅の都合上、『読売新聞』以外は省略することにした。データとしては手元で保存している。

　また、台湾と朝鮮とでは情報ソースが異なることもあって、事項の件数や内容に差が生じている。そのこと自体が当時の日本社会の台湾・朝鮮留学生への関心の在り方と今日までの研究の到達点を示していると考え、そのまま掲載することにした。

　本年表には誤解・誤記や見落とし事項もあるかと思われる。ご指摘いただき、より精度の高い年表を目指して加筆修正を施したいと考えている。

　凡例は以下の通りである。
①各事項は出典の表現を生かすかたちで掲載している。本来ならば「　」を付すべき用語や表現もあるが、繁雑になるのを避けるために省略した。
②各事項のうち、（　）は、通牒を含む法令番号で法令名の後に示した。
③各事項のうち、〔　〕は、筆者による注記である。
④各事項のうち、→は、初出に連続若しくは関連する事項を示している。
⑤各事項のうち、□は不明字を示している。
⑥各事項のうち、＊印は、『読売新聞』の出典記号である。表現上の問題や史実確認上の必要を一部含むことを示している。
⑦各事項のうち、ゴシック体は留学生史上、特に重要と思われる事項である。

年	月	日	事　項
1895 (M28)	1	9	洪範14条第11条「一、国中聡俊子弟、広行派遣、以伝習外外国学術技芸」
			→日本公使大鳥圭介「朝鮮弊政改革要求」第5条「一般ノ学政ヲ約定スベキ事」「生徒中ノ俊秀ナル者ヲ撰抜シテ国ニ分遣留学セシムベシ」〔1894年7月〕
			→日本公使井上馨、朝鮮政府に20条の改革要領を提案「留学生ヲ日本ニ派遣スル事 各科目ニ就キ之ヲ研究スル為メ、日本ニ留学生ヲ派遣シ、人材ヲ養成スルコト必要ナルベシ」〔1894年11月20日〕
	3	21	大日本海外教育会会長押川方義が朝鮮留学生4名と帰京＊
	4	24	朝鮮留学生120名が神戸に入港＊
			→4月30日、朝鮮留学生114人、慶応義塾留学のため海路上京の途に＊
			→5月2日、朝鮮留学生114名新橋に到着、慶応義塾へ
			→朝鮮人留学生百余名新橋着「大朝鮮国諸生同遊学会開国五百四年四月日」と書かれた旗を先頭に慶応義塾へ＊
			→慶応義塾へ通う朝鮮人留学生、朝鮮公使館通訳、山崎英夫の勧めで2-3人が斬髪し、最終的には1人残らず斬髪＊
	6	17	台湾総督府にて総督府始政式挙行
	7	16	台北士林街紳士の子弟を芝山巌に集め国語の伝習を開始〔「本島民」教育の嚆矢〕
	7	—	朝鮮留学生の件に関する取り決めのため、慶応義塾の鎌田栄吉評議員が渡韓＊
			→27日、慶応義塾留学の朝鮮学生百十数人、待遇に不満と公使館へ引揚げ　3日間の休学へ＊
			→8月、韓国政府委託慶応義塾留学生に関する契約書締結
	8	29	朝鮮婦人2名、尹致昊夫人(27歳)とその妹趙氏(18歳)、慶応義塾に3年間の予定で入学　従者2名は王子製紙へ
	10	1	朝鮮留学生、井上伯とともに品川着＊
	10	—	朝鮮留学生2名、早稲田の専門学校政治科に入学
	10	13	朝鮮留学生が「京城事変」で動揺し35名帰国、安心して勉学せよと国王の詔勅＊
	10	13	朝鮮からの新留学生4名、謝恩大使李載純氏とともに来日、麹町区三番町の小金井楼に宿泊＊
	10	29	〔台湾芝山巌学堂生徒〕柯秋潔、朱俊英、伊澤修二に従い内地見学
	11	11	朝鮮留学生104名、北白川宮の葬儀に参列＊
	11	11	故北白川宮の帰京の際に伴われた台南出身留学生2名、柯秋潔と朱俊英、葬列に加わり豊島岡まで見送り＊
1896 (M29)	2	15	朝鮮留学生、東京で「親睦会会報」を創刊〔「親睦会会報」1号表紙には「開国五百四年十月発行」とある〕
	2	27	慶応義塾の朝鮮留学生7名がアメリカに密航を企て寄宿舎を脱走　親睦会会計の李範寿は同会預金400円を引き出し資金に＊
	3	2	台湾学生、張白堂(24歳)、葉壽松(24歳)、樺山総督一行とともに来日
	4	1	台湾、李春生の子弟、李延齢以下7名、東京に留学
			→李春生の孫3名、親族の子弟4名、牛込の鳥居沈氏宅にて、東京盲亜学校訓導石川倉次氏より日本語を習う
			→10月、李春生の一族の少年たち、麹町富士見学校に入学、高等3年に編入＊
			→翌年4月、李春生の一族の少年たち、水野民政局長渡台の際に帰国予定
	4	—	「十一日事件」慶応義塾朝鮮留学生の紛擾
	4	30	→窃盗未遂で拘留の慶応義塾朝鮮留学生3名のうち2名が証拠不十分で釈放＊
			→6月、慶応義塾朝鮮留学生俞致徳(悳)、窃盗で有罪、禁固6ヶ月、監視6ヶ月＊
	7	11	朝鮮留学生親睦会開催、福沢諭吉が演説
	9	—	李埈鎔氏、東京専門学校校外生となり政治、法律、行政の講義録を専心研究中＊
	10	4	神田美土代町の青年会堂にて朝鮮留学生の大親睦会開催、朝鮮語で独立心の養成、興業勧工を演説＊
	10	—	朝鮮留学生親睦会、事務所を慶応義塾内から東京専門学校内に移転＊
	12	—	慶応義塾朝鮮留学生普通学を修得し、専門学攻究のため分散
1897 (M30)	4	16	朝鮮留学生南舜熙、慶応義塾舎監今井實三郎に伴われ文部省に出仕＊
	4	4	水野遵帰京の折、台湾留学生楊世英随行教育家鳥居悦氏に寄宿し、富士見小学校へ入学
			→翌年3月1日、台湾留学生楊世英、富士見小学校から城北尋常中学校に転校
	5	9	朝鮮留学生が神田青年館にて国会演習　議事に外交揚げ、議長、内閣総理大臣を据える＊
	8	23	朝鮮留学生2名、内務省の添書持参で神奈川県庁で行政事務の見習い　20日間の予定＊
	9	—	台湾留学生郭主恩、東京盲唖学校に入学
			→台中出身の陳紹午、東京盲唖学校を訪問し5円寄付
			→蔡蓮坊、林克明、余歩済、楊世英、拓務省通訳とともに東京盲唖学校訪問、寄付
			→6月26日、「台湾盲人留学資金義捐音楽会」、上野音楽学校奏楽室にて開催
			→1900年5月、東京盲唖学校に在学中の郭主恩、台湾に帰る

年	月	日	事　項
1898 (M31)	11	1	朝鮮人大阪医学校へ入学方（高甲31号）
	11	27	慶応義塾の朝鮮留学生、学資不足で帰国を命じられる〔福沢が朝鮮政府に通達〕＊
			→98年1月、慶応義塾朝鮮留学生、本国からの送給学資停止　義援金募集活動開始
			→98年1月、植村俊平氏、木村久米市氏、台湾人上京の際の残金をもとに朝鮮留学生に拠金＊
			→98年3月20日、上野音楽学校で朝鮮学生補助の義捐音楽会開催＊
			→98年3月、朝鮮留学生、総代を詐称して寄付金を集める＊
	3	28	台南バークレー女学校の2名の生徒、呉笑（12歳）、黄鴬（13歳）、巌本善治の明治女学校入学のため基隆出発、最初、中津にて日本語研修の予定
			→5月17日、台南の黄鴬、呉笑、明治女学校入学のため、15日に耶馬渓より戻り、便船にて馬関を出発
			→5月21日、巌本善治の勧誘で明治女学校に台南から2名の女子（黄鴬13歳、呉笑12歳）留学、神戸着
			→99年4月、台湾女子留学生、阿鴬と阿笑〔ママ〕、巌本善治の明治女学校に留学
	4	2	台湾協会設立〔会頭・桂太郎〕
1899 (M32)	7	9	〔台湾〕国語学校語学部留学生支給規則（訓令217号）
	11	14	朝鮮人学生、青山学院在学の李智演が赤坂区役所に出頭　学資稼ぎのため夜間の人力車夫を志望し戸籍係が登録手続＊
	12	—	韓国政府派遣の士官学校留学生、金奎福他20名卒業　見習士官と同一の身分で各隊に所属し、実況見学へ
1900 (M33)	4	—	台北大稲埕の紳商李春生の孫、李延禧、明治学院入学
	6	—	台湾協会大阪支部、内地留学給費生を募集　台北県庁において9日、各県推薦の5名を試験の結果、新竹公学校5年、謝江洋（18歳）が選出
			→台湾協会大阪支部、独自に台湾留学生を招致　3名が選抜されて商工学校に留学
			→台湾協会保護留学生の古金相、郁文館に入寓〔肺結核となり秋に台中県彰化に帰る〕
	7	3	外国人〔韓国人〕公立実業学校へ入学許可方（実甲264号）
	7	4	文部省直轄学校外国委託生ニ関スル規程（文部省令11号）
	10	—	台南打狗の陳中和氏、子息など8名を商業研究の目的で、休職中の鳳山弁務署長豊田滋氏に委託、台湾協会にて入学を手配中
			→27日、台南打狗の陳中和氏、子息など8名、台湾協会の紹介で慶応義塾に入学　寄宿生として特別教授を受ける
			→03年春、陳中和氏子息特別授業終了、次男の陳啓瀛のみ慶応義塾普通科に進学
	—	—	台湾留学生〔楊世英、李傳謨〕、農科大学に実科生として入学
1901 (M34)	11	11	文部省直轄学校外国人特別入学規程（文部省令15号）
1902 (M35)	2	—	台湾留学生周連慶、工手学校に入学〔1904年2月に機械科卒業〕
	4	25	宜蘭庁、林維・高進義、内地留学の為選抜、派遣へ
	5	17	台湾総督府国語学校生徒、洪禮修・王振蘭、内地留学のため基隆出帆
	7	8	農科大学実科に4名の台湾留学生入学〔宜蘭：林維・高進義、台北：洪禮修・王振蘭　台湾総督府国語学校国語科第3回卒業生〕
	10	1	台湾総督府直轄学校留学生規則（府令73号）〔直轄学校「本島人生徒の内地留学」〕
	10	1	〔台湾〕国語学校留学生支給規則（訓令251号）
1903 (M36)	2	18	台湾総督府の清国人留学生に関する内規制定〔1906年2月22日改正〕
	5	—	台湾留学生、蘇嘉謨（17歳）慶応義塾幼稚舎に入学、7月に一端戻り、翌年1月に再入学
	7	25	高砂郷友会規約〔事務所は橋本武氏方〕
	9	10	蘇良芳（18歳・台中庁北斗街）明治大学法律科1年に入学〔台湾協会学校講師林拱辰引率の学生、保証人は同校講師で明治大学学生の郭廷献〕
	9	—	台湾協会学校に陳慶豊（台中）、潘光楷（台北）、許全木（彰化）入学〔台湾協会学校講師林拱辰・郭廷献帰省の際に引率〕
	12	10	東洋婦人会主催による各国婦人留学生招待会に朝鮮女学生2名参加
	—	—	明治女学校の台湾女子学生、呉笑と黄鴬は卒業後も総督府官費留学生として高等科で研鑽の予定
1904 (M37)	2	25	私立台湾協会学校〔1901年設立〕、専門学校令により台湾協会専門学校として認可
	4	4	外国人ノ子女庁立高等女学校ニ入学志望者ハ知事限リ処分方（香普5号）
	8	22	〔第1次〕日韓協約〔顧問政治の開始〕
	10	16	韓国学部大臣李載克　留学生46名と着京
			→11月5日、韓国委託留学生46名府立第一中学校に入学、李学部大臣を迎えて入学式
1905 (M38)	8	22	文部省、清韓国留学生収容学校名及収容員数調報告方（発普217号）
	8	26	台湾人東京高等商業学校撰科入学志望者ハ台湾総督府ノ紹介アルモノニ限リ入学許可方（商実18号）〔指令〕

戦前の台湾・朝鮮からの留学生年表（稿）　131

年	月	日	事項
	9	―	東京高等商業学校選科に入学を希望した本島生に文部省令第15号〔1901年〕を準用する総務局長通牒（庶学2107号）
	10	―	文部省学生数の急増に対応し、清韓留学生の取締規則制定へ＊
	11	2	清国人ヲ入学セシムル公私立学校ニ関スル規程（文部省令19号）〔清韓留学生取締規則の制定〕
	11	17	〔第2次〕日韓協約〔保護政治の開始　1906年2月統監府開庁〕
	12	13	国語学校、国語伝習所給費生及師範学校生徒支給規則中改正（府令92号）
1906 (M39)	1	―	朝鮮聯合耶蘇協会創設
	4	26	台湾総督府直轄学校留学生学資金並旅費支給規則（訓令93号）
	8	24	韓国人留学生張膺震らにより東京で「太極学報」創刊〔1908年12月24日、通刊27号で終刊〕
	11	5	朝鮮基督教青年会創設〔在京朝鮮人の宗教心の喚起とキリスト教の伝道などを目的〕
1907 (M40)	1	―	一進会派遣の韓国留学生24名、同会からの送給学資停止
	2	3	東洋協会発会式〔台湾協会の改組拡大、機関誌「台湾協会会報」から「東洋時報」へ〕
	2	26	台湾公学校令（律令1号）〔留日学生に制限的内規を設ける〕
	3	1	在東京大韓留学生会、「大韓留学生会学報」を創刊〔5月20日、通刊3号で終刊〕
	4	20	文部省直轄高等専門学校外国人入学志望者取扱方（発専52号）
	5	31	石田新太郎〔休職中の国語学校教授〕、台湾留学生監督に任命
	7	24	〔第3次〕日韓協約〔次官政治の開始〕
	10	7	外国人公立実業学校ニ中途入学ハ欠員アレハ許可差支ナシ（佐実35号）
	11	1	台湾総督府、本島人内地留学生名簿様式制定ノ件
1908 (M41)	1	28	大韓学会設立〔在東京の太極学会・共修会・留学生会・洛東会・湖南学契が合併〕
	3	20	韓国学部大臣、留学目的の皇族・大臣の子弟とともに新橋着
	4	―	群馬県高山社に4名の韓国人留学生入学
	4	―	〔清国留学生〕五校特約実施〔一高、東京高師、東京高工、千葉医専、山口高商〕
	9	25	「大韓学会月報」創刊〔「大韓留学生会学報」の改題　11月25日、通刊9号で終刊〕
	9	30	田中敬一を台湾留学生監督事務嘱託に任命　高砂青年会を監督指導機関に
1909 (M42)	1	6	韓国依託学生42名、小倉歩兵大尉引率の下、午後7時半に新橋着中央幼年学校宿舎に入る
	1	11	台湾留学生、台北の紳士辜顕栄氏の来京を機に富士見軒にて午餐会を開催参加者は持地六三郎、石田新太郎、田中敬一、東洋協会関係者ほか
	1	31	大島民政官、長尾土木局長の上京を機に、高砂会幹事も出席の下、富士見軒にて台湾留学生の懇親会を開催
	3	20	韓国留学生により「大韓興学報」創刊〔1910年5月20日で終刊〕
	6	21	韓国人生徒、香川県立商業学校聴講生トシテ入学許可（香実29号）
	8	―	台南の陳北祿（23歳）、廖旺（21歳）、東京盲亜学校に9月の新学期より入学のため上京　経費は台湾協会及び台南庁より支出
	9	16	武官養成目的の韓国委託生42名、新橋到着　中央幼年学校へ
	10	19	東京府青山師範学校付属小学校へ外国児童入学ハ知事限リ処分（東普272号乙）
	12	1	台湾総督府、内地留学生報告方ニ関シ注意方通達〔各庁に〕
1910 (M43)	3	22	台湾農事試験場農科卒業生、張芳印・李克明、愛知県立農林学校へ留学ヲ命ぜらる →1914年3月23日、同農事試験場農科卒業生・郭национ、愛知県立農林学校へ留学を命ぜられる
	8	29	韓国併合ニ関スル条約〔公布、調印は8月22日　朝鮮総督府開庁、大韓帝国を朝鮮に改称〕
1911 (M44)	1	―	従来朝鮮人留学生は外国人として学費の他に於いて特別扱いをなしたるが今後は内地学生同様に扱うことを文部省が各学校長に通牒＊
	4	4	〔明治34年文部省令第15号は〕台湾人若クハ朝鮮人ニ之ヲ準用ス（文部省令16号） →官普16号　朝鮮人ニシテ道庁府県ノ学校ニ入学ハ外国人ノ例ニ準ジ特別ニ取扱フ
	6	27	朝鮮総督府留学生規程（府令78号）
	6	27	朝鮮総督府留学生監督ニ関スル規程（訓令59号）
	6	―	朝鮮総督府公使館跡地〔東京市麹町区中六番町〕に留学生監督部を設置　官費私費留学生を保護監督　寄宿舎を設置して一部を収容　留学生監督は文部省普通学務局長松村茂助と李晩奎
	8	24	朝鮮教育令（勅令229号）
	9	―	林振聲（慶応義塾普通部出身）、楊緒洲（芝中学出身）、台湾総督府の証明推挙により、新潟医学専門学校に入学許可
	10	6	朝鮮留学生保護監督ニ関スル要項施行方（官普104号）
1912 (M45	1	23	台湾総督府、本島人ニシテ内地ニ留学セント者ノ心得
	2	9	台湾留学生宿舎、学租を以て東洋協会専門学校内〔東京〕に設置を決す

132　Ⅲ．研究ノート

年	月	日	事　項
/T1)			→9月9日、高砂寮新築落成
			→11月18日、高砂寮規則を定める
	2	―	留学生監督松村茂助から陸軍憲兵大尉立川吉太郎に交代
	8	―	留学生監督立川吉太郎から陸軍憲兵大尉荒木捨作に交代
	10	27	朝鮮留学生、学友会創設
	11	1	台湾総督府、内地留学生寄宿舎監事務ヲ榎元半重ニ嘱託
	11	16	文部省、内地留学ノ台湾人子弟保護監督方通牒（発普236号）
	12	20	台南庁長、本島人ニシテ内地ニ遊学セント者ノ心得（告示55号）
	12	―	朝鮮留学生20名、陸軍士官学校に入学〔1910年中央幼年学校に入学〕
1913 (T2)	1	22	東京府、内地留学ノ台湾人子弟保護監督方（学甲6769号）
	2	8	台湾蚕業講習所卒業生、謝継傳・周翠、京都蚕業講習所へ留学を命ぜらる
			→14年1月26日、同講習卒業生、呉氏川・劉煥章、京都蚕業講習所へ留学を命ぜらる
	4	22	朝鮮総督府留学生規程改正（府令43号）
	4	28	文部省、留学生監督ニ関スル件通牒（官普58号）〔私費留学生管理〕
	6	24	台湾総督府、内地留学ノ台湾人子弟保護監督方ヲ内地ニ照会（管理の強化）
	10	29	台湾人東京留学生監督事務所開設ノ義ニ付通牒（官普258号）
	12	15	〔開城出身朝鮮人学生の親睦を図るために〕松竹倶楽部創設
1914 (T3)	3	9	朝鮮総督府官費留学生、高等工業学校1年・尹氏重氏、四谷見附付近で暴漢に刺され、全治10日＊
	3	15	半島中学会創設〔中学校程度の学校に通う朝鮮人の親睦を図ることが目的〕
	4	2	朝鮮留学生学友会、「学之光」創刊〔1930年4月5日、通刊29号で終刊〕
	4	14	**台湾総督府外国留学生規程（勅令65号）**
	4	―	朝鮮女学生、羅恵錫（女子美術学校）、許英粛（女子医学校）、金壽昌（日本女子大附高等女学校）の3名、上野の博覧会見物＊
	5	―	留学生監督李晩奎から徐基殷（元慶尚南道南海郡守）に交代
	9	30	台湾総督府、東京留学本島人生徒監督事務嘱託を門田正経に〔田中敬一の解職〕
	11	11	東京府、台湾人学生監督変更之件（官普292号）〔田中敬一から門田正経に〕
	11	28	在日本東京朝鮮基督教青年会会館新築落成式挙行
	12	6	留学生監督李晩奎帰国　徐基殷氏赴任
	12	20	台湾同化会結成〔1915年2月26日解散〕
	12	―	朝鮮留学生中、農学を研鑽する有志が興農会を組織し、会報を発行
1915 (T4)	1	1	**台湾総督府、内地留学生取締ノ件〔各庁、各学校長に通牒〕**
	4	3	朝鮮女子親睦会創設
	4	4	〔朝鮮人学生が弁論の練習を目的に〕半島雄弁会創設
	6	28	**朝鮮総督府留学生規程中改正（府令第66号）、留学生監督ニ関スル規程中改正（訓令39号）**
	8	23	内地留学生取締に関する件通牒
	9	7	**外国人特別入学規程による朝鮮人、台湾人及支那人等の入学者の取り扱いについて調査報告方（発専180号）**
	11	10	朝鮮学会創設〔学術研究を目的に設立、治安当局は秘密結社と見做す〕
1916 (T5)	1	―	留学生中の有志者が朝鮮学会設立　新学問と朝鮮事情の研究を目的とする
	7	1	要視察朝鮮人視察内規（内務省訓令618号）
	7	10	林茂生（台湾）、東京帝国大学文科大学を卒業
	8	11	高等師範学校入学ニ就キ台湾総督府民政長官並同中学校長ヲ地方長官及当該学校長ニ準シ取扱方（師普104号）
	9	―	〔朝鮮〕東京留学生総団体学友会は組織を変更し、従来の地方分会制度から中央統一制度となる
1917 (T6)	1	23	労働同志会創設〔朝鮮人労働者と朝鮮人学生の親睦を図ることを目的〕
	7	―	朝鮮総督府、留日官費留学生を含む小学校生徒など13名を表彰
	10	14	箕城倶楽部創設〔平壌出身朝鮮人学生の親睦を図ることを目的〕
	11	―	**朝鮮学生、「基督教青年」創刊**
	12	9	湖南親睦会創設〔全羅南道出身朝鮮人学生の親睦を図ることを目的〕
	12	22	在日本東京女子留学生親睦会、女性雑誌「女子界」を創刊
1918 (T7)	3	27	金徳成（朝鮮）、東京女子高等師範学校卒業（選科）→中等教員免許状授与
	4	―	日華学会創立
	12	11	李升雨（朝鮮）、葉清耀（台湾）、弁護士試験に合格
	12	27	台湾総督府、内地留学生監督に関し各地方長官に通牒
1919 (T8)	1	1	京都帝国大学基督教青年会が「学友」を創刊〔1号で終刊〕
	1	1	台湾総督府、本島人内地留学報告様式ノ件
	1	4	**台湾教育令公布（勅令1号）**
	2	1	朝鮮学生、「創造」（創造社）創刊

年	月	日	事項
	2	1	朝鮮学生、音楽、美術、文芸の研究を目的に、楽友会創設
	2	8	朝鮮学生大検挙、六十余名西神田署に、引致の際、十数名負傷
	2	8	2・8宣言　神田区西小川町二ノ五の朝鮮基督教青年会館で留学生大会開催　全留学生招集　独立宣言書の発表と独立万歳を叫ぶ
	2	10	「三光」(在東京朝鮮留学生楽友会)創刊〔東京留学生中心の純芸術雑誌、編集兼発行人は洪蘭坡〕
	2	15	2月8日の朝鮮学生大会(朝鮮基督教青年会館)で拘束中の朝鮮学生に禁錮一年の判決＊
	3	1	**朝鮮半島で3・1独立運動**
	3	─	3・1独立運動の影響で不穏な活動をした寄宿生七十余名に退舎を命じる　留学生監督荒木捨作辞任、徐萬殷仙台で客死
	3	─	朝鮮向学会創設〔代表者は平岡たき子と宮崎さゆり　朝鮮人学生の寄宿舎設立を計画〕
	4	3	〔在京朝鮮人女子学生の親睦を目的に〕女子親睦会創設
	4	─	朝鮮総督府は留学生の保護監督事務を東洋協会(理事永田秀次郎)に委嘱
	4	─	朝鮮仏教留学生会創設
	5	─	中国で5・4運動
	11	10	朝鮮学生会及朝鮮女子学生会創設〔朝鮮人学生の同化を目的、代表は渡瀬常吉〕
	12	22	青年会館で行われた外交問責同盟会の演説会場で、奇声を発して演説を妨害した韓国人学生4名が殴られ混乱する＊
	12	27	台湾総督府、台湾人の内地諸学校入学に関する件内訓
1920 (T9)	1	4	〔朝鮮人〕女子学興会創設
	1	8	台湾人は事情により内地人小学校に共学を為し得ること、又、内地人は事情により台湾人公学校に入ることを得る旨、内訓通牒を以て明定せらる
	1	11	**在日台湾人留学生ら新民会を結成**〔会長・林献堂〕
	1	25	朝鮮苦学生同友会創設
	1	31	朝鮮留学生、「現代」創刊〔「基督教青年」を改題〕
	3	1	朝鮮学生二百、神田の基督教青年会館での会合で解散命令を受け、日比谷公園に移　万歳を叫び騒いだため婦人を含む51名が検束＊
	3	29	〔朝鮮人女子の宗教心向上のため〕女子青年会創設
	3	─	東京留学生洪海星、金祐鎮、趙抱石、柳春燮、崔承一ら、劇芸術協会を結成
	4	4	下村長官、在東京台湾学生五百余名を小石川植物園に招待
	7	16	**台湾青年会「台湾青年」創刊**〔題字・蔡元培〕
	9	15	文部省在外研究員規程(勅令393号)〔文部省外国留学生規程の廃止〕
	9	23	文部省専門学務局、殖民地人及外国人留学生数二関シ照会〔大正元~9年間分〕
	11	6	**在内地官費朝鮮留学生規程(府令170号)**〔朝鮮留学生規程の廃止、朝鮮留学生は在内地朝鮮学生に、朝鮮留学生監督部は朝鮮学生学部に変更〕
1921 (T10)	1	17	台湾総督府在外研究員規程(勅令8号)〔台湾総督府外国留学生規程中改正〕
	2	─	東京天道教青年会創設
	3	10	朝鮮総督府在外研究員規程(勅令33号)
	3	─	佐藤寅太郎に朝鮮学生督学部長を嘱託
	5	9	文部省、中学校卒業程度ヲ以テ入学資格トスル学校ニ於ケル外国人及殖民地人学生ノ入学取扱ニ関スル件通牒(発専66号)
			→6月8日、東京府、外国人及殖民地人学生ノ取扱ニ関スル件(学発185号)
			→9月8日、外国人及殖民地人学生ヲ正科生トシテ取扱方通牒(東専176号)〔日本医学専門学校長より6.10附伺への回答〕
	6	6	〔台湾学生〕高砂寮一時閉鎖
			台湾議会設置請願運動〔1934年9月、運動終息〕
	10	17	台湾文化協会結成〔1927年7月10日分裂〕
	11	5	基督教青年会館における朝鮮学生学友大会にて、その中心人物が検束される　その後、同盟休校、帰国が相次ぐ
	11	7	早稲田、明治、慶応、中央、日本、帝大、商大、女子医専、女子大、女子歯科、女子美術などの朝鮮学生、突如同盟休校　在京朝鮮人労働者も加担＊
	11	14	帰国する朝鮮学生の見送りのため、東京駅に集まった朝鮮人学生数十名のうち、過激な演説をした廉で8名を検束＊
	11	22	早稲田大学の朝鮮人学生を中心に組織される同胞会五百余名が29日の忘年会にチェーホフの「犬」を上演する許可を警視庁に申請＊
	12	4	在京台湾青年会臨時総会、台湾当局の言論抑圧に抗議決議
	12	─	〔朝鮮〕苦学生蛍雪会創設
1922 (T11)	1	23	**在外研究員規程(勅令6号)**〔外務省を除く各省庁の在外研究員規程を統一〕
	1	30	外国人及殖民地人学生ノ取扱ニ関スル件(学発16号)〔東京府内務部長〕
	2	6	〔第二次〕朝鮮教育令(勅令19号)、〔第二次〕台湾教育令(勅令20号)公布〔施行は4

年	月	日	事　項
			月1日〕
	3	13	内台人共学に関する手続中改正通達
	4	1	**在内地給費生規程（府令44 号）〔在内地官費朝鮮学生規程の廃止　一人当たり年額650 円を360 円に減額し、できるだけ多くの留学生を給費生に採用〕**
	4	1	「台湾青年」を吸収して「台湾」発刊（台湾雑誌社）
	4	23	**台北高等学校、入学式**
	5	4	官公立学校外国人入学ニ関スル規則（台湾総督府令108 号）
	7	10	文部省直轄学校特別入学規程による紹介状は東京出張所参事官に於て取扱ウ事に決定〔台湾〕
	11	28	山口高等商業学校特別入学生ニ関スル件（通牒98 号）
	11	—	蛍雪舎の朝鮮人苦学生二百五十余名の寄宿舎建設予定　代議士松本君平経営の青年会館で音楽会を開きその収益を充当＊
	12	14	台湾人・杜聰明（台湾医学専門学校助教授）、京都帝大より医学博士〔第1 号〕授与〔東京帝大からの最初の医学博士授与は1927 年、呉爆〕
1923 (T12)	1	22	文部省、朝鮮教育令ニ依リ設置スル学校ノ生徒児童並卒業者ノ他ノ〔内地〕学校入転学ニ関スル規程（省令1 号）
	3	16	朝鮮学生、方定煥・尹克栄ら東京でセクトン会を結成
	3	29	台湾教育令ニ依リ設置スル学校ノ生徒児童並卒業者ノ他ノ〔内地〕学校入転学ニ関スル規程（省令12 号）
	3	31	対支文化事業特別会計法公布〔1924 年4 月、特選留学生制度〕
	4	15	「**台湾民報**」創刊〔月2 回刊・於東京〕
	5	27	在京台湾人学生、皇太子殿下台湾行啓記念として東京小石川区雑司ヶ谷に台湾公館を設立
	6	20	外国人及殖民地人学生ニ対スル服務義務取扱方（東女普27 号）〔5 月28 日東京女子高等師範学校より伺い〕
	6	—	在日本朝鮮無産青年会創設
	7	13	**文部省、外国学生ニ関スル事項報告方（照普33 号）〔以後毎年〕**
	9	1	関東大震災で朝鮮総督府督学部事務所及び金剛洞寄宿舎本館を全焼、東京市外戸塚所在の長白寮は被害なし
	9	1	関東大震災で小石川区茗荷谷所在台湾留学生監事事務所高砂寮の一部破損
	9	—	朝鮮学生希望者を無賃にて朝鮮に帰す
	11	20	文部省、支那学生状況取調報告方（照普59 号）
	11	21	震災地朝鮮人苦学生救済ニ関スル件（通牒122 号）
	11	—	朝鮮学生督学部長佐藤寅太郎から田中玄黄（前平壌高等普通学校長）に交代
1924 (T13)	4	—	高砂寮新築落成
	5	2	**京城帝国大学設置**
	5	30	文部省、外国学生ニ関スル報告事項中改正（照普24 号）
	6	9	外国人学生ノ陸軍管内見学並実習願出ノ取扱方（発実82 号）
	10	16	在本邦支那留学生情況調査ニ関スル件（照普43 号）
	12	—	朝鮮学生督学部長田中玄黄辞任
1925 (T14)	3	—	財団法人日華学会東亜高等予備校開設、支邦国留学生に対する予備教育事業開始
	3	—	朝鮮学生督学部寄宿舎を閉鎖
	4	—	留学生督督は東洋協会の嘱託を解き、督学部事務所を朝鮮総督府出張員事務所に移動　学生係を設置して事務を遂行
	4	—	東京高等師範学校、外国人のための特別予科（翌年度より特設予科）を設置〔当年から翌年度にかけて、広島高師、奈良女高師、東京高等工業、明治専門学校、長崎高商に「特設予科」設置〕
	6	13	神田三崎町の青年会館における朝鮮人学生の討論会が大混乱、12 名の検挙者を出す＊
	6	19	本郷三丁目帝国仏教会館にて朝鮮人学生の雄弁会開催、3 名が検束され取調中＊
	7	—	文部省、朝鮮学生生徒生活調査
	—	—	**朝鮮学生の保護監督事務を朝鮮教育会に委嘱　督学部の名称は奨学部に変更　服部暢（前京城日報社主筆）に奨学部長嘱託**
	10	6	江馬修氏に宛てた遺書をふところに日比谷のベンチで要視察朝鮮人学生自殺＊
	10	13	朝鮮教育会奨学部長、直轄学校等に在学朝鮮学生の調査依頼〔以後毎年〕
	10	21	文部省外国学生ニ関スル事項報告方中改正（発普347 号）〔公私立の高等・専門学校は文部省が直接調査〕
	10	25	600 名の台湾留学生、新高砂寮の使用を禁止され、旧寮からも追われて憤慨、総督府出張所へ押し寄せる＊
1926 (T15 /S1)	1	26	蔡培火他2 名の上京を東京駅に出迎えた台湾留学生四百余名のうち、過激な言動で13名が検束、取調べの結果、釈放＊
	2	28	「台湾総督府学事第22 年報」（大正12 年度）、男女別内地留学者統計を始める
	3	—	朝鮮学生連盟、小川平吉ら実業家の支援を得て新活動開始　朝鮮苦学生の宿泊所を三軒

年	月	日	事　項
	4	—	茶屋に建てる計画＊
	4	—	朝鮮教育会奨学部、事務所を芝区桜田本郷町から杉浦重剛邸跡（豊多摩郡淀橋町角筈2丁目94番地）に移転
	4	—	朝鮮女学生8名、東京府小石川竹早町の女子師範内教員保母伝習所に入学を希望、無資格のため不許可＊
	6	—	東京留学生銭鎮漢ら、協同組合運動を起こす
	6	27	「学潮」（在京都朝鮮学生学友会）創刊
	8	7	朝鮮人学生数名、警視庁特別高等科内鮮係を訪ね、向学会を組織し台湾、朝鮮、中華民国留学生の宿舎を経営していた平岡喜智子氏への苦情を訴える＊
	10	—	朝鮮学生講習会が芝協調会館で一ヵ月間開催
	11	25	朝鮮仏教協会、朝鮮女学生のために同朋園女子部を設置＊
	11	—	朝鮮留学生、「開拓」（開拓社）創刊
	12	13	朝鮮無産学友会、深川公□仏教会館で朝鮮問題大演説会開催＊
1927 (S2)	1	17	朝鮮学生、「海外文学」（海外文学社）創刊
	1	18	朝鮮総督附、大阪高等工業学校特別入学ニ関スル件（通牒3号）〔特別入学照会〕
			→2月4日、松山高等学校（通牒4号）
			→3月19日、第一高等学校（通牒7号）
	3	2	台湾総督府東京出張所事務規程〔東京事務所は1924年に設置か〕
	3	29	朝鮮総督府、神宮皇學館普通科設置ニ関スル件（通牒9号）
	5	3	日華学会、直轄学校等に支那留学生（在学生、卒業生、入学生）の調査方依頼〔以後毎年〕
	10	3	朝鮮総督府、東京帝大農学部附属農業教員養成所生徒募集（通牒58号）
	10	9	在京台湾学生寄宿舎・高砂寮開寮式挙行
	10	23	日華学会学報部、「留日中華学生名簿」〔第1版〕発行
1928 (S3)	3	17	台北帝国大学設置
	4	9	専門学校入学者検定規程ニ関スル件（発専20号）〔学科目試験免除の効力は1926年1月の省令5号基き、植民地にも適用〕
	11	27	在露の巨頭と呼応して大礼中に陰謀画策　さきに検挙された朝鮮人学生団の取調により、事件は新方面に進展か＊
	12	15	国民党派員特派員魯純仁氏を首魁とする反日運動に台湾人学生も共同戦線を張るなどの実行方法が発覚
1929 (S4)	1	—	「台湾新民報」発刊
	4	10	発専66号〔1921年5月9日〕中、殖民地学生に対する特別の取扱は昭和4年5月1日より廃止（官専200号）
	4	—	東京工業大学、外国人のための特設予科設置〔1932年9月、附属予備部となる〕
	6	8	朝鮮人斬り込みの犯人は7名、3名逮捕、残り4名も一両日中に逮捕の見込み＊
	12	25	内務省襲撃を企てた在京朝鮮人の陰謀団発覚　三百余名大検挙＊
	12	28	朝鮮人学生の集合に積極的な弾圧政策　激発的な行為を警戒　但し幹部を失ったため忘年会参加者は少数＊
	12	—	在京朝鮮人学生に運動を勧めた朝鮮独立陰謀の一味検挙さる＊
	12	—	在京朝鮮人の陰謀団、内務省に次いで参議本部を襲撃　背後には共産党残党＊
1930 (S5)	1	—	昭和5年度より、在内地朝鮮総督府給費生の選定廃止
	4	5	東京日暮里で不良団が朝鮮人学生を取り囲んで強奪＊
	10	9	文部省、内地在住朝鮮人学齢児童ヲ就学セシムル義務ヲ負フ（官普174号）
	10	27	台湾・霧社事件〔「原住民」武装蜂起〕
1931 (S6)	1	18	要視察朝鮮人の住居に視察に出かけた高等係巡査、刺殺される＊
	2	—	東京朝鮮人留学生学友会、解散
	3	—	朝鮮教育会奨学部長・服部暢辞任、4月重田勘次郎（前京城法学専門学校長）に嘱託
	11	9	台湾州教育課長会議、留学生報告ニ関スル件（注意事項）〔翌年2月29日の課長会議で再度の注意〕
1932 (S7)	4	—	台湾総督府東京出張所内台湾学生事務所設置
	6	7	ボル系朝鮮人学生団、アナ系と思われる朝鮮人労働者数名に斬り込まれ重傷＊
	6	—	第一高等学校、支那人のための特設高等科設置〔同年3月支那留学生養成科廃止、1935年「満洲国」を追加〕
	7	18	文部省、外国人児童ノ小学校入学取扱方（官普130号）
	9	23	呉坤煌（木村俊男と仮称）首魁となり、東京日本神学校を根拠に暗躍中、同志数名と共に検挙さる　台湾には未だ凶手伸びず
	10	1	朝鮮教育会奨学部所在地、豊多摩郡の東京市に併合により、東京市淀橋区角筈2丁目94番地となる
	10	12	台湾学生3名を欺き入学運動金を騙し取った入学ブローカー2名が検挙、14日には昭和医学専門学校校長ら召喚＊

年	月	日	事　項
1933 (S8)	2	16	文部省、学事年報取調条項及諸表様式中改正（訓令1号）〔学齢児童中朝鮮人は「朝」、台湾人は「台」と区別〕
	7	—	朝鮮教育会奨学部新築工事起工
	9	16	台湾〇〇（ママ）主義独立運動代表者、台北高等学校出身の張麗旭、東京にて暗躍中、警視庁に検挙さる
1934 (S9)	3	3	台南長老教中学、台南神社不参拝により問題化する
	3	3	**在内地給費生全員卒業し、同規程の適用を廃止**〔1910年以降の給費生数381名、費用総額298,769円〕
	4	12	セレベス島酋長の妻等男女4名、高雄入港し全島視察の上、14日内地へ向かう〔フィリピン最初の「内地留学生」〕
	5	31	「台湾総督府学事第31年報」（昭和7年度）、内地留学者を「内地在学者」に改称
	8	11	文部省、朝鮮人学生生徒ノ在学証明書交付取扱（官普169号）
	11	—	朝鮮教育会奨学部の新築工事落成〔翌年4月1日、新築落成式挙行〕
	—	—	朝鮮教育会奨学部、在内地朝鮮学生状況調を12月末日現在から10月末日現在に変更
1935 (S10)	6	4	台湾総督府、戸口規則、同施行規程及戸口調査規程を改正公布、8月より実施〔戸口調査簿は戸主となり女性の姓の下には氏は付けずともよく、婚家すれば生家の姓を冠せず、種族別中、熟蕃を平埔族、蕃人を高砂族と改称〕
	10	26	文部省、朝鮮人学生生徒ノ在学証明書ニ写真添付励行方（官普272号）
	11	19	朝鮮学生、「創作」（創作社）創刊
1936 (S11)	1	18	朝鮮出身東京高等獣医生2名、カフェー帰りに喧嘩で刺され死傷*
	2	23	駐日満洲国大使館「満洲国留日学生録　第1版」発行
	9	17	満洲国、留学生ニ関スル件（勅令143号）、9月21日、同留学生規程（文教部令3号）
1937 (S12)	4	3	文部省、学齢児童就学上朝鮮人児童ニ対スル便宜取扱方（愛普14号）
	4	14	訪日比島学生帰島、16日離台
	8	3	文部省、満支両国人学生生徒ノ取扱ニ関スル件（発専98号）〔次官通牒、9月10日、10月13日に追加通牒〕
	10	7	文部省、台湾ニ於ル私立学校規則ニ依リ設置セル中学校卒業者ノ資格ニ関スル件（官普107号）
	12	28	台湾総督府文教局、満洲国建国大学第一期学生として「本島人」を含む35名を推薦
1938 (S13)	1	19	台湾総督府文教局、私立中等学校の設立、認可標準を定めて発表
	1	25	文部省、満洲国留学生ニ関スル件（発専5号）〔2月28日、同（発専5号）〕
	2	23	**陸軍特別志願兵令（勅令95号）** →3月30日朝鮮総督府陸軍兵志願者訓練所官制（勅令156号） →4月2日同訓練所規程（府令70号）、同生徒採用規則（府令71号）
	3	4	〔第3次〕朝鮮教育令改正（勅令103号）
	4	11	私立淡水中学校、私立淡水高等女学校設立認可（台湾で最初）
	8	4	外国人学生生徒児童数調査ニ関スル件（照専34）
1939 (S14)	2	4	明治大学経済学部1年の台湾学生林景؟、戦没者遺族戦傷勇士に厚生資金15円を献金*
	3	8	**文部省、満洲国留学生ニ関スル件（官専64号）〔「学席」設置、以後毎年1940年12月9日、1941・2月28日、1942年12月9日、1943年2月13日に通牒〕**
	5	12	朝鮮総督・南次郎、東京深川の朝鮮人街を視察、如水会館における朝鮮学生問題懇談会、協和事業座談会に出席*
1940 (S15)	6	—	〔台湾私立キリスト教系学校〕台南長老教中学、台南長老教女学が、中学校、高等女学校として認可され、長栄中学校、長栄高等女学校に改称
	7	22	文部省、外国人子弟ノ教育ヲ目的トスル学校ノ設置ニ関スル件（発専161号）
	8	9	南京新政府立大学へ入学の第一回留学の台湾華僑壮行会、蓬莱閣〔台北〕で開く
	8	20	帝大卓球室にて内地留学生対台湾地元選手対抗卓球大会
	12	18	台湾総督府学生事務所主催、台湾出身在京学生時局座談会小石川茗溪会館で開く
1941 (S16)	1	10	朝鮮半島の事業家野口遵氏は朝鮮人学生育英資金として3000万円を拠出〔朝鮮奨学会の設立〕*
	1	14	**朝鮮奨学会設立ニ要スル経費寄付ニ関スル件〔同設立趣意書、同規程〕** →1月、財団法人・朝鮮奨学会維持財団及び朝鮮奨学会設立、朝鮮教育会奨学部解消 →2月、朝鮮奨学会東京事務所（東京市淀橋区角筈2-94）、京城事務所（朝鮮総督府学務局学務課内）開設
	4	2	**文部省、外地学生生徒に関する協議会を開催**〔第2回4月18日、第3回4月24日〕
	4	9	外地学生指導対策委員会自身会開催
	5	—	昭和11年牛込区若宮町の少尉坂本氏の建てた朝鮮学生寮が経営の危機に陥っていたところ、崔昌學氏の寄付で救済される*
	7	19	在東京朝鮮学生交驩総合競技大会を京城で開催
	7	29	**朝鮮総督府学務局、内地高等専門諸学校志望ノ朝鮮中等学校出身朝鮮人生徒ニ対スル進**

年	月	日	事　項
1942 (S17)	8	12	学指導ノ件〔各道長宛、以後毎年1942年9月21日、1943年12月17日〕 内地在住朝鮮出身学生錬成会開催〔18日まで〕
	1	29	文部省、在朝鮮中等学校卒業者又ハ修了ノ朝鮮人生徒ノ内地高等諸学校進学ニ関スル件（発専7号）、以後毎年通牒
	2	3	日泰〔タイ〕学生交換協定締結
	2	28	陸軍特別志願兵令中改正（勅令107号）及台湾総督府陸軍兵志願者訓練所官制（勅令108号）〔4月1日、志願兵制度実施〕
	6	15	朝鮮奨学会・各県協和会、朝鮮学生夏季錬成会実施〔8月19日まで、延べ14カ所、各5日間、計501名参加〕
	7	7	朝鮮奨学会、全国各大学専門学校主事懇談会開催
	7	14	朝鮮奨学会、興亜錬成所にて在京朝鮮学生座談会開催
	8	2	朝鮮女子学生、埼玉県入間郡高麗村で農村婦人生活実践錬成会開催〔4日まで〕
	9	26	朝鮮奨学会、内地大学職員朝鮮視察団を派遣〔2週間〕
	11	1	朝鮮総督府、台湾総督府及樺太庁ニ関スル事務ヲ内務大臣ノ統理ニ移ス〔内務省官制改正（勅令725号）〕
	11	8	朝鮮奨学会、朝鮮学生の内鮮一体史蹟踏査会開催
1943 (S18)	1	15	仏印派遣交驩学生台湾より2名選抜
	1	20	朝鮮奨学会にて学生連絡員懇談会開催
	2	12	朝鮮奨学会、大学職員懇談会開催〔2月15日、高等・専門学校職員懇談会開催〕
	2	17	朝鮮奨学会、在京各大学・部・科長並高専学校長懇談会開催
	2	—	**大東亜省、南方特別留学生事業〔昭和18、19年度〕**
	3	9	朝鮮教育令中改正（勅令113号）、台湾教育令中改正（勅令114号）〔4月1日施行〕
	3	7	朝鮮奨学会では9月に卒業予定の朝鮮学生を対象に職場精神を吹き込もうと鵠沼禊道場で訓練開始　第一団は専修大学学部、専門部学生50名＊
	3	27	台湾教育会、補導強化のため内地在留学生連絡部を新設 →6月1日、台北で父兄懇談〔以後、各地で開催〕
	5	1	朝鮮奨学会、東京地方保証人指導懇談会開催
	5	14	文部省、内地以外ノ地域ニ於ケル学校ノ生徒、児童、卒業者等ノ内地学校へ入学及転学ニ関スル件（発文53号）
	5	15	朝鮮奨学会、朝鮮学生懇談会開催
	5	22	朝鮮奨学会、近衛師団管下高等専門配属将校懇談会開催〔朝鮮出身学徒の訓育指導強化のため〕
	6	1	東大、外国学生指導委員会規程を制定
	6	12	朝鮮奨学会、在京半島新入学生歓迎会開催
	8	6	大政翼賛会東京都司会主催、壮丁士気昂揚大会開催　半島学徒代表陸軍省へ御礼言上報告
	9	10	**閣議、留日学生ノ指導ニ関スル件、決定**
	9	25	中央大学半島学生短期錬成会開催〔26日まで〕
	10	2	**在学徴集延期臨時特例（勅令755号）〔学生・生徒の徴兵猶予を停止〕**
	10	19	朝鮮奨学会、在内地朝鮮学生戦時非常措置指導対策
	10	20	朝鮮奨学会、朝鮮出身学生進学保証推薦要領、翌年度新学期より改正実施
	10	20	昭和18年度陸軍特別志願兵臨時採用規則（陸軍省令48号）〔台湾・朝鮮学生の「志願」という名の徴兵〕
	10	30	朝鮮奨学会、陸軍特別志願兵志願指導要領を作成
	10	30	陸軍省、昭和18年度陸軍特別志願兵志願心得
	10	30	文部省、在学徴集制度停止ノ趣旨徹底ニ関スル件（発専253号）
	10	30	**文部省、朝鮮人台湾人学生生徒ニ関スル件（発専254号）**
	11	2	文部省、朝鮮出身ノ中等学校卒業又ハ修了者ノ内地高等諸学校ヘノ進学ニ関スル件（発専256号）〔朝鮮奨学会の推薦が必要条件〕
	11	12	陸軍特別志願兵臨時採用規則中改正（陸軍省令53号）、修学継続ノ為ノ入営延期等ニ関スル件（陸軍省令54号）〔朝鮮、台湾学生にも徴兵資格〕＊
	11	14	朝鮮奨学会、朝鮮特別志願兵蹶起大会を明治大学講堂で開催＊
	11	16	上京中の長谷川朝鮮総督は陸軍特別志願兵指導推進員として活躍中の在京本島同胞学徒百名を出張所に招集　先輩の勇武を継ぎ六百万島民の推進力たれと激励的訓示をなす
	11	30	内務省、台湾教育会、朝鮮奨学会共催、台湾及朝鮮同胞陸軍特別志願兵出陣学徒壮行会を東京日比谷公会堂で挙行
	12	3	**文部省、朝鮮人・台湾人特別志願兵制度ニヨリ志願セザリシ学生生徒ノ取扱ニ関スル件（発専279号）**
	12	9	台湾教育会、関西台湾協会共催、関西在住台湾同胞出陣学徒壮行会を京都市平安神宮で挙行
	12	22	朝鮮奨学会京城事務所、内地高等・専門諸学校進学志望ノ朝鮮人生徒ニ対スル指導ニ関スル件〔朝鮮中等学校長宛て〕

年	月	日	事　項
1944 (S19)	1	15	在京本島同胞学徒入営壮行会、東京上野精養軒に於て軍官民多数出席盛大に挙行
	1	18	東大、半島出身在学生ノ取扱ニ関スル件報告
	4	24	文部省、学徒動員ニ際シ外国人留日学徒ノ取扱ニ関スル件（発専114号）
	6	2	文部省、満洲国留日学生ノ勤労動員ニ関スル件（動専183号）
	12	29	文部省、朝鮮出身ノ中等学校卒業又ハ修了者ノ内地高等諸学校ヘノ進学ニ関スル件（雑専61号）
	12	29	**閣議、留日学生教育非常措置要綱を決定**
1945 (S20)	2	12	朝鮮学徒指導懇談会開催
	2	―	朝鮮人学生〔同志社大学英文科〕詩人・尹東柱、福岡刑務所で獄死
	5	22	戦時教育令（勅令320号）、同施行規則（文部省令9号）公布
	9	―	朝鮮学生の生活援護のために、在京朝鮮学生が朝鮮学生青年同盟を結成＊
	11	11	在日朝鮮学徒大会を早大大隈講堂で開催＊
	11	16	朝鮮学生の援護のために日鮮協会設立　厚生大臣が会長に就任　8日に解散した中央興生会を引き継ぐ＊
	11	18	朝鮮学生同盟、早大大隈講堂で在日朝鮮学生全国大会を開催、その後、マッカーサー司令部までデモ行進＊
	12	18	文部省　朝鮮学徒〔志願兵〕ニ関スル調査ノ件
	12	24	朝鮮学生同盟、中央大学で東京地区大会を開催し、決議文を文部大臣に提出＊
	12	27	朝鮮人帰国問題で日比谷公園にて人民大会開催＊

Ⅳ．旅の記録

台南・安平墓地の墓誌と
公学校修身書教材（その3）

白柳弘幸*

1　はじめに

『植民地教育史研究年報』第6号、第7号で報告した「台南・安平墓地の墓誌と公学校修身書教材」の、その後の調査経過について述べる。台湾総督府から昭和18年発行『初等科修身一』14課「心を一つに」に載る軍夫の一人は、台南市安平墓地内に埋葬されている故陳養氏であり、公学校(1)の修身教科書教材になった経緯を第6号で報告した。

　第7号では、陳氏とともに安平から軍夫として出征した何成氏の証言、陳氏を取りあげた新聞3紙・雑誌4誌・レコード・3本の映画があったこと、これらから総督府は陳氏を「誉れの軍夫」の美談の主として、皇民化運動に最大限に利用した経過について述べた。

2　新たな資料

①台湾総督府発行『初等科修身一』教師用書

「心を一つに」と同主題名の教材は、同時期の文部省発行教科書（以下、「文部省版」）と朝鮮総督府発行教科書（以下、「朝鮮版」）に元寇に備える鎌倉時代の庶民の話として取りあげられていた。台湾総督府発行教科書（以下、「台湾版」）と主題名は同じでも、内容は全く異なっていた。しかし、本主題の扱い方については台湾版教師用書が未入手のため文部省版との比較ができない

＊　玉川大学教育博物館

ままであった。6号の原稿を提出直後、植民地史研究者の知人より台湾版『初等科修身一　教師用』の存在を知らされた。そこに載る「指導の要旨」をあげる。

　　教育に関する勅語に「億兆心ヲ一ニシ」と仰せられた聖旨のほどを奉戴して、挙国一致の大事に当るべき心構を養はしめるのを本課の要旨とする [2]

　これに対して、文部省版「教材の趣旨」には、
　　教育に関する勅語に「億兆心ヲ一ニシ」と仰せられた聖旨のほどを奉体して、常時たると非常時たるとを問はず、挙国一致以て国の大事に当たるべきの心構を養はしめるところに本教材の趣旨がある [3]

「奉戴」と「奉体」の語句の違い、文部省版に「常時たると非常時たるとを問はず」の一文が見られるものの、ほぼ同じ内容である。文部省版教師用書「本課に於いて指導すべき主要事項」と、台湾版教師用書「指導事項」に共通した項目が2つあった。それは、「日本臣民 [4] は一旦緩急ある場合には、一身一家をかへりみないでお国のためにつくすこと」「挙国一致のため少国民として果たすべきこと」というものであった。

　文部省版の内容は、元寇の折、当時の人々が一致して困難に立ち向かった様子を述べている。それに対し台湾版は、主人公の軍夫のように出征することを子どもたちに願う内容といえる。台湾版教師用書の「指導要領」中に「児童用書の文章は第一線と銃後とをかへりみて挙国一致の事例をあげたもので、いづれも本島に於ける事実に取材したものである」と述べている。さらに「備考」に「二人の軍夫の話と銃後の少女の話 [5] はともに台湾銃後美談集刊行会編の『台湾銃後美談集』より採録」と書かれていた。

「心を一つに」には故陳父子の話の他に、母を亡くし父が出征する家庭を守る少女の話も載せられ、2つの話で一主題が構成されている。男児には志願兵 [6] として出征すること、女児には子どもであっても銃後の守りをすることを求めたものといえる。それは、先に述べた台湾版と文部省版教師用書の共通目標である「日本臣民は一旦緩急ある場合には、一身一家をかへりみないでお国のためにつくすこと」「挙国一致のため少国民として果たすべきこと」という目的に、まさしく適うものであった。ここで出典を明示された「銃後の少女」の話については、今後の追究課題としたい。

②台湾総督府関係機関発行誌より

『台湾銃後美談集[7]』は台湾総督府国民精神総動員本部臨時情報部の推薦を受け、台湾銃後美談集刊行会という民間団体と思われる所から発行された。本書の中で陳氏の話は「父の遺言に奮起する青年」という題目で取りあげられていたが、出典元は書かれていなかった。本文は東京朝日新聞の記事とほぼ同じであった。文末に「父の遺骨を台南の母の許に送つてから今度こそ、父と二人分働いて父の遺言を果たします。……と現実に父の屍を踏み越えて進む日本青年の滅私奉公の健気な態度を示すのであった」と、新聞記事に掲載されていない文章が書き加えられていた。

また、台湾教育会社会教育部発行『薫風[8]』に「父の遺言に奮起する台湾青年」として、陳父子の話が掲載された一文を見いだせた。文章の内容は「東京朝日」を踏襲している。最後の数行に「父の屍を踏越えて進む台湾青年と語つて、齋藤記者は感慨に充ちた夕闇の中に楠公父子を思ひ出し、此処を去つたのであつた」と、ここにも新聞記事にない一文が書き加えられている。7号で紹介した「まこと」紙の「楠公父子を髣髴　上海戦線涙の美談」とともに墓誌文に「七生報国ヲ遺言セリ」と刻ませるに至った記事の一つと思われる。

前号で「まこと」新聞の記事掲載についてふれたが、発行元については未確認であった。「まこと」紙は台湾総督府官房法務課内・台湾三成協会発行であったが、台湾三成協会という団体が如何様な性格を持っているかについては不明である。しかし、台湾総督府官房法務課内にあることから、総督府関係団体であることは明らかであろう。また、陳父子の話を掲載した雑誌は全て総督府関係機関から発行されたものであった。

昭和12年7月に日中戦争が始まり、直ちに臨時情報委員会が組織され、同年8月には臨時情報部が設置された。各州庁にもそれぞれ臨時情報部が置かれ「情報及び啓発宣伝の連絡統一を策定[9]」される。時期はまさしくこの時であった。新聞については「文化生活の向上発展に資する処が大である事、其の社会教化に重大な使命を負ふてゐる事は今更云ふ迄もない[10]」と評価した。『台湾の社会教育[11]』誌上には、日刊新聞6紙、週刊紙3紙など44種の新聞雑誌名をあげている。これらが台湾新聞紙令下の発刊であることは昭和10年度版『台湾の社会教育』でふれている[12]。

「誉れの軍夫」は総督府関連機関発行の雑誌を中心として日刊紙・週間紙・レ

コード・映画など、当時のメディアを総動員させ広めていたのだった。

3　今も歌える「誉れの軍夫」

　　　　　　　林敏郎氏（左）を訪問した廖本福氏（右）。（2005年5月14日）

　7号の原稿をほぼ完成させていた時「誉れの軍夫」の歌が今でも台湾で歌われているということをインターネット上で知った。この歌について廖本福氏[13]は「『誉れの軍夫』の歌は台湾で歌われていた『雨夜花』という曲に日本の歌詞をつけたものです」と言いながら「赤いたすきに　誉れの軍夫　うれし僕等は　日本の男」と口ずさんだ。廖氏は学校で教わらなかったから、軍夫を見送るときに歌ったので覚えたのではないか。また、当時自宅に蓄音機があったのでレコードを聞いたかもしれないと話された。

　廖氏の所属する旧台湾海軍志願者訓練所同窓会一行が平成17年5月に来日。その折、数人の方々[14]に「誉れの軍夫」の歌について質問をすると「学校で先生から習った」「レコードで覚えた」「出征する軍夫を送る時に歌った」「ぼくらの年代の者なら『誉れの軍夫』は皆知っている」などの話を聞くことができた。加えてラジオ放送の影響について聞くと「ラジオは村で1つか2つしかなかった」「ほとんど聞くことはなかった」「ラジオを聞いたことはあるが、その歌が流れたかについては覚えていない」「歌謡曲など放送していたかなあ」

などと、ラジオの役割についてはやや否定的な答えが戻ってきた。ラジオが自宅にあった方はいなかった。話してくださった方々は今も歌えるよと「赤いたすきに　誉れの軍夫……」と歌ってくださった。

先の廖氏の虎尾公学校での学級担任であった林敏郎氏 (15) は、

> 「誉れの軍夫」の歌がはやったことは覚えている。廖君を担任していた学校にラジオや蓄音機はなかったと思う。流行歌や歌謡曲のようなものは学校で教えたり歌ったりはしないものだった。今もそうではないだろうか。修身では「自分の考えは入れるな、書かれている通りに話せばよい」と教えられた。自分もそうしていた

と話された。当時の公学校での学習指導の様子を垣間見る証言である。林氏と廖氏の話は、学校で「誉れの軍夫」を歌わなかったことについて一致していた。

4　終わりに

「心を一つに」が掲載された修身教科書は日本統治期間中、最後期の昭和18年に発行されたものであった。昭和12年に小林躋造台湾総督が「皇民化・工業化・南進基地化」を唱え、以後皇民化教育が高まった。本島人児童の使用する修身教科書には、子どもたちが海に憧れ、普通の家の子どもも頑張れば軍神になれると発憤させる教材等が盛り込まれていった。台湾版修身書での軍事教材の現れ方 (16) は前期と比較し約3倍増になり、本島人児童を兵隊になるようにし向ける教材で満ちた。国策としての南進化政策が子どもたちの使用する修身教科書の教材内容に、軍事教材増大として現れた。南進化政策では台湾を軍事的な前方基地にするねらいもあったが、その中に将来の戦力としての期待が本島人の子弟に向けられていた。

「心を一つに」は同主題名でありながら文部省版と朝鮮版が元寇の話を採用し、台湾版のみ独自教材を作成したことになる。朝鮮版はなぜ独自教材を作成しなかったのであろうか。文部省版、朝鮮版、台湾版それぞれの修身教科書の主題名とその内容を精査することで、今回と逆に、朝鮮版で独自教材を作成している事例が見いだせるかもしれない。教材の取捨選択は、どこでどのように決定されたのだろうか。今なお解明の進んでいない旧植民地で発行された教科書研究の意義が見えてくるのではないか。

【註】

(1) 昭和18年当時、台湾の公学校と尋常小学校は内地同様に国民学校に改められた。しかし、日本人子弟の学ぶ国民学校では文部省版の教科書が、本島人子弟の通う国民学校では台湾総督府発行の教科書がそれぞれ使用されていた。今回の場合、正式には国民学校期の修身書教材とするべきなのであるが、区別できなくなるため公学校修身書教材とした。

(2) 台湾総督府『初等科修身一　教師用』昭和18年2月20日発行、55頁。

(3) 文部省『初等科修身一　教師用』昭和17年4月初版、昭和17年5月翻刻発行、90頁。

(4) 文部省版では「日本国民」となっている。

(5) 文部省版では元寇に備える庶民の話のみ。台湾版では軍夫の話と、父が出征した後の家庭を守る少女の話で構成されている。

(6) 昭和17（1942）年7月から陸軍特別志願兵制度、昭和18（1943）年8月から海軍特別志願兵制度が導入。

(7) 前田倉吉『台湾銃後美談集』台湾銃後美談集刊行会、昭和14年2月15日、56-58頁。本書に、先にあげた「家庭を守る少女の話」が「健気な少女」という題で掲載。「健気な少女」の話は『台湾銃後美談集』に掲載前に総督府臨時情報部『部報』17号・昭和13年2月21日にも掲載。

(8) 昭和12年10月15日発行、18-19頁。

(9) 伊藤憐之助『台湾事情　昭和十九年度』台湾時報発行所、昭和19年、119頁。

(10) 台湾総督府『昭和13年度　台湾の社会教育』昭和13年、124頁。

(11) 同上　124頁。

(12) 台湾総督府『昭和10年度　台湾の社会教育』昭和10年、87頁。

(13) 大正15年生。台南州虎尾郡虎尾公学校、台湾海軍志願者訓練所一期生、横須賀工機学校修了。現在は台北在住。平成17年2月20日、台北市の廖本福氏宅にて聞き取り。

(14) 白欽堂氏（大正13年生・台南州嘉義郡新港公学校、台湾海軍志願者訓練所一期生、戸塚海軍衛生学校）、陳金村氏（昭和3年生・台中州大甲郡日南公学校、台湾海軍志願者訓練所四期生、高雄海兵団）、洪鍾義氏（昭和3年生・台南州嘉義市東門公学校、台湾海軍志願者訓練所第四期生）平成17年5月14日、長野県白樺湖の宿泊先にて聞き取り。

(15) 愛媛県出身。大正4年生。旧制今治中学から台北第二師範学校を昭和10年卒業。台南州虎尾郡虎尾公学校、西螺西国民学校訓導。虎尾公学校在職中に廖本福氏を担任。調査時90歳。平成17年9月8日、神奈川県の林敏郎氏宅にて聞き取り。

(16) 白柳弘幸「公学校修身書における軍事教材」『植民地教育史研究年報7号』日本植民地教育史研究会、皓星社、平成17年、47-58頁。

Ⅴ. 書評と資料紹介

志々田文明著
『武道の教育力
―― 満洲国・建国大学における武道教育』

田中　寛*

1．はじめに

　書評に入る前にまず建国大学の設立趣旨、概要についてまとめておこう。
　建国大学は傀儡国家「満洲国」（1932-1945）の最高学府として設立され、高級官吏を養成する一方、高度な政策立案の機関として発足したものの、わずか8年の期間（1938-1945）しか存在しなかった。にもかかわらず、建国大学に注がれる関心は高く、これまでにも多くの一般書、研究書が出されている[1]。「アジアに名を貫く」建国大学は日本帝国主義が「満洲国」に打ち立てた最重点大学であった。新学制に拠る一般大学の修業年数が2年ないし3年であったのに対し、建国大学は前期3年、後期3年の6年体制とし、さらに高等研究機関である研究院も設けるという異例の地位であった。「建国大学令」によれば建国大学は「建国精神の神髄を体得し、学問の蘊奥を究め、身を以って之を践し、道義世界建設の先覚的指導者たる人材を養成するを以って目的とし」た。日本帝国主義はこの大学を植民統治の根幹とすべく、主導権はすべて日本人側に委ねられた。学生の比率も日本人が圧倒的に多く、満人・朝鮮人・蒙古人・ロシア人などの他民族は少数であった。これに規律生活と自治訓練を中心とする塾教育を重視し、「民族協和」と称したのであった[2]。
　建国大学の課程のうち前期3年には13課程が設けられた。主要な課目として「人文科学」「歴史」「地理」の学科のほか、「精神訓練」「武道訓練」「軍事訓練」「作業訓練」の訓練、また「第一語学」として日語、満語（漢語）、「第二語学」として英、露、独、仏語等があった。これらの課程、科目は政治教育と武道教育を中心にしたところに他大学に見られない特殊性があった。後

---

*　大東文化大学

期3年では「基礎学科」をはじめ8学科が置かれた。第一種「教学学科」には「建国精神」「神道及び皇道」「儒教」「諸教概説」「修養論」「公務論」といった民族統治に必要な、被植民地側から見れば反動的色彩の強いものであった。大学院である研究院に到っては「建国精神研究班」を筆頭に「日本精神研究班」「国土研究班」「共産主義批判研究班」「東亜及び世界秩序研究班」「皇学研究班」等の各種研究班が設けられた[3]。

本書はこうした建国大学における武道教育に光を当て、異民族・多民族統治に武道の果たした役割を解明しようとするものである。

2．全体の構成

著者の本書を執筆することになった動機が序文冒頭に記されている。

> 建国大学における武道教育を担った中心人物は富木謙治（1900-1979）である。筆者は富木の晩年の教え子であり、富木の死去直後にかねて行っていた調査に基づきその略伝を記した。執筆に際して最も資料の不足をみたのが、満洲における富木の具体的足跡であった。本研究の発端はこの部分を解明して富木の評伝を執筆したいという願望であった。（15頁）

個人の足跡の解明が建国大学における武道教育の全貌解明へと拡張していくのである。そこでは指導と受容の過程、方法論において特殊性と一般性（普遍性）――他の占領地機関との実形態との比較も含めて――が議論の対象になると思われるが、著者の関心は専ら武道の教育力に収斂し、それに抗する側の心情的抵抗の系譜は歴史の裏面もしくは伏流とならざるをえなくなる。まずは全体の構成を見ることにしよう。

本書は序論から始まり、第Ⅰ部「満洲国と建国大学の教育」（第1章から第5章まで）と第Ⅱ部「武道教育の実際」（第6章から第14章まで）とから構成される。

第1章　建国大学の環境―満洲国と国都・新京
第2章　満洲国の高等教育と体育政策
第3章　建国大学の教育―思想と制度
第4章　「民族協和」と建国大学
第5章　建国大学における武道教育

第6章　剣道の教育——練武・堂々
第7章　柔道の教育——闘志・自主・自律
第8章　合気武道の教育——非合理主義から合理主義へ
第9章　弓道の教育——身心合一・正射必中
第10章　銃剣道の教育——将校の銃剣道
第11章　騎道の教育——民族協和する馬上禅
第12章　角力の教育——人格涵養としての角力
第13章　講義「武道論」と武道研究
第14章　建国大学における武道の教育力

　6章から12章までの各章には本質精神としての副題が副えられている。巻末には「あとがき」「注」「補注」「引用・参考文献」「索引」が丁寧に付されている。「注」は「補注」合わせて90頁近く全1331項にのぼる。また引用・参考文献には書籍・論文・資料・随想類371本のほか、書簡類69通（41名）、聞き取り調査72項（57名）が掲載されており、著者のこれまでの研究経緯を総覧することができる。

3．内容の検討

　まず序論では研究の動機、研究目的について著者の研究姿勢を提示する。これと関連して「方法としての聞き取り調査」、「史・資料について」、「先行研究」ではこれまでの主要な研究を概観しつつ、依拠すべき史・資料の扱いについて慎重な精査を試みている。序論末尾の著者の感懐は「満洲国」の存在、評価をめぐる未決の分岐点ともなっている。

　　一方、本研究では文化帝国主義論の論者から批判を受けるであろう事柄にも取り組み考察していくことになろう。満洲国には、戦後、関係者に「見果てぬ夢」（満洲国総務庁官星野直樹）といわしめた日本人の夢があり、多くの犯罪的行為と並行するように善意の人々もまた生活し行動していた。また、日本人はアジアの「指導民族」であるという矜持は同時に思い上がりでもあり、日本人として反省させられることであったとしても、アジアの人々をしてそう思わせるにたるアジア一の強い近代国家を唯一育成していたことも一面の真実とも理解されるのである。（58頁、

傍点引用者）

　第Ⅰ部「満洲国と建国大学の教育」では第1章から第5章までを扱う。第1章では当時の「国際状況と日本」の姿が再現され、「満洲国の建国」「満洲国の国家体制」「首都・新京」が概説風に述べられる。第2章では「満洲国における教育政策」「満洲国における高等教育」の体制とともに、「満洲国と体育」なかでも「満洲帝国武道会」についての言及が異彩を放つ。第3章は建国大学の存立基盤についての考証である。1.「建国大学創設の構想と現実」では（7）の「結論—教育及び武道教育への影響」が本書の中枢にかかわる部分となっている。2.「建国大学の目的・組織・実態」では大学の組織概要とともに入試選抜・民族構成の実際、塾教育の実践が重要な位置を占める。

　第4章は前章を補完する意味をもち、「民族協和」の実態を縷々解説する。そこには一定の評価を掲げつつも「根本的矛盾」「議論と対立」「同床異夢」といった実態が語られる。建国大学の評価についての最も振幅の見られる部分であるが、内外から見た「民族協和」に関する議論はここでは最小限に抑えられている。第5章では「武道教育の制度と実際」「武道訓練教育の思想」について主として内側からの実態が再現されている。

　第Ⅰ部が建国大学、また武道教育の輪郭を検証したのに対して、第Ⅱ部は武道教育の具体的な実践、実態についての考証である。まず第6章では剣道教育の根本理念とともに島谷八十八の人物伝、指導者の系譜と「建大剣道」の特性が考証される。第7章では柔道教育家として福島清三郎の履歴が石原莞爾の影響のもとに考証される。3.「柔道部と東亜連盟思想」はこれまで論じられることのなかった貴重な武道と思想の連環図である。第8章では合気武道教育の指導者である植芝盛平、富木謙治の紹介に多くの頁を割いている。以下、詳細を省くが第9章では「弓道教育」、第10章では「銃剣道の教育」、第11章では「騎道の教育」、第12章では「角力の教育」がそれぞれ主たる指導者の理念、思想とともに論じられている。具体的な事例については聞き取り調査もまじえながら検証されている。

　後半部分の二章、第13章「講義『武道論』と武道研究」、及び第14章「建国大学における武道の教育力」は本書の総括部分であろう。最終章では「日本武道と建大武道」「異民族の武道受容」の二節において武道が異民族に受容されるプロセス、変容について述べている。とりわけ「『日本人化』の手段としての武道とその忌避」、朝鮮人の立場からみた「充実への逃避」は、それぞれ

の民族のもつ精神文化との相克が背景にあるだけに一刀両断のできない複雑な事情が混在している。であればこそ「他者感覚の涵養」はまさに外部からの評価規定にすぎない。

　以上、評者の若干の批評をはさみながら、全体の構成を追ってみた。

4．武道教育の意図するもの

　前林清和氏（2005）は武道を次のように「型」の涵養として意義付けている[4]。
　　ところで、武道は歴史的変遷の中で、型を中核とした稽古体系を構築してきた。日本における型は、日本文化の大きな特徴の一つであり、中世から歌道、華道、能楽や茶道などの芸道をはじめ様々な場面で重要な役割を担ってきた。（中略）型は身体技法の体得だけでなく、内的、精神的充実を促し、心の深化を守る役割を果たすのである。型はそれぞれの流派において絶対的な権威をもち、学ぶものに対して強い拘束力を持つ。したがって弟子たちは厳格にその定式を守らなければならない。（傍点引用者）

　徹底的な模倣と没我を要求すると同時に創造性を奨励するという二律背反性に加えて、こうした定式化された型を異文化のなかでどのように期待しようとしたのか。「型」の体得は精神主義としての「日本型」植民地主義の土壌に寄与しえたのではないだろうか。

　伝統的な武道を近代スポーツとして位置づけ、さらに植民地支配の教育体系に持ち込む前提には社会の支配と管理の必要性が生み出した男性主義的なイデオロギーがあり、それはまた、被植民地において見いだされなかった強さという価値を収奪した結果にすぎなかった。武道を通して得られる身体規律が自己鍛錬と並行しながら植民地支配にいかに関わりをもったか[5]、さまざまな視角から論じていく必要がある。たとえば近代スポーツにおける力強さの美学がスポーツマンシップの宣揚として帝国主義時代のイギリスの国家原理に呼応する形で男子校のなかで構築されていったのは偶然ではない。そこには常に国家、軍隊、学校といった制度を貫いて流れる男性主義、質実剛健のイデオロギーがあった[6]。軍国主義日本において学校教育に鍛錬と称して兵式体操が導入された経緯はこうしたイデオロギーの投影であったし、植民地下における武道の

振興は国家原理を外縁から支え補強する装置でもあった。

　「武道」は「武芸」「武術」とは立場を異にして「道」の探究においてイデオロギーを排除しようとする。没我という精神行為を紐帯として融和統合を目指すものだが、換言すればこれは被植民地民族に対して平等な自我思考を与えるよりは、むしろ収奪した装置でもありえた。この点においても他民族の「日本武道」観なる認識の解明が待たれる[7]。

　ところで著者は「国民国家あるいは民族としての日本への現在におけるコミットメントの表明である」として、次のように述べている。

　　筆者は、武道は日本独特の教材であり、グローバル化しつつある日本社会のなかでは、日本人が日本人としてのアイデンティティと矜持をもって生きていくために必要な文化である、という信念をもっている。(469頁)

　だが、これは他民族に対して普及せしめようとした武道教育と相矛盾するところはないだろうか。独自性を多民族・多文化社会でどのように自立したものとして構築しえたのか、その苦悩の根源こそが考究されるべき課題であろう。

5．おわりに——評価の対極にどう向かい合うか

　評者の専門である日本語教育史の面から述べれば、武道教育に日本語がどのように関与したかという点にもっとも関心が持たれた[8]。言語と身体は精神の醇化、陶冶、涵養という側面を深く担ったが、言語の媒介を要さない身体訓練はまた、ある意味で無言の服従を強いる磁場でもあったからである。「満洲国」における武道教育は、純粋性を志向しながらも日本語、日本文化精神、神道とともに精神教育の一翼を担ったことになるのではないか。そこにいかなる友情が芽生え、真理が探究されていた事実を解明しようとしても所詮はコップの中の嵐、「同床異夢」の世界でしかなかったのではないか。歴史の暗渠のなかに一筋の光明を見出そうとする営為は貴重な作業にはちがいない。だが、それはしばしば針小棒大ながらにして歴史の大筋を曇らせる契機ともなる。

　最後にオーラル・ヒストリーの記述、および口述調査について評者の見解を述べておきたい。

　植民地教育史において証言者の聴き取り調査が有力な手法であることは異論がないところである。著者は丹念に聞き取り調査を進めていることを実証的研

究の証左として提示する。だが、証言を語った人たちよりもはるかに多くの体験者、また証言を公にすることを拒む人たちが存在することも歴史研究者は忘れてはならない。証言者の言説をもって真実と語るにはあまりにも膨大すぎるのが歴史的体験というものである。オーラルヒストリーを背後で支える歴史観とはどのようなものか。本書を読みながら再考する機会ともなった。

中国では抗日戦争勝利60周年記念とあいまって植民地教育史研究関連の成果が陸続と出版されている[9]。歴史研究の共有・交流に臨んでは、こうした時代環境の変化、歴史修正主義の陥穽を警告する成果をも、その射程に組み込むべきであろう。

「事実は一つであるが、解釈は立場によって無数にあるからである」(46頁)とする著者の歴史研究の姿勢は言い換えれば、解釈によってはまた別の事実も生まれ得るという読みも可能である。本書は武道教育が主題とはいえ、今後、建国大学の研究を志すものにとって紐解くべき重要な研究書となろう。読後あらためて著者の武道、武道教育に寄せる情熱、知識涵養の高さに触れる思いがしたが、同時に歴史研究の課題もまた遍在しているように思われた。なお、細かい点であるが、本書は「満洲国」の武道教育全般を扱ったものではないので、書名の副題は「満洲建国大学」としたほうが正確ではないだろうか。

本書は早稲田大学大学院人間科学研究科に提出された博士論文をもとにしている。

(日本図書センター、2005年、618頁)

【註】
(1) 近年刊行された建国大学の〈一般書〉では水口春喜『大いなる幻影——満州建国大学』(光陽出版社、1998)、小林金三『白塔——満洲国建国大学』(新人物往来社、2002)、河田宏『満洲建国大学物語』(原書房、2002)、〈研究書〉では宮沢恵理子『建国大学と民族協和』(風間書房、1997)、山根幸夫『建国大学の研究——日本帝国主義の一断面』(汲古書院、2003)があげられる。
(2) 解学詩・呂元明等編『偽満洲国史』吉林人民出版社、1980、pp.456-457。
(3) 『興亜ノート——新東亜の時事問題早わかり』新東亜研究会編、東京国民図書協会発行、1939、pp.33-34 などによる
(4) 前林清和「武道における身体と心」『月刊武道』2005.8.、pp.18-24。
(5) 鄭根埴「植民地支配、身体規律、『健康』」(水野直樹編『生活の中の植民地主義』

人文書院、2003所収）などを参照。pp.59-102。
（6）今福龍太『スポーツの汀』新曜社、1998。
（7）たとえば中国の場合、「武道」と「武士道」をしばしば同一視する向きもある。
（8）田中寛「建国大学の理想と実相――皇道主義教育思想とその言語観をめぐって」
　　などにもとづく。『植民地教育史研究年報』4号、皓星社、2002。
（9）近年（2005年度）出版されたものを掲げる。
　①『日本対華教育侵略――対日本侵華教育的研究与批判』昆侖出版社　2004
　②『日本侵華教育史』人民出版社　2004
　③『見証――日本侵華植民地教育口述』遼海出版社、2005
　④『抹殺不了的罪証――日本侵華教育口述史』人民教育出版社、2005
　⑤『日本侵華教育全史』（第一巻～第四巻）曲鉄華等著、人民教育出版社、2005
　⑥『日本対中国的文化侵略』王向遠著、昆侖出版社、2005
　　①から④までは斎紅深主編。とくに③は430名近くの植民地教育の体験をもつ人々の聞き取り調査を行った膨大な記録であり、その一部は『「満州」オーラルヒストリー――〈奴隷化教育〉に抗して』（斎紅深編著、竹中憲一訳、皓星社、2004）で紹介されている。

竹中憲一編
『「満州」植民地中国人用教科書集成』

新保敦子*

1、『「満州」植民地中国人用教科書集成』出版の意味

　教科書は、為政者やそこに生きた人々の価値観や世界観の反映であり、時代のエッセンスが満載されたものである。その意味で教科書は第一級の史料と言えよう。

　こうした教科書は、一繋がりのものとして検討することで、社会全体のうねり、そこにおける教育政策の変化が初めて明らかになってくる。しかしながら、戦後60年という時の経過の中で、日本植民地・占領地の教科書は大部分が破棄され、残っているものも各地に散逸していた。系統的かつ全面的な教科書の収集・保存・出版は、植民地教育研究者にとって、大きな課題に他ならなかったのである。

　こうした難事業がここ数年来、ようやく本格的に着手されつつある。例えば玉川大学教育博物館には、先人のねばり強い、そして献身的な努力によって収集された植民地・占領地関係の教科書や資料が所蔵されている。

　教科書復刻版の出版事業も成果をあげつつある。朝鮮については、『旧植民地・占領地域用教科書集成：朝鮮総督府編纂教科書』（あゆみ出版、1985年）がある。「満州」については、磯田一雄、槻木瑞生、竹中憲一、金美花編『在満日本人用教科書集成』（全10巻、柏書房、2000年）が出版された。これは「満州」に居住していた日本人用の教科書である。さらに中国人用日本語教科書を集めたものとして、竹中憲一『「満州」植民地日本語教科書集成』（全7巻、緑蔭書房、2002年）がある。

　一方、台湾に関しては、『日治時期台湾公学校与国民学校　国語読本』（台

＊　早稲田大学

湾南天書局、2003年）をあげることができる。同読本は台湾総督府が植民地統治50年の間に編纂した台湾人向け国語教科書、全5期、60冊の復刻版である。また南方占領地関連では、日本軍軍政監部が日本語学校で使用するために現地で作成した教科書の集成として、明石陽至・宮脇弘幸編『日本語教科書——日本の英領マラヤ・シンガポール占領期（1941〜1945）』（全6巻、龍渓書舎、2002年）が出された。

このように教科書出版は着実に成果を挙げているが、竹中憲一氏は一連の事業を推進してきた功績のある研究者の一人である。その竹中氏が、『「満州」植民地中国人用教科書集成』（全8巻、緑蔭書房、2005年）を上梓した。

上述の『「満州」植民地日本語教科書集成』は、1920年から1942年の間に「満州」及び「満州国」で発行された中国人用日本語教科書・教師用指導書（79冊）の復刻版である。しかしながら、日本の支配下に置かれた「満州」では、中文で執筆された教科書を使用する場合も多かった。

その意味で、『「満州」植民地中国人用教科書集成』は、史料収集の空白を埋めるものであり、同集成から「満州国」成立に到る時期の旧「満州」、東三省の教育の実態が、リアルな姿として伝わってくる。日本植民地・占領地教育史研究に大きく寄与する資料集の出版を、心から喜びたい。1冊1冊を手にすると知的興奮を覚えるのは、筆者だけではあるまい。

本集成は8巻から成り、1921年から34年までに「満州」において出版された教科別の各種教科書・教師用指導書を網羅している。これらは中国人用の初等教育機関である公学堂などで使用された各教科書（10種94冊）である。

本資料集に収録された多くの教科書は、南満州教育会教科書編輯部から出版されている（同編輯部は、1938年7月から在満日本教育会教科書編輯部と改称）。「満州国」成立以前に編集出版されたものがほとんどであるが、成立以後のものも一部収録されている。

本集成の特色として、次のことが指摘できる。第1に、多様な教科の教科書が収集されていることである。例えば修身、国語だけでなく、歴史、地理、理科、算術、唱歌などの各科教科書が収録されている（第1巻から第7巻まで）。そのためカリキュラムを全体として把握することが可能になったと言えよう。

第2に、教科書の中には、関東州、満鉄付属地のそれぞれで使用されたものが収録されており、両地域の比較ができることである。ちなみに関東州は旅順、

大連、金州を中心とする地域である。また満鉄付属地は、私営の鉄道会社である南満州鉄道の線路に沿った領地、及び各駅ごとの駅舎を中心とした広大な敷地を指している。後に日本は奉天（瀋陽）や長春などの大都市の付属地に、日本人街を形成していった。

　第3に、日本の侵略に対抗するために東三省一帯で実施された三民主義教育（日本では「排日教育」と呼称）の歴史・地理教科書も、合わせて収録されている点である（第8巻）。本集成は、当時の状況を多角的に考察するための基礎資料を提供していると言えよう。

　第4に、修身、国語、歴史、地理等の主要科目で原文が中文のものは、下段に対訳がつけられていることである。日文訳は極めて便利であり、これによって資料が広く活用される道が開かれた。

　第5に、解説が詳細であり、教科書の考証が優れている点である。竹中氏の解説によって、関東州、満鉄付属地で行われたそれぞれの教育の特質が、明確なものとして伝わってくる。

2、構成

　本集成の各巻の内容は以下の通りである。
　第1巻［修身教科書（一）］には、『修身教科書』（中文版、関東州で使用）が収録されている。教材は日常生活や土地の文化・慣習等に配慮したものが多い。
　第2巻［修身教科書（二）］には、『修身訓話資料』があるが、これは公学堂の修身科の補助教材である。当時、排日運動の高揚、日本人による民族差別など日本人と中国人との溝は深まるばかりであった。こうした懸隔を埋めるために同資料は編集された。

　関東州や満鉄付属地の修身教科書には、概して日本への忠誠心を強調する内容は含まれていなかった。これは両地域の法的性格によっている。

　関東州は国際法上は認められてはいたものの期限つきの租借地であった。日本側は準領土と位置づけていたが、中国側は固有の領土であり主権は中国にあるという立場をとっていた。

　一方、満鉄付属地は、中国人居住地に囲まれるように位置していた。また中国の教育令に基づき、長年にわたり中国の教科書を使い、中国人教師が授業を

行ってきた。それは教師が民族教育を行うことに通じた。関東州、満鉄付属地においては、日本国内のような修身教育を行うことは困難だったのである。

第3巻［国語教科書（一）］の『中国文教科書』は、関東州で使用されていた教科書である。

第4巻［国語教科書（二）］に収録された『新時代国語読本』は、満鉄付属地で使用されていたものである。満鉄付属地では1917年以来、長い間中国の上海商務印書館発行の教科書を国語教科書として使用していた。しかし排日的内容が多く含まれることから、1931年に独自の教科書を発行した。これが『新時代国語読本』である。

『新時代国語読本』は、『新時代初級小学国語教科書』（商務印書館、1927年）や、『新学制国語教科書』（商務印書館、1928年）をもとにして編纂された。ただし、中国への愛国心を高めるような孫文、国旗、愛国歌、亡国民、ヘビはカエルをねらう（侵略者である日本をヘビに例える）、といった内容は、当然のことながら削除されている。

第5巻［歴史・地理教科書］には、歴史教科書として、『公学堂歴史教科書』（関東州用）、『歴史教科書』（満鉄付属地用）が入っている。『公学堂歴史教科書』巻一は、古代から中華民国の成立までを記述したものである。渤海、遼、金、清についての内容が多い。これは歴史的に見て「満州」には、中国とは異なる独立政権が存在していたと強調するためである。

また関東州においては、1921年から中国歴史とともに日本歴史の課程が設けられた。『公学堂歴史教科書』巻二は、日本の歴史の概要を教えるために編纂されたものである。日中両国の文化的関係や満州の教材に留意している。

一方、満鉄付属地では、竹中氏の解説によれば、中国歴史が他の地域に先駆けて教授されている。これは中国の教育制度に基づくためである。しかし中国人の教師によって、中国側の歴史教科書を利用して授業が行われており、排日的な内容が含まれることが日本側にとっては問題であった。また日本歴史の授業は31年になるまで実施されなかった。

こうした状況を改めるため、日本歴史がカリキュラムに組み込まれることになり、満鉄付属地用として『歴史教科書』が1932年に出版された。

次に地理に関してであるが、関東州で使用されていた『公学堂地理教科書』は、関東州及び「満州」、次いで中華民国の地理に多くの分量を割いている。また満鉄付属地で使用された地理教科書は商務印書館といった中国側出版社の

ものを使用し、日本地理についても日本歴史同様、ほとんど教えられなかった。

第6巻［理科・農業・体育・図画教科書］には、『公学堂理科教科書』、『公学堂農業教科書』、『満州体育教授参考書』、『図画教科書』などが収録されている。

第7巻［算術・唱歌教科書］の『算術教科書』は、関東州内で使用されていた教科書である（中文版と日文版があり）。本巻には、『日華唱歌集』、『初等唱歌集』も収められている。

「満州」における歴史、地理、算術などの中国人用教科書は日本の国定教科書を基礎に作成されたものが多かった。しかし、唱歌については満州独自の編集が行われた。これは竹中氏によれば、日本人用教科書を使用すれば中国人生徒が興味を示さないためであった。こうして、中国人用唱歌教科書の編集が進められることになったのである。

第8巻［中国教科書・排日教材］には、『日本語訳　支那の小学歴史地理教科書』（昭和7年）が取り上げられている。また『支那排日教材集』（昭和4年、東亜経済調査局）は、中国が国民教育に使用していた地理、歴史、国語、社会等の教科書の中から、排日記事を選び翻訳したものである。

同巻には、編者解説も付されており、「満州」における各種教科書の変遷が関東州、満鉄付属地に分けて詳述されている。日本の国定教科書、台湾総督府・朝鮮総督府発行の教科書、あるいは中国の商務印書館発行の教科書との比較検討がなされているのも特筆に値しよう。解説を通じて、本集成に収録された教科書が、当時の植民地・占領地全体の教育動向の中でどのように位置づけられるかが明確になり、極めて有用である。

3、まとめに代えて

植民地教育の研究の分野では、従来、第1次資料の掘り起こしと調査・分析が欠如したまま、議論を展開してきたきらいがあった。しかし、竹中氏はまず事実から出発することが基本であり、そのためまず資料に当たること、事実に語らせることが重要と考えてきたと言えよう。こうした竹中氏の研究に対する思いが、基礎的資料集の出版に見事に結実している。

これは余談となるが、1999年に大連で開催された第3回日本侵華殖民教育

国際学術研討会に参加した折に、竹中氏とご一緒させて頂いたことがある。氏は参加した研究者のため自発的に大連の街のガイド役を買って出て下さった。おかげで私を含めての数人の研究者が旧植民地関係の建物を見学できた。また档案館での資料の閲覧という貴重な機会も与えて頂いたことを、あの時の嬉しさと共に思い出す。他の研究者にも資料を提供することで研究全体を進めようとする氏の真摯な姿勢には、心底、敬服させられた。

　竹中氏が「満州」における植民地教育の研究を始めたのは、1992年からという。この間、資料集出版の他、一連の著作を出版してきた。その中には、『「満州」における教育の基礎的研究』（全6巻、柏書房、2000年）、『大連　アカシアの学窓――証言　植民地教育に抗して』（明石書店、2003年）、『「満州」における中国語教育』（柏書房、2004年）がある。また翻訳として斉紅深編著、竹中憲一訳『「満州」オーラルヒストリー――〈奴隷化教育〉に抗して』（皓星社、2004年）を世に送り出している。

　10年余りの間に、これだけの仕事を達成してきた氏の研究能力の高さとエネルギーには圧倒されるものがある。竹中氏の業績を土台として、今後、一層、植民地教育研究が進展することが期待される。学恩に対して感謝するとともに、氏の情熱に対して一研究者として応えることができればと考える。

（緑蔭書房、2005年6月、全8巻）

金富子著
『植民地朝鮮の教育とジェンダー
——就学・不就学をめぐる権力関係』

磯田一雄＊

　本書は著者の博士学位論文に基づいている。構成は次のようである。
　　まえがき
　　序　章　ジェンダー史からの問い
　　第1章　普通学校「就学」と時期区分論の仮説的提示
　　第2章　「教育の学校化」と就学構造のジェンダー化過程
　　第3章　「就学の制度化」と朝鮮人男性の就学要因
　　第4章　朝鮮人女性の普通学校「就学」
　　第5章　朝鮮人女性の普通学校「不就学」
　　終　章　植民地教育とジェンダー
　本書の「まえがき」は、元「慰安婦」であった6人の朝鮮人女性の共同生活を描いたドキュメンタリー映画『ナヌムの家』に出てくる女性の、次のような独白の引用から始まっている。
　　女が字を習うとナマイキになるって言われた。……私がもっと勉強してたらこうなってなかった。……学のある女なら今まで黙ってはいなかったさ。
　「慰安婦」になった女性を初め、「植民地期に学校教育から疎外された朝鮮人女性は膨大な数にのぼる。彼女たちの大半は、自らの選択で教育を受けなかったわけではなかった」。著者はこのような聞き取りの体験から本書の研究対象に導かれたと言う。
　「序章　ジェンダー史からの問い」では、ジェンダーを分析軸に民族、階級との相互作用を分析することの方法論的有効性を説いている。それがこれまでの通説を覆すほどの威力を持つということが以下の論述で示される。

＊　大阪経済法科大学アジア研究所客員教授

「第 1 章　普通学校「就学」と時期区分論の仮説的提示」は、普通学校の就学率の増加過程とその時期区分が男女で大きく異なることを示している。

朝鮮人ははじめ普通学校就学に拒否的であったが、1920 年代に入ると「自主的就学熱」が起こる。それは一時期足踏み状態になるが、やがて 1930 年代に入ると再度急増する。呉成哲はこれを、第 1 期（1912-19）＝普通学校への抵抗と書堂教育を志向した時期、第 2 期（1920-23）＝三・一独立運動を機に就学率が急増し普通学校志向に変化した時期、第 3 期（1924-31）＝就学率の横ばい期、第 4 期（1932-42）＝飛躍的上昇期に分けている（呉成哲『植民地初等教育の形成』、ソウル、教育科学社、2000 年、原文ハングル。この書については『植民地教育史研究会年報 04』（2001 年）に古川宣子による書評がある）。

しかしこれは男子中心に見た場合であって、「植民地朝鮮女性の教育状況」は、植民地支配の全期間を通じて「不就学が常態」だった、と著者は指摘している。性別の差に注目して就学動向の推移を追うと、女子の場合は第 1～3 期全体が「低就学・退学漸減期」（第Ⅰ期）、1933 年以降が「就学激増・退学低位安定期」（第Ⅱ期）の二期に分けるべきだと著者はいう（62-67 ページ）。つまり呉のいう「第 3 期」までの女子の就学率増加は極めて緩慢で、皇民化期（戦争動員期）になって始めて顕著に増加するのである。普通学校に全く通ったことのない女性は 1932 年になっても 91.2 ％だった。1942 年には 66.0 ％に低下したが、それでも 3 人に 2 人は不就学だったのである。

義務教育制度の施行されなかった植民地朝鮮での普通学校の就学とは、"所与"ではなく、激しい入学競争を経て"獲得"するものであった。しかし、朝鮮人社会内部の階級や性別によって、普通学校就学は大きく左右された。教育費負担能力の制約だけではなく、さらに女性の就学を拒否する要因が伝統的な朝鮮社会の内部にあったためだという。そして女性の就学状況の変化を考慮すると、上の 4 期の時期区分は大きく修正する必要があることになる。

「第 2 章　「教育の学校化」と就学構造のジェンダー化過程」では、朝鮮人女性への不就学がどのように正当化されたかを考察している。1929 年の朝鮮総督府の初等教育拡張政策（一面一校制）は男子を対象とする就学・教育政策であった。この時の初等教育内容の改定を通じて、政策理念的には男子に農業（職業）教育を、女子には「内助の功」発揮のための女子特性教育を配分することで、支配政策に忠実な（あるべき朝鮮人「男／女」）というカテゴリーを

構築した。しかし女子就学促進のための具体的な振興策はとられなかった。むしろ"排除の実践"——女性教員の不足や教科書の不在——が行われたのである（111 ページ）。

さらに女性に対する「儒教的」な伝統的教育観には「ナショナリズムが付着して」いた（92 ページ）。男子の普通学校就学は民族のための実力養成という理由付けがなされたが、女子は逆に「同化」教育を受けないことによる民族性保持という不就学の理由付けがなされた。こうして「第Ⅰ期（皇民化期以前の時期）」には、植民地権力と家父長権力の"意図せざる共犯関係"によって、朝鮮人女子の不就学がもたらされたのだという（96 ページ）。

「第3章 「就学の制度化」と朝鮮人男性の就学要因」では、「教育の学校化」及び「就学の制度化」（つまり教育の近代化）の過程が、朝鮮女性にもたらした結果（就学構造のジェンダー・バイアス化）を明らかにする。

1920年代の普通学校「就学熱」は都市部を中心としていたのに対し、1930年代に起こった入学率や入学志望者数の増加は農村部を中心とする変化であった。富農の子どもの就学率はほとんど変わらないが、中農・貧農にまで「就学熱」が普及した。1922年と1932年で見ると、地主層の就学率は約70％と横ばいだが、自作農は9.0％から45.8％、小作農が1.8％から22.3％と激増している。その結果農村部でも普通学校に「入学したくても競争が激しくて入学できない」という新しい変化が生じたのである。

呉成哲によれば、植民地教育は支配者と被支配者双方にとって「同床異夢」だった。両者の教育に対する期待は食い違っていた。朝鮮人たちは為政者（朝鮮総督府）の狙いとは異なる方向の教育効果を求めようとした（著者によれば「面従腹背」）。その入学動機は、1）祖国のための実力養成、2）個人的利害（就職）、上昇的社会移動、3）世間並みになる、周囲に蔑まれないためであり、4）特に1930年代の就学熱を、絶望的な状況に陥った農民の「生存戦略」だったとしている。

ただしこれは男子を中心に見た場合である。1）2）3）は女子の場合には当てはまらない。また4）の場合は家族の誰かを就学させ、その稼ぎによって家族の生き残りを図るのだから、これは「家族戦略」というべきだと著者は言う。

「第4章 朝鮮人女性の普通学校「就学」」では朝鮮人女性の「就学」促進要因と就学動機を明らかにする。朝鮮人女子の場合も、都市部で1920年代後半から、農村部でも第Ⅱ期から普通学校入学者が急増する。しかし朝鮮人の就学

動機を「実力養成」などとした従来の先行研究は男子を対象とするものであって、女子の場合には別の要因が働いているとする。それは「賢母良妻」のための教育要求、就学者男子にふさわしい配偶者という結婚上の資格要求ないし結婚による階層内移動要求、さらに朝鮮総督府による農村新興運動推進にふさわしい女性育成というような、女子のための学校教育正当化要因が生じたことである。

それまで女子「不就学」が規範だったのが「就学」へと転ずるのは、画期的な変化であった。男子の場合には就学先が書堂から普通学校へと「変更」になったのだが、日本の寺子屋と違って伝統的教育機関が女性を受け入れなかった朝鮮においては、普通学校入学は（私立女学校などを除けば）史上初めての女子就学経験となったからである。

だがそれも「賢母良妻」の物質的基礎を持ち得た幸運な女性の場合に過ぎない。「第5章 朝鮮人女性の普通学校「不就学」」では、それからはみ出た（普通学校に就学できなかった）朝鮮人女性について分析を行う。ここでは聞き取り資料が十分に活用されている。自作農・自小作農・小作農の三階級（各15戸ずつ）の就学・識字状況を調査して、普通学校に優先的に就学できたのは階級横断的に男子であった。家計が赤字か否かに関わらず男子学齢期児童の場合は就学行動をとった。「不就学・不識字者」は下層になるほど増加し、その大多数は女子であった。こうして大量に生み出された不就学者（＝非識字者）の朝鮮人女性の植民地社会で生きぬくための選択肢は限られていた。「慰安婦」問題にはこういう背景があった。

「終章」では「自己書評」──本書がいかに先行研究を乗越えたかが述べられている。本書の第一の意義は、階級限定的かつ男子優先的な就学構造の中で、「就学急増」よりも「常態的不就学」が朝鮮人初等教育の実態であったことを明らかにしたことであるという。"包摂"（同化）とともに"排除"（疎外）もまた植民地教育の見逃せない一面であった。教育から排除されたことが、その後の境遇に大きな差異や序列化を招いた。それが特に女性の場合に顕著だったのだ。

第二に教育における植民地近代性を明らかにしたことである。著者は学年制・学年別教科別教科書・有資格教師の存在などの点で、近代的教育制度を導入しながら、四年制普通学校や簡易学校など「修業年限の民族格差、序列化された初等教育体系、義務教育制不施行」など制度面において「植民地性」があ

ったことを問題にしている（138ページ）。

　次に本書の重要な成果は、古川宣子や呉成哲らの先行研究で用いられてきた「就学率」に代わり、「入学率」や「完全不就学率」という「より厳密な就学統計を提示したこと」だという。就学率は「学校不入学」という完全不就学と中途退学による不完全就学とを区別できない。就学率の曲線を「反転」（上下を逆転）すると「完全不就学率」の曲線が得られる。「完全不就学率」の曲線を彩色（数学的には積分）してみることにより、実は圧倒的に多数の朝鮮人が学校教育から排除されていたこと、特に女子の場合は不就学が常態だったことが明白となるのである。

　内容紹介がやや長くなったが、以下本書について若干私見を述べておきたい。まず「就学構造のジェンダー化」を、日本の身近な例に当てはめるとどういうことになるだろうか——「男の子は女の子より勉強がよく出来る。だから就学が優先されて当然だ」。今ではとても信じられないことだが、私が高校生だった1940年代末の頃、男女共学が既に実施されていたのに、当の女子生徒まで何となくそう思っているような雰囲気があった。高校進学率の男女格差は明確で、女子は高校「不就学」のほうがむしろ「常態」だった。

　植民地朝鮮の普通学校就学の状況は、性別による大きな格差があったという点で、戦後日本の高校発足当初の状況に、数値の上では似ていたといえるかもしれない。しかし片方は後期中等教育段階、他方は初等教育段階でのことである。戦前の初等教育段階でも、授業料を取られていた明治20年代までさかのぼると、類似の男女別就学傾向にぶつかるが、その後の推移や社会における教育的伝統などの違いなどを考えると安易には比較できない。

　ところで、本書は先行研究、特に呉成哲の研究成果に多くを負いながらその批判的克服を行った点が注目される。近年韓国では被植民者を教育における被害者としてではなく、教育主体としてとらえる研究が現れるようになった。呉成哲は朝鮮人が植民地学校に就学することなくしては、朝鮮の植民地教育は成立しなかったとし、植民地教育の受容を朝鮮人の主体的「教育行為」として捉えるべきだという。しかし彼の示した就学構造は男性中心の偏ったものだとして、著者はその批判的克服をはかったのである。その結果従来の植民地教育研究をめぐる諸概念の根本的な見直しを迫るものになったといえよう。

　もっとも疑問が全くないわけではない。就学率は「完全不就学」と中退した

「不完全就学」を区別できないと著者はいう。しかし「不就学（不入学）」も普通学校を志願したが許可されなかった不合格者と、家庭の事情で始めから諦めていた者とを区別していないのではないか。両者はその後全く同じ運命を辿ったのだろうか。「入学試験」で貧困者を始めから排除していたとしても、「不入学者」即「教育を受けることがもともと困難だった者」とは断定できないと思われる。「不就学者」が必ずしも「非識字」にならなかったのはそのためではないか。大勢に影響ないかもしれないが、「不就学」と「入学不達成」とは区別する必要があるのではなかろうか。

本書によって一歩前進するのではないかと期待されるのは、教育における植民地近代化論――「普通学校は近代学校か」という論議である。呉成哲の研究は植民地朝鮮の初等教育の実態解明に重要な貢献をしたが、彼は服従か抵抗かというこれまでの二項的対立を克服しようと意図しながら、修身科などの教育内容が「前近代的」だったという理由で普通学校を近代学校と認めることを拒否したため、古川宣子の指摘するような矛盾に陥った（前述書評参照）。これに対して著者は普通学校教育の普及／妨害要因に、民族・階級とともにジェンダー概念を導入することによって、植民地性と近代性の対立に陥ることなく、民族性を相対化して分析することを成しえた。Gi-Wook Shin は民族性・近代性・植民地性の三項の相互媒介関係を考慮することによって、植民地性と近代性の二項的対立を止揚することを提案したが（Colonial Modernity in Korea, 1999）、これに通ずる分析といえよう。

本書の観点に立てば、台湾と朝鮮の植民地教育の比較にも新しい展望がもたらされるだろう。著者の方法で台湾の公学校教育を分析したらどうなるだろうか。朝鮮と台湾の植民地教育はしばしば比較される。これに先鞭をつけたのはパトリシア・ツルミであるが、彼女も本書のような視点からの問題は提起していない。これが行われれば、朝鮮と台湾の植民地教育に新たな対照性／共通性が見出されるだろう。例えば総督府側と台湾社会両面における男女別の入学抑制の実態である。また朝鮮の普通学校の「入学達成率」がもっと高かったら、両者の就学率は大差なかったかもしれないと思われるが、こうした点もより明らかになるだろう。

実証のための資料の豊富さと、その的確な使用も本書の特色のひとつである。優れた問題意識と仮説があって、初めて資料が生きることを改めて思わされる。これは著者が資料を「これからこういうことがいえる」と単に観察実験的に位

置づけるのではなく、「この仮説（見通し）はこれによって検証される」というように仮説実験的に位置づけているためであろう。仮説の明確さは本書の読みやすさにもつながっている。また著者のいう「権力構造」の仮説は、文化的ヘゲモニーの概念とはどう関わるかという点からも本書は検討されてよいだろう。

（世織書房、2005年、本文380ページ）

松田吉郎著
『台湾原住民と日本語教育
——日本統治時代台湾原住民教育史研究』

桜井　隆*

「あとがき」によれば、著者の松田氏は、1996 年に「交流協会日台交流センターの歴史学フェローに選ばれ、台湾において在外研究」(p.211) を行ったという。本書に収録されているのは、その後 1997 年から 2002 年にかけて発表された論文である。

書名は『台湾原住民と日本語教育』となっているが、日本語教育については全く何も言及していない。もちろん、日本統治下の原住民への教育を論じるとなれば、必然的に「国語」教育に触れることになるが、とりたてて「日本語教育」を意識しての論述がなされているわけではない。

戦前・戦中の台湾の日本語教育については、蔡茂豊氏の浩瀚な研究書をはじめ、いくつもの論文が発表されているのであるが、これらの先行研究も紹介されていない。日本語教育は著者にとって、実は、専門外に属することのようである。

本書の内容は、副題の「日本統治時代台湾原住民教育史研究」である。本来ならば、これを書名にすべきであったろう。

第 1 章は台湾南部・恒春国語伝習所の分教室についての記述である。初めから個別の、きわめて具体的な事例が提示されるので、台湾の植民地教育史についてかなりの素養を持った者でないと、読み進んでいくのは苦しいであろう。研究者のための専門書であるからそれでもよいのであろうが、本書によって台湾原住民教育史についての概論的知識を得ようとするなら、かなり苦しむことになると思われる。

台湾には漢民族のほかに、言語・文化を異にする原住民がいる。二つの民族グループはそれぞれ別の社会を形成し、互いに交流することはほとんどなかった。日本の統治下に入ってもその状況はあまり変わらず、したがって教

---

*　明海大学

育もそれぞれ別の制度によって行われた。

　生徒数からいえば漢民族の方が圧倒的に多く、それに応じて学校数も多く、教科書も整備され、全体として「教育」としての体をなしていた。したがって、台湾の植民地教育史研究は漢民族への教育に焦点があてられ、原住民への教育については、これまでほとんど研究がなされてこなかった。

　本書は原住民教育の歴史を専門に扱った、初めての研究書（単行本）ではなかろうか。それだからこそ冒頭に、台湾における原住民教育史の位置を俯瞰できる一章を設け、後進の研究を志す者に対しても入門的な役割を期待したかったところである。

　しかし本書は、台湾の植民地教育史全体を考慮することなく、原住民教育に限定して、淡々と論を進めている。

　論述の資料として引用されるのは、『台湾総督府公文類纂』『理蕃誌稿』『台湾日日新報』などである。著者はこれらの資料を「国立中央図書館台湾分館に通い……収集した」（序論 p.1）としている。しかし、これは日本国内でもたやすく手に取ることのできるものである。台湾研究者なら誰でも知っている基本的な文献であり、その内容は統治者＝日本側の公式報告・公式見解である。率直に言って、これらの資料にのみ依拠した論述は、新味がなく、また一方的なものに終わってしまうのではなかろうかと危惧する。

　現在の植民地教育史研究はもう少し先のところに行っている。①教科書・教材など教育の現場で使われた実物の資料を使うこと、②教育を受けた側の人々の聞き取りを行うこと（著者は「阿里山ツオウ族を訪問し、当時の実態を聞き取ることができた」（序論 p.1）としているが、本書にはその成果が記されていない）、③被支配者側の文献を参照することなどが、普通のことになりつつある。

　そうした工夫のない論考からは、新たな発見は得られないであろう。

　論述の大部分は、上記の資料からの引用である。私の個人的な印象かもしれないが、論文というよりも資料集を読んでいるような感じを受けた。

　しかも、資料の性質上、ここから得られるのは主として現場レベルの「制度」に関する知識である。実態についての情報は、総督府公認の雑誌・新聞に掲載された「所感」の類にとどまる。したがって、どうしても「議論が浅い」という印象をもってしまう。

　たとえば第10章「教育所・教師論」は「霧社事件前後を中心に」という副題をもつが、なぜ霧社事件が起こったかということについての考察は全くない。

事件以前のものとして紹介される「翠巒の教師論」は「志望者栓衡に際して留意すべきは、衷心より原人教育に趣味を有する者……を選定する事である」という程度のもの（出典は『台湾警察時報』）であり、著者・松田氏は「翠巒の教師論は‥精神論ではなく、能力ある教育責任者の選定……など制度的改革論を述べていた」（p.172）と結んでいる。事件後は「いくつかの制度改革を行った」とし、「総督府に「理蕃」関係視学官1名を置き……」（p.172）と述べ、さらにいくつかの教師論を掲げる。しかしそれも「教育担任者の専任化、及び教育担任者の特に給与面での改善を訴えた」（p.175）などのものである。

　これらの教師論からは、霧社事件を惹起するに至った原住民教育の失敗と、その反省がまるで伝わってこない。

　また、いささか細かいことであるが、論述に重複が多いことが気になった。もっとも、同じことを繰り返し読むことで、頭にはっきり残るという利点はあった。

　不満を言えばいろいろあるが、それでも、この本には一定の評価を与えたい。現在、管見に入る限りでは、原住民教育について日本語で書かれた、まとまった本がない。内容は、基本的な文献からの抜書きのようであり、しかも他の記事・記録を選び出すことができなかったのかという気がしないでもないが、それでも、これだけの資料を整理したことは評価できよう。原住民教育史研究のための、一つの資料集である。

　著者は巻末で次の著作の刊行を予告している。「日中戦争（1937-1945）、太平洋戦争（1941-1945）時期の原住民教育、及び同時期の原住民に対する社会的教化事業については別冊単行本で検討したい」とのことである。
　これは素直に期待したい。日本統治時代の原住民教育は、これによって通史を得ることになるのである。そして何よりも、この分野の著作が公刊され、研究に活気が出るのはうれしいことである。

（晃洋書房、2004年、224頁）

VI. 気になるコトバ

同化

弘谷多喜夫*

　『岩波生物学辞典』第4版によると、英仏語のassimilation、意味は「生物体が外界から摂取した物質に特定の化学的変化を加え、それ自身に特徴的なまたは自己に有用な物質に作り変えること」とある。明治になって入ってきたのも、まずはこのような自然科学での用語であったことは、初出が明治5（1872）年の『医語類聚』にみられることでわかる。

　しかし、9年後の明治14（1881）年には『哲学字彙』に出ており、精神科学の用語としても使用されるようになったことが分かる。こうした意味の転用はイギリスのH.スペンサーの社会有機体説からのものではないかと思われる。スペンサーは「子供の精神が同化できるような新しい印象を供給することによって、たえずかれの興味を維持し……」のように用いている（赤塚徳郎『スペンサー教育学の研究』から重引）。ちなみに、明治8（1875）年、政府派遣留学生として米国のブリッジウォートル師範学校に入学した伊沢修二は、留学期間を延長して明治11（1878）年に入学したハーバード大学で生物学をはじめ自然科学を熱心に学ぶとともに、全米を風靡していたスペンサーの社会有機体説にも出合っている。さらに、明治13（1880）年にはスペンサーの『教育論』が尺振八訳『斯氏教育論』（文部省刊）として刊行されていた。伊沢は、少し後のことになるが、明治24（1891）年の論説「学校唱歌ノ智育体育ニ於ケル関係」（『国家教育』2月12日号）で「吾人ノ知識ハ其始メ皆耳、目、鼻、身タル五官ノ助ケニヨリテ物理界ヨリ心理界ニ収メ来リテ以各自所有ノ知識ニ同化シテ……」と精神科学の用語として使っている。

　しかし、一方でこれらの用例がいずれも個人の心理過程についてのものであるのに対して、民族の心理過程ないしは民族政策の内容を指すものとして

＊　熊本県立大学

の使い方が登場する。言うまでもなく、日本の植民地の領有という出来事とかかわってのことである。

　早い例で明治24（1891）年、雑誌『亜細亜』で浅水又二郎という人物が「琉球論」の中で「琉球の人民を導て、日本国土を愛すてふ観念を発出し、本土の文書を習はしめ、本国の風俗に同化せしめ……」と述べている。これは、沖縄に対する統治策について述べたものだが、沖縄についてみればこの使用法は例外的である。明治12（1879）年の沖縄県設置（「琉球処分」）以降の統治策については「日本人」（「日本」「日本国」「日本国民」）化という名辞で論じられていき、同化という用語は使われていない。

　同じことはアイヌに対する政策についても言える。明治2（1869）年に「北海道」として国家の統治が開始された地に先住するアイヌ民族に対しての統治策は、旧幕府が直轄地（1855）として以来の政策である「日本人」化であった。「日本人」化の政策を指すものとして、明治27（1894）年の『北海道教育会雑誌』で岩谷英太郎が「アイヌ教育の必要」と題する論説で「彼等の心性を陶冶し能力を開発し適当なる時日を期して漸次我国民に同化……」と述べている。岩谷はその後も同誌に載せた多くの論文で、同化の名辞を使用している。例えば明治33（1900）年のものでは、アメリカ合衆国の植民地政策を同化主義として紹介しているし、明治36（1903）年の論説「旧土人教育談」で「漸次和人に同化せしめ……」などと見られる。しかし、アイヌについてみれば岩谷による同化という名辞の使用は例外的なものと言ってよく、以後、行政の側の政策文書や言説はもちろん、先の雑誌の論説にも同化という用語が使われることはなかった。

　やはり、同化の名辞が民族の心理過程ないしは民族政策の内容を指すものとして使われはじめ定着するのは、台湾の領有と朝鮮の併合によってである。

　沖縄統治やアイヌ統治に関して、同化という名辞を使うことがほとんど行われなかったのは理由があると思う。一方が南の、他方が北方の、それぞれ明治国家にとって「辺境」といっていい、歴史的にいわゆる「本土」と異なる地方の統治であったことは確かだったが、それらが最初から中央集権国家の地方支配の網の目の一つとして位置づいていたことも同じように確かであると思うし、不思議はない。沖縄のことばは、日本語である。日本語の二大方言の一つである。それぞれの地域が育んできた、特に沖縄のように中国との関係も深く独自の文化を持っている地域であっても、単純に「方言」を矯正することで、日本

「本土」化が進んだとか成功したとか言うこともできるし、また、そういう言い方をしてきた。ことさら同化などと言って異民族のような感じで議論する必要はなかったし、得策でもなかったからである。アイヌは、蝦夷地が北海道となってからは、地方住民の中の一集団として位置づけられたと思う。なぜなら、アイヌは日本国家や社会に政治・経済的に対抗する力を全く持ってはいなかったし、しかも北海道で人口上も絶対的な少数民族になっており、統治というよりむしろ「保護」の対象として議論されるようになっていたからである。アイヌ民族としての独自の文化を保持するための経済的基盤を「保護」政策によって奪われてしまって、政治的には日本人としてしか生活できなくなっている民族を、異民族同化など声高に言う必要はなかったのである。

しかし、明治27（1894）年の日清戦争の結果である翌28（1895）年の台湾領は、沖縄統治とアイヌ統治とは事情が同じではない。海外の植民地における異民族統治である。

台湾統治にかかわって、同化という名辞を最初に用いたのは、伊沢修二である。明治28（1895）年、国家教育社での演説「台湾の教育」で、フランスの植民地政策との関連で同化主義を述べるとともに「我皇民の一部として真に能く同化せしむ……」と用いている。以降、日本国内の教育雑誌に、例えば『教育時論』でも、伊沢の演説直後の社説「台湾教育の方針」で、総督府の教育政策を「次第に我民族に同化せしめんとするにある者の如し」と受けた論の他にも、多くの同化という名辞をもって論じた論説をみることができる。

台湾で直接に植民地教育の任に当たっている者が論じたものは、台湾教育会の『台湾教育会雑誌』が発刊された明治34（1901）年からでないとわからないが、同誌には、例えば1号で会長（総督府参事官長）の「新領土と国語教育」と題する演説に「同化とは、申す迄もなく一民族が他の民族の言語、風俗、習慣其他の特性を遷して、己に化せしむること」とみられるように、毎号のように同化が論じられている。「国語」を中心とする同化教育論（思想）は新領土において教師の実践を支えるものとして多く論じられ、広く受け入れられた。いわゆる国語万能主義であるが、明治35（1902）年あたりから国語だけでは同化は難しいと思われるようになっている。そして明治40（1907）年から45年にかけては、教育関係者から同化教育論がなくなる。理由はいくつか考えられるが、まずは公学校発足以来10年を経た「同化」と「国語」の現実——同化、日本化しているなどと言えるにはほど遠いという——である。このことは、

政治その他（衛生、殖産、軍隊・警察）の分野では政策的に同化を意識的に目的としてはいなかったこととも関係しているものであった。

ちなみに、台湾について同化という名辞を最初に使った伊沢は、先にあげた演説中の2ヵ所のみで、他には用いなかった。「日本化」と言っており、意識的にそうしたと思われる。殖（植）民地という言葉は一度も使っていないから、ともに西洋的な概念として避けたのである。

しかし、同化という名辞が再び多用されながら議論される時がやってくる。明治43（1910）年、日本は韓国を併合、国名も朝鮮とした。台湾の植民地化とは事情も異なるし、台湾と朝鮮の歴史的な位置も全く違う。しかし、海外の異民族統治という点では同じであったから、今度は朝鮮統治の政治論議が一気に盛り上がることとなる。そこでは、台湾領有の初期にみられたのと同じく、同化を主張する意見が圧倒的に強かった。そして、これまた同じく教育関係者からの意見が多かった。例えば、翌明治44（1911）年、帝国教育会の朝鮮教育調査委員会は、初等教育における朝鮮語と漢文の全廃を主張しているし、『教育時論』社説は、日本主義の教育によって同化すべし、と台湾の時と同じことを繰り返している。その際、他の新聞・雑誌、例えば『太陽』、『東京毎日新聞』でも同じだが、台湾の場合より一層人種的、地理的、文化的、歴史的〈近さ〉が唱えられ、西洋の植民地支配との差異が強調されている。ちなみに、同化の成功例として沖縄をあげることも典型的なパターンになっていた。

しかし、このような国内世論の同化論議に対して、朝鮮総督府の統治政策者たちは同じようには考えていなかった。明治43（1910）年の総督府秘密文書「教化意見書」は「同化」にジャパニゼーションとルビを打っており、同化は日本人化と同じことだということを示しているが、その可能性について否定している。寺内総督からして朝鮮統治の方針について「同化我れに有利なれば同化しよう。我れに不利なれば同化せないまでじゃ。同化問題に付てはまだ研究中じゃ」と述べていたという（小熊英二『〈日本人〉の境界』）。内地の教育者たちの議論に対しても、例えば初代学務局長の関屋貞三郎は、朝鮮語全廃などは東京の教育者たちの「机上の空論」と手厳しく批判している。

こうした事情は台湾について再燃した同化論議についても同じであった。中部台湾における台湾の進歩思想を代表する有力者の林献堂は、東京で一家言をもつ在京民間人により板垣退助に紹介され、ついで板垣の渡台を誘致した。板垣は大正3（1914）年2月から3週間近く台北と各地で内台人会合の席や講演

会に臨んでいるが、説くところの要旨は、アジア人が団結して白人に対抗しなければならず、そのために日本と中国は提携すべきということであった。帰国後、上記の民間人の計画によって台湾同化会が設立されることになり、板垣は11月下旬に再度渡台し、12月20日に台北で発会式が行われている。その趣旨は「我に同化し、内地人及本島人共に無上の幸福を増進……内地人と本島人は同文同種にして徳育に就て相一致するものあり、従って同化は敢えて難事にあらず……」という結論で、何も新しいものではない。同会は上記民間人らによる会計乱脈を理由として、1ヵ月足らずで総督府より解散させられ頓挫するが、在台日本人にとっては、当初より寝た子を起こすような迷惑千万な東京人の言動ととらえられていた。それは台北在住弁護士会を中心とする在台北内地人有志の反対運動にみられる。同化会理事への質問としてあげられたものに「同化とは内地人を本島人（台湾人のことで台湾では普通斯の語を用ふ）へ同化せしめんとの趣旨なるや、又は本島人を内地人へ同化せしめんとの趣旨なるや、將た又交譲の趣旨なるや」とあったという（柴田廉『台湾同化策論』）。この"奇問"が故意の皮肉であったのか、同化という用語が訳のわからない用語としか在台日本人中の知識階級には思えなかったのか、おそらくそのいずれでもあったと思われる。

　一般に「日本政府が植民政策としての同化主義を選択し全体の方針として確定するのは、植民地朝鮮領有後の1910年代（石井寛二）」とされ、「日本の植民地政策が同化主義の方針を確定する朝鮮領有後の1910年代にアイヌ民族に対しても同化政策が行政の方針となり……（高木博志）」（いずれも高木博志「アイヌ民族への同化政策の成立」歴史学研究会『国民国家を問う』所収）とされている。確かにアイヌ民族については、すでに指摘したように台湾領有直後に教育者岩谷英太郎によって用いられた同化の名辞は、その後用いられることはなかったものが、例えば大正3（1914）年第31回帝国議会で北海道庁長官中村純九郎が「日本人ト同化シマシテ……」と答弁をし、大正5（1916）年の北海道庁内務部『旧土人に関する調査』で「同化の程度」という項目があげられているのが見られる。

　大正3（1914）年、第1次世界大戦に参戦、ドイツに宣戦布告した日本はドイツ領南洋諸島を占領（10月）する。これらが委任統治領となり南洋群島としたのは、大正10（1921）年であるが、統治は占領後からはじまっており、現地の人々（「島民」）の子弟に対する初等教育政策も模索されていた。その際

に、例えば大正5（1916）年、臨時南洋群島防備司令官東郷吉太郎少将は小学校教員心得を出し、その訓示において「島民ヲ教育シ、之ヲ同化スルハ洵ニ皇国ノ使命ナリ」と述べている。

　これをみても同化という名辞が朝鮮併合以後、用語としてその地位を確立してきたことは疑いない。しかし、この用語の成立をうながし確立する契機となった台湾と朝鮮統治のなかで、同化主義が方針として確定するのは、1910年代ではないと思われる。その確立の時期は、おそらく大正8（1919）年の朝鮮に起った三・一独立運動とその後の原敬政党内閣の登場と台湾における田健次郎文官総督や朝鮮における斉藤実総督の登場によってである。ただ、原にしろ田らの植民地統治の責任者らは、自らの方針を同化主義とは決して言わなかったことも付け加えておかなければならない。

「満州」と「満洲」

槻木瑞生*

　近年の歴史研究では「満州」と「満洲」ということばがよく使われる。しかし『広辞苑』（第四版）で「まんしゅう」の項を引くと「満州・満洲」と出てくるように、その使い方も、表記もしばしば混用されている。どちらの表記を採れば、より豊かな歴史の表現ができるのだろうか。そうした思いから、「満州」と「満洲」ということばの歩いてきた道を、もう少し丁寧に見ておきたいと考える。

　「まんしゅう」ということばは、中国では「満洲」と表記される。この中国側の表記の仕方は、古くは乾隆20年（1755）に作られた『満洲源流考』から、新しくは解学詩『偽満洲国史新編』（1995）に至るまで、一貫している。これにはそれなりの理由がある。中国語でいう「州」という字は、杭州あるいは広州などと使われるように、県や郡程度の狭い行政区画を示すものである。これに対して「洲」は、砂洲あるいは大陸を示すように、かなり広いイメージを持っている。「まんしゅう」が、中国東北地区あるいはそれ以上の広い地域を示していることばであるならば、「満州」という表記は、中国語を母語とする人々には多少の違和感を覚えるであろう。それが一貫して「満洲」と表記する理由である。

　ただ「満洲」という表記が中国にあっても、中国側が東北地方を「まんしゅう」と呼んでいたというわけではない。中国側は、満洲族に関係することを論じたり、歴史的事実を表すときにこの表記を使うのである。このことは改めて言う必要もない。

　また河北省などには、かつて「満州」と呼ばれた土地があった。だから全く「満州」ということばを使わないというのでもない。ただこれは私たちが

---

*　同朋大学

ここで議論しようとしている「まんしゅう」とは関係がないことである。

　日本が作った地図に「満州」や「満洲」という名前が記されるようになるのは、1800年前後のことである。それまでは「満州」や「満洲」の場所に、韃靼、女真、オランカイ、遼東、タルタリーなどのことばが記されていた。それがこの前後から、満州、満洲、マンチリ、マンセウなどのことばが取って代わる。

　これらの「まんしゅう」は、西欧から渡来した地図に由来するものと思われる。少し時代が下がるが、明治時代の教科書『官版　輿地誌略』（明治7年　文部省印行）や、『小学外国地理　全』（明治28年　文部省検定済）には「満州」にマンチュリアと英語式の振り仮名がしてある。明らかに「まんしゅう」は、西欧の呼び名を受け止めていたのである。つまり1800年前後に入ってきた西欧の地図の、Mandschurei（Siebold）やMandschu（G.G.Reichard）などの地名を引き継いでいる。そして明治になってもなお、「まんしゅう」の表記は西欧の呼び名を意識していた。日本の「満州」や「満洲」が、中国の「満洲」に対応するものと、多くの日本人が考えるようになるのはかなり後のことである。

　日本では「満州」と「満洲」はしばしば混用される。
「州」と「洲」は、日本でも中国でも音は同じである。しかし日本では「洲」を余り使わない。細井平洲（1728～1801）などの「洲」はむしろ例外に近い。例えば、東京手紙の会編集の『くずし字辞典』（2000）を見ると、「州」のくずし字は、本阿弥光悦、織田信長、石川丈山などの21例が納められている。それなのに「洲」は1例も入っていない。だから日本では「満洲」という字を使っても、字体の似た「満州」と混用されるのはごく自然のことである。まして日本では、「州」と「洲」の字の意味を、中国のように明確に意識しないから、なおの事である。

　この状態が大きく変わるのが日露戦争であった。前掲の『官版　輿地誌略』、『改訂　兵要日本地理小誌摘解』（明治9年　文部省検定済）、前掲『小学外国地理　全』、『志賀重昂先生講義　地理学講義』（明治22年）などのような、地理学にそれなりの権威があったと思われる明治初期の、教科書を含めた地理関係書籍を見ると、その多くは「満州」を使っている。ところが日露戦争を境に、急に「満洲」という表記が増える。そしてこの時から、公的な文書や文部省の検定を受けた教科書は、すべてが「満洲」という表記になる。

「まんしゅう」が、中国の満洲族や清朝に関係することばであることは、高橋景保の『万国全図』(1816)の頃には、既に一部の知識人には知られていたようである。しかし日露戦争が始まると中国の存在が強く意識され、中国史の研究が急速に進められる。その中で一部の研究者が、「まんしゅう」が中国では「満洲」と表記されていることを意識する。

そしてそうした中国の歴史を知った地理学者の志賀重昂が、日本の教科書では「満州」と表記していることに疑問を示し、文部省に「満洲」という表記を採用するように申し入れたという。この話はある雑談で語られたことで、十分にこれを裏付ける資料は見つかっていない。しかしそれでも日露戦争後の教科書は、すべて「満洲」を採用していることも確かである。

さらに国内の官庁文書はもちろん、植民地の諸官庁も「満洲」と書くようになる。もちろん満洲国でも、『満洲国政府公報』を先頭にして、標準の表記として「満洲」を使う。

それでも民間では相変わらず「満州」の表記も多く、「満州」と「満洲」の混用はその後も続いていく。

表記が混乱しているだけではない。「まんしゅう」が意味する地域についても混乱がある。日露戦争直後の地図では、「まんしゅう」は関東州と満鉄附属地を意味していた。この時期は満洲国の時代に比べて、「まんしゅう」は大変狭い地域を意味していた。

ところが日露戦争以前は、その後よりもはるかに広い地域が「まんしゅう」として意識されていた。明治26年出版の前橋孝義編の『日本地理　全』(文部省検定済)に掲げられている「大日本全国略図」には、「魯西亜領満洲」のことばがある。また明治6年の『兵要日本地理小誌』には「俄■羅斯領満洲」のことばがある。いずれも沿海州やシベリアを含む日本海の対岸地方に記されていることばである。これはもともとの「満洲」がロシアに占領されて、中国とロシアに分割されたことを意味しているのであろう。

この時の日本人には、「満洲」と言っても、その隣にもう一つ「ロシア領満洲」が意識されていた。そしていわゆる「満洲」の首都は吉林となっているから、この時の「満洲」意識は満洲国時代の北満に近いものがあったのだろう。

沿海州、シベリア、中国東北部の北半を「まんしゅう」とする意識は、江戸時代の地図にも現れている。江戸時代の、満州、満洲、それ以前の韃靼、女真、オランカイも、すべて日本海の対岸地域に記されている。その意味で「まんし

ゅう」とは、日本人の、日本海対岸に対する漠然とした意識を示すものであろう。

またこれは日本に地図をもたらした西欧人の意識でもあった。そのために近年の西欧の地図には、いまだに日本海対岸にManchuriaの文字を書き込んでいるものがある。

日本人にとって「まんしゅう」は、実際の調査による客観的な事実ではない。いわば伝聞による知識を、「満州」あるいは「満洲」として記したに過ぎない。西欧人にしても事情は似たものがある。こんな伝説がある。ある探検家が、「この土地の名前は何か」と現地の人に尋ねた。ところがその土地に名前が無かったために、現地の人は「ここは満洲族が住むところだ」と答えた。そうしたらその探検家は「ここは満洲というところだ」と誤解して、そのように本国に報告したという。

不十分な調査、不十分な伝聞によって「まんしゅう」は生まれたのである。だから「満州」でも「満洲」でも、表記もあいまいなままで良かったのである。今日でも二つのことばの混用は続いているが、場合によってはどちらを使っても誤りではない。

ただ歴史を研究するにあたっては、やはりその時代の人々の意識や、そのことばに込めた意味を、できるだけ正確に写し取らなければならない。

もちろん「まんしゅう」を中国東北地方を意味するものとするのは、明らかな誤用である。表記の仕方については、江戸時代以来の日本海の対岸意識を問題にするのならば、「満州」でも「満洲」でも良い。しかし幕府天文方に出仕した人々の中には、高橋景保など満洲語を研究した人もいるので、こうした人や仕事を論ずるにはやはり「満洲」を使うべきだろう。

明治初期の地図や教科書では混用が多いが、どちらかと言えば「満州」であろうか。しかし日露戦争以後はほとんどが「満洲」になる。日露戦争後の公的な資料を使ったり、政府や官庁の大陸への活動を議論するならば、これは「満洲」とすべきであろう。満洲国時代を論ずるならば、これも当然に「満洲」である。それをあえて「満州」としなければならない理由は見当たらない。

これに対して日本の民間人の活動を問題にする時は、その時、その場合によるだろう。

中国人から聞き取りをする場合は、彼らは「満洲」と語っているのだから、表記は「満洲」であろう。私たちの思い込みで表記を選んではならない。

【主要参考文献】
船越昭生『鎖国日本にきた「康熙図」の地理学史的研究』法政大学出版局、1986.4
橘樸・山口愼一『最新満洲辞典』「改造」付録　1933.7
千田萬三『満洲事典　社員会叢書第39輯』満鉄社員会、昭和14年11月
矢野仁一『満洲近代史』弘文堂、昭和16年12月
中国歴史大辞典編纂委員会『中国歴史大辞典　清史』上海辞書出版、1992.11
史為東主編『中国歴史地名大辞典』中国社会科学出版、2005.4

「韓国語・朝鮮語・ハングル」

芳賀普子*

1.「気になる」理由

　2005年10月NHKテレビ「ハングル講座」でも「韓国語と朝鮮語とはちがうのですか？」と、ゲストが講師に質問していた。私は呼称をいくつか持つ「言語」＝ language について、呼称とその language の内実との関係を問う素朴な質問はこれからも出され続けるだろう、と思った。ゆえに、本誌に「気になる問題」としてコメントしておくべき必要がある。「韓国語・朝鮮語・ハングル」呼称の問題は日本の朝鮮植民地支配とまたその支配を遠因とする朝鮮南北分断に関わっていることであり、その歴史から来る政治性と結びついているからである。

2. language と dialect の絡み合い

　「韓国語と朝鮮語はちがうのか？」との質問に「ちがいもあるが、同じことばだ」と私は答える。「1つの朝鮮民族に2つの言語があるわけではない」と延世大学キム・ハスの表現を借りて説明する。すると「方言のちがいのようなもの」と感想が返る。方言のちがいを「韓国語」のソウル標準語を中心に比べれば、実は「朝鮮語」の北の平安道方言とのちがいより、韓国南の全羅道方言とのちがいの方が大きい。

　「朝鮮語」と「韓国語」と呼ばれている language の間に話し言葉、生活語としての「方言」のちがいがある一方で、南北朝鮮間ではわずかだが規範、綴

＊　一橋大学大学院言語社会研究科博士後期課程

字法(正書法)のちがいがある。また、朝鮮民主主義人民共和国本国では南北含めて「朝鮮語」(チョソノ)と呼び、大韓民国でも南北含めての「韓国語」(ハングゴ)である。だから本国で言われている「韓国語」(ハングゴ)を「韓国語」に、「朝鮮語」(チョソノ)を「朝鮮語」と日本語に直訳するだけでは、「ちがうのですか?」という質問に答えられていないし、歴史的背景にも誤解を生ずる(例 韓国で使われている「韓国」をそのまま直訳しない配慮が必要。「韓国史」は「朝鮮史」と訳すべき)。なぜ違う呼称が、日本で1965年の日韓条約以来これまで、「朝鮮語」と呼べば、あぁ(北を支持)、「韓国語」と呼べば、こぉ、と政治的レッテル貼りもされながら、冷戦(cold war)からの熱戦(hot war＝朝鮮戦争)が停戦となって半世紀以上たっても、今でも延焼中であるのか?

3．異なる呼称を持つ理由——歴史背景

　日本敗戦による朝鮮植民地解放は米ソ両国によっての分割占領であった。日本がポツダム宣言を8月早々に受け入れていればソ連の参戦もなかった。8月15日アメリカの提案した朝鮮分割占領をソ連が受け入れたのであり、南北分断には日本植民地支配の終焉時問題が関わっている。3年後1948年、北と南にそれぞれ体制の異なる、唯一の正統的国家を主張する二つの国家が発足した。お互いに全朝鮮が自らの国家領土であると主張する政権国家が、対抗的に二つできたのである。

　このような政治状況は、言語的差異についても同様で、上述したように全南北朝鮮のlanguageに別々の呼称をつけており、片方の立場から一方的に評価し、片方を非難するという状況を生んだ。曰くに、韓国社会では　北の「文化語」(「勤労大衆のことばにもとづき、革命の首都であるピョンヤンのことばを基準にして革命的に洗練され文化的に整備された言語」と定義されている。北では1960年代後半から文化語運動が本格化した)は標準語(ソウル中流社会のことばを基準にした南のことばの規範)の私生児、また政治的少数集団によって人為的に歪められた朝鮮語の変種ぐらいに受け止められた[1]。共和国側からは、韓国の標準語は民族語の「標準」になる資格がなく、外国勢力(米帝と日帝)の言語によって損傷を受け汚染された「民族語の恥ずべき部分」であると批判され「奴隷語」呼ばわりもされた。

ハングル文字創造まで遡ってみよう。한글 ハングル（現在北ではチョソングルと呼ぶ）は朝鮮語固有の表意文字であり、1443 年李朝第 4 代世宗大王の命でつくられ、1446 年「訓民正音」（民を教える正しい音）の名で公布された。しかし、公文書は永い間漢文で書かれ、ハングルは諺文(オンモン)と呼ばれてさげすまれていた。周時経(チュシギョン)（1876 ～ 1914）が「한 ハン」（偉大な）の意味で「ハングル」と命名したと言われている。「글 クル（グル）」は文字を意味する固有語である。朝鮮語が「国文(クンムン)」（漢字ハングル混じり文の公用文）として地位を得たのは「甲午改革」の 1894 年であった。その後もしばらく綴字法は定まっていなかった。日本の韓国併合後、新しい教科書をわかりやすくするためには簡明で統一された正書法が必要で、朝鮮総督府が 1912 年「普通学校用諺文綴字法」を公布、以後第 2 回綴字法 1921 年、第 3 回綴字法 1930 年、と制定・改定が続いた。朝鮮語規範化作業は支配者側（＝朝鮮総督府）と被支配者側（朝鮮知識人）と両者によってアプローチが試みられた。「朝鮮語抹殺政策」と呼ばれる植民地支配下での朝鮮総督府の言語政策は抹殺だけを目的にしたものではなかった。被支配者側からが綴字法案にかかわっていた [2] 例では、朝鮮語研究会改め「朝鮮語学会」の「ハングル綴字法案」（1933 年）があり、朝鮮語書きことばの規範化の始まりとされる [3]。

　そして植民地解放と分断という社会的・政治的激変の中、朝鮮語はそれまでの「民族的地位」から、「国家的法律的地位」に変化し、法律の保障も受けるようになる。固有文字ハングルが「ウリマルトロチャッキ」（我らの言葉の取り戻し運動）等のスローガンと共に地位を得て、韓国では 1948 年 10 月 9 日（この日はハングルの日と定められている）に「ハングル専用に関する法律」が公布され、北朝鮮では 1947 年から進められた漢字廃止運動が、1948 年末には事実上完成した。韓国における「言語純化運動」と並ぶ北朝鮮の純化運動は、前述の「文化語」運動推進過程で 1960 年代に活発であった。韓国旅行をするとハングル文字だけの看板、またテレビの北朝鮮ニュースでは、人名がカタカナで表わされたりするのは、このような解放後南北に共通した言語政策の結果である。また、特に語彙に関しては、社会体制が異なるからには、学術用語以外は多くの異なる語彙が作られていったのは当然である。

4．「ハングル」呼称現る

　さて、日本で「ハングル」の名称が広まった理由は、ＮＨＫ講座「アンニョンハシムニカ　ハングル講座」名を持つ朝鮮・韓国語講座が開設したからである。1976 年に市民運動「ＮＨＫに朝鮮語講座を要望する会」が作られ、文化人たちの積極的支持も得て活躍し、1984 年開設の実現をみた。ここにいたるまでに紛糾したのが、講座名を「朝鮮語」にするか「韓国語」にするかの呼称の問題であった。紛糾する原因は、日本植民地教育史研究会『年報』の読者であれば、これまでに述べた内容から理解できることであろう。開設実現までの経過を記録した論文で大村益夫は自身のその論文を「先人の労苦に対する顕彰的なものではなく、朝鮮問題にかかわる者が未だ逢着せざるをえない、苦い経験の里程標的性格を帯びている [4]」とする。この苦渋は、10 年経った現在でも呼称の問題のみならず、我々日本植民地教育史研究者が味わう問題でもある。運動に賛同した日本人たちの多くが、植民地支配の反省と朝鮮半島統一の願いを込めて「朝鮮語」の呼称を主張した、と言える。私は当時の朝鮮総連（在日本朝鮮人総連合会）機関紙『朝鮮新報』を調べたが、同紙上にはＮＨＫ講座名に「朝鮮語」の呼称主張は見当たらなかった。韓国側、特に在日本韓国居留民団が「韓国語」呼称を強くＮＨＫに働きかけ、「朝鮮語」の呼称で内定したことがＮＨＫ職員からリークされると、猛反撃して開設も延期された。「高麗語」「コリア語」の呼称も候補に挙がっていたが結局「ハングル講座」名に決定した。当時の韓国側からの反発例としての論説「韓国語と朝鮮語の悲しき闘い」[5]を引くと、「朝鮮語講座の名称にする事に憤怒を感じない韓国人はいない。正式国交を結んでいるのは韓国だけなのだから」とあり、韓国側からの一般的主張である。巨大メディアの影響は大きい。日本では文字の呼び名に「語」をつけたりする「ハングル語」も定着しつつあるように見える。

5．隣国の「ことば」の呼称いろいろ

　植民地時代はどう呼ばれたか？　秀吉時代から徳川時代まで日本では「朝鮮」と呼んでいた。ことばも「韓語」（韓国併合までの国号「大韓帝国」から）とも「朝鮮語」とも、日韓併合までは言われていた。日本の植民地となった朝鮮

は「外国」ではなくなり、東京外国語学校[6]では朝鮮語部も廃止もされる[7]。植民地解放前にも日本側から呼称でも変遷が見られるのである。学習書の書名は併合を境にして「韓」「韓語」は姿を消した。「韓語」名称が使われなくなったのは朝鮮語を「外国語」として認めないことのあらわれである。一方「鮮」「鮮語」が朝鮮の植民地過程において蔑称として定着していった。併合前発行の参考書類には「鮮」「鮮語」の書名が見られない。併合後の「朝鮮」「朝鮮語」は併合前の「朝鮮」「朝鮮語」と等価ではなく、植民地朝鮮を明確にした表現と「鮮」蔑称を避けた中立的「朝鮮」の二つの意味を持つようになる、と山田寛人は述べている[8]。この点も「NHK朝鮮語講座」の名称に韓国側が植民地時代を連想すると、反発をした理由である。書き文字では「諺文」の呼称を朝鮮総督府も使ったことは3節で述べた通りである。

　ところが解放直後、南の雑誌新聞名称では「朝鮮」の使用が多い。分断固定化がこのように長引くとは考えられなく、分断占領下で新しい建国の熱気に燃えていた時期は「朝鮮」「朝鮮語」だった。南北双方の指導者を委員に含み右派左派合作の「朝鮮人民共和国」建国宣言がソウルでなされたが、その新しい「国名」を見よ[9]！　しかし解放前の植民地支配記憶と北の共産主義との「韓国動乱[10]」体験が韓国では「朝鮮語」を避けることになった。植民地支配を反省し隣国のことばを学ぼうとNHKに働きかけた日本人たちは、隣国から呼称の問題ゆえに怒りをかった。ことば呼称は変化する一方、体に染み付いて使用したことばは簡単には体から離れない[11]。

6．どう考えるか？

　1つのlanguage＝ことばにつく呼称を、その歴史と呼称の根拠について概観してみた。

　呼称が複数ある場合、歴史的政治的反省をこめての配慮は必要である。朝鮮語は南北朝鮮・日本・中国・ロシア・米国等で広く使われていることばである。朝鮮語の歴史をふまえつつ、日本で朝鮮語を学ぶ意義を考えて編集された『グローバル朝鮮語』[12]掲載の〈アジアで朝鮮語を話す人々の暮らす地域〉地図では[13]、朝鮮民族の世界に広がるディアスポラ状況と関連して、朝鮮語が世界的に広い範囲で使用されている言語であることがよくわかる。

「ハングル講座」と名づけたＮＨＫがヨン様ブームを仕掛けたと言われる。それなりの日韓民間文化交流であると、ブームの足を引っ張らないでおこう。しかし、「**NHK に朝鮮語講座開設を要望する会**」が朝鮮語学習を通し目指した語学学習の意義と韓流ブームは異なった様相を見せている。朝鮮半島の歴史事実を忘却してしまうブームに終わらせてしまうのは情けない。それだけ平和な時代になった、とは決して私は言うまい。朝鮮半島の平和和解は未だはるか彼方である。私たちがそれに向かって進めるような語学学習を呼称の問題をふまえ、呼称を超えて望む次第である。

【注】
（１）キム・ハス「南北朝鮮間の言語問題」三浦信孝・糟谷啓介編『言語帝国主義とは何か』藤原書店、2000 年。
（２）この総督府による綴字法制定を巡る問題としては、三ツ井崇「植民地期の朝鮮語問題をどう考えるかについての一試論―朝鮮総督府「諺文綴字法」を事例として―」『日本植民地教育史研究年報　第 3 号　言語と植民地支配』所収。
（３）キム・ハス前掲「南北朝鮮間の言語問題」論文　藤原書店、2000 年。
（４）大村益夫「NHK「ハングル講座」が始まるまで」『早稲田大学語学研究所 30 周年記念論文集』1993 年。
（５）『ハングルセーソシキ（新ニュース）』第 109 号（1981 年 9 月）ソウル大学言語学教授イ・ヒョンボク。
（６）新外語と呼ばれる。旧外語が東京高等商業学校へ移り、その後また独立して出来た学校。
（７）このあたりの研究論文では石川遼子「「地と民と語」の相克―金沢庄三郎と東京外国語学校朝鮮語学科―」『朝鮮史研究会論文集 35』、朝鮮史研究会、1997 年が白眉のもの。なお、植民地朝鮮語の呼称については石川氏にご教示頂いた。
（８）山田寛人『植民地朝鮮における朝鮮語奨励政策　朝鮮語を学んだ日本人』不二出版、2004 年。
（９）1948 年北で建国宣言の「朝鮮民主主義人民共和国」とはちがうものである。1945 年 10 月米軍政は南の「朝鮮人民共和国」を否認し潰し、国号と認めていない。
（10）朝鮮戦争の呼称もちがう。北では「祖国解放戦争」韓国では「6.25 戦争」とも。
（11）「鮮語」でインターネットを検索してみると防衛庁茨城自衛隊技術海曹募集案内として「華語及び鮮語専攻の外国語大学卒業者」。
（12）塚本秀樹、岸田文隆、藤井幸之助、植田晃次著『グローバル朝鮮語』くろしお出版、1996 年。

(13) サハリン・ハバロクスク地方と沿海州・中国東北三省と内モンゴル東部・ウズベキスタン共和国・カザフ共和国・キルギス共和国・タジク共和国・トクルメン共和国がある。

Ⅶ．文献・史料発掘

国立中央図書館台湾分館

冨田　哲*

　日本統治期台湾の研究のために、台北の光華商場前の国立中央図書館台湾分館を利用されたことのある方も多いと思う。交通の便ということでは申し分ないものの、狭くて暗い台湾資料室の書庫（それはそれで味もあったのだが）や、利用者の多い時期にはこみあう閲覧室など、お世辞にも使い勝手がいいとは言えなかった。しかし、2004年10月にオープンした新館は旧館にくらべ格段に利用しやすいものとなった。

　現在の国立中央図書館台湾分館（以下、台湾分館。http://www.ntl.edu.tw）は、台北市の南西に隣接する中和市にある。地下鉄（MRT）台北車站からだと、淡水線ホームで南勢角行きに乗り、10分あまりで最寄り駅の永安市場に着く。一つしかない出口から地上に出て、2、3分歩けば台湾分館である。

　かつての台湾資料室は台湾資料中心となり、台湾分館の6階に位置している。旧館をご存知の方がここに入れば、まずはその明るさと広さに強く印象づけられるのではないだろうか。台湾資料室書庫にあった台湾総督府図書館の旧蔵が並ぶ書架とともに、戦後刊行された書籍を収めた書架も同じフロアにあり、そこには日本で出版された台湾関連の書籍も散見される。閲覧机も個人用のものが多数用意されており、窓際の席に座れば、四号公園という広々とした公園を眼下におさめながら資料の閲覧に没頭することができる。開館時間は火曜日から金曜日までは午前9時から午後9時まで、土曜日と日曜日は午前9時から午後5時までで、毎週月曜日と祝日が休みである。旧正月前後はまとまった休みとなるので、とくに海外からいらっしゃる場合には、あらかじめ台湾分館のウェブサイトで確認しておかれたほうがいいだろう。

　台湾資料中心の蔵書を利用するためには、まず台湾分館の「借閲証」を作

＊　淡江大学日本語文学系

る必要がある。1階にあるカウンターで身分証明書（パスポートも可）を提示すれば、その場で借閲証が発行される。6階のカウンターでは備付けのノートに氏名と住所（滞在先）を記入してフロアの中に入る。手荷物の持ちこみは自由であるが、入り口右側にロッカーがあり、無料で利用できる。

　蔵書の閲覧に際しては、カウンターでの手続きが必要である。磁気カードになっている借閲証と蔵書に貼られたバーコードによって手続きがなされ、旧館のときのように1冊1冊用紙に記入する方式ではない。なお、書架の前であれこれ品定めしているだけでも閲覧の手続きをするように求められる場合がある。係員によってその「厳格さ」に差があるようではあるが。

　コピー機は同じフロアに2台設置されており、販売機で1枚100元のカード（100枚分）を購入して各自コピーをする。1949年以前の刊行物のコピーは禁止されているが、デジタルカメラでの撮影は可能である（撮影のためにカメラを固定する機器も備えつけられている）。ただし、台湾分館が影印本を製作して書架に並べている資料もあり、これらは自由にコピーすることができる。たとえば、台湾総督府府報や各庁・州の庁報・州報、台湾総督府統計書などはすでに影印本がある。なお、コピー、写真撮影とも、旧館のときと同じくカウンターにある所定用紙での申請が必要である。

　台湾資料室の蔵書は台湾分館のウェブサイトで検索できるし、日本統治期のものについては、台湾分館が作成した『国立中央図書館台湾分館　日文台湾資料目録』がある。それらに記されている所蔵番号をたよりに書架を見ていくことになるのだが、他の利用者が閲覧しているわけでもないのに目当てのものが見当たらないことがたまにある。私が経験したかぎりでは修復の最中で閲覧はできないとのことであった。このような場合、もしその蔵書がマイクロフィルムになっていればカウンターで申請して見ることができるが、こちらの印刷は1枚5元と少々高めである。

　さて、一利用者として思いついたことをあれこれ列挙してみたが、そもそも台湾分館が所蔵する日本統治期の書籍がどのような性格のものであるのかを次に紹介しておきたい。以下の記述にあたっては、中央研究院台湾史研究所の周婉窈氏からの直接のご教示、および周氏がまとめた「中央図書館台湾分館與中央研究院典藏　日文舊籍簡介」という文章を参考にさせていただいた。記して感謝申しあげる。ただ、引用している数字などを含め文責がすべて筆者にある

ことは言うまでもない。

　台湾分館の前身は、同館のウェブサイトにもあるとおり、1914年設立の台湾総督府図書館である。同館に所蔵されていた書籍は戦災を避けるために1944年末から疎開が始まり何カ所かに分けて保管されたが、そのうち台北郊外の新店に運ばれた台湾関連の書籍などが、今日の台湾分館の蔵書の多くを占めている。戦後、台湾総督府図書館は台湾省行政長官公署所轄の台湾省図書館に、1948年からは台湾省政府の台湾省立台北図書館となるが、この時期には十分なスペースが確保できなかったため総督府図書館の旧蔵は分散し、また何回か場所の移動もおこなわれたため損傷したものが少なくなかった。しかし、1973年に教育部（教育省）管轄の国立中央図書館台湾分館となった後は予算も拡大し、総督府旧蔵書籍の修復作業などもおこなわれるようになった。

　一方、総督府図書館の蔵書で台湾関連以外とされた書籍はさまざまな経緯を経た後、台湾分館の新店書庫に所蔵されることになった。ここでは適切な整理もなされずかなり雑然と保管されていたが、台湾分館と中央研究院の協力のもとそれらが中央研究院に運ばれ、2000年から同院内の傅斯年図書館で公開されている。同図書館のカウンターで申請をすれば閲覧することができるが、書庫に入ることはできない。周氏のお話では、中央研究院の研究員でさえも通常は書庫へは入れず、たとえば海外の研究者を案内する場合などにのみ入庫が許可されるとのことである。

　このように現存している総督府図書館の旧蔵は二分された状態になっているが、いずれは台湾分館が一括して所蔵する計画になっているそうであり、その数は10万冊前後にのぼる。これらにくわえて、やはり新店書庫におさめられていた「南方資料」約4万冊と台北帝国大学教授蔵書約4万冊も台湾分館に移されることになっている。前者は、1940年に台北に設立された財団法人南方資料館が所蔵していた書籍、後者は戦後台湾を離れた台北帝国大学の日本籍教授の蔵書を図書館が購入したものである。

　数年前、周氏が日本植民地教育史研究会の会員でもいらっしゃる中田敏夫氏と白柳弘幸氏を傅斯年図書館の書庫に案内するという話を聞き、急遽便乗させていただいたことがある。薄暗い書庫のなかを歩きながら、台湾分館旧館の台湾資料室の蔵書が、総督府図書館全体から見ればあくまでその一部でしかないことを実感した。

前述の『国立中央図書館台湾分館　日文台湾資料目録』に収録されている書籍は、その序文によれば6665件とのことであり、あくまで当時の十進分類法で070から079の間の番号がふられていた台湾関連のものが台湾資料室に所蔵されていたにすぎない（「070　台湾」「071　哲学、宗教」「072　教育」「073　文学、語学」「074　歴史、地誌」「075　政治、経済、社会」「076　理学、医学」「077　工程、軍事」「078　芸術」「079　産業」）。もちろん全体の一部でしかないからといって何らその価値が減じるものではなく、それらが個々のテーマの研究のための貴重な資料であることはまちがいないのだが、一方で、そもそも台湾分館の前身である総督府図書館の蔵書がどのように収集されていったのかということにも興味をそそられる。

1914年4月13日に勅令第62号で台湾総督府図書館官制が公布されたが（JACAR〔アジア歴史資料センター〕Ref.A03021001000、御署名原本・大正三年・勅令〔国立公文書館〕）、台湾資料中心の書籍を見ていると、「大正三年十二月二十六日　東洋協会台湾支部ヨリ寄贈」という印が押されたものをよく見かける。総督府図書館の開設まもないころにまとめて東洋協会台湾支部から書籍の「寄贈」があったようである。筆者はこのあたりの事情にあかるくないので、もしくわしい方がいらっしゃればご教示いただきたいのだが、総督府図書館ができる前、東洋協会台湾支部がどのように書籍の収集にあたっていたのかということも興味深い。たとえば、本誌第7号の拙稿「人口センサスをいかに読むか――明治三十八年　臨時台湾戸口調査関連刊行物を中心に」で紹介した刊行物のほとんど（書架にあるのは影印本）にもこの印が押されているし、台湾総督府統計書も1912年刊の『明治四十三年　台湾総督府第十四統計書』までは同様である（影印本。ただし第六統計書をのぞく）。

また、台湾分館には日本人のための台湾の言語の学習書もいくらか収蔵されているが、そのなかでもっとも初期の部類の刊行に属する田内八百久万『台湾語』（1895年）、佐野直記『台湾土語』（太田組事務所、1895年）には、巻末に「寄贈者　故安藤熊夫」とある。しかし一方で、巻頭にはやはり同一の東洋協会台湾支部の印がある。もともと東洋協会台湾支部に寄贈された故人の蔵書が、後に総督府図書館に移されることになったのだろうか。

以上の例はあくまで筆者の研究関心の周辺から台湾分館の蔵書を何冊かあげたに過ぎず、収集の全体的な傾向を語るものではない。ただ、総督府図書館の所蔵全体を分析の対象とすることは困難であるにしても、主題をしぼって関連

蔵書の種類やその入手時期、そして入手方法を体系的にさぐっていけば、総督府図書館の書籍の収集にあたっての「意思」とでも言うべきものを、その有無も含めてある程度あきらかにすることができるのではないだろうか。東洋協会台湾支部など、総督府図書館と大きなかかわりがありそうな機関、館長や職員の異動、予算などにもおそらく注目する必要があるのだろう。

　台湾総督府図書館官制の第1条には、「台湾総督府図書館ハ台湾総督ノ管理ニ属シ図書ノ蒐集保存及公衆ノ閲覧ニ関スル事務ヲ掌ル」とある。台湾総督に直属するとされた総督府図書館の性格を、たとえば他の「外地」図書館と比較してみたとき、そこに何が見いだせるのだろうか。そうしたことをよりリアリティを持った形で感じられるようになるためにも、傅斯年図書館の書籍の台湾分館への早期の移管が望まれる。

　ところで、日本統治期には総督府図書館にかぎらず地方にも公立図書館が設置されており、それらが所蔵していた書籍が今日でも各地の図書館に保管されている。そのなかでも、台中州立図書館の旧蔵を引き継いでいる国立台中図書館黎明分館をご存知の方も多いことと思う。同館が今日所蔵している日本語書籍は約2万3000冊あまりを数え、それらのデジタル化も進行中である。くわしくは行政院文化建設委員会と国立台中図書館が進めているこのプロジェクトのウェブサイト「台湾歴史珍藏e點通」（http://jobook.ntl.gov.tw/index.htm）を参照願いたい。

　なお、台湾分館、中央研究院、国立台中図書館を含む台湾の研究機関、大学、図書館に所蔵されている1949年以前の台湾関連の日本語文献の検索が台湾分館サイト内でできるようになっている。中文版のメインページ（http://www.ntl.edu.tw/main.asp）で「台灣文獻資訊網」にマウスを置き、「日文舊籍臺灣文獻聯合目録」を選択すると「身分」を問われる。そこで、「学生」「公教」などといったいくつかの選択肢のなかから一つを選べば検索画面があらわれるようになっている。文献の登録作業は現在も継続中とのことである。

　大事なことを忘れていた。「食」である。旧館は非常ににぎやかな場所に位置していたが、あわただしい調査旅行で昼食や夕食をとる時間も惜しいようなとき、ちょっとしたものを「外帯」（テイクアウト）できるような店やコンビニなどが、旧館の周囲には案外少ないようにお感じにならなかっただろうか。

新館のまわりは光華商場のようなにぎやかさはないものの、すぐ近くにコンビニや食堂が何軒かあるし、永安市場の駅まで戻れば食事をする場所はいくらでもある。

　したがって食に関してはまったく不便はないのだが、永安市場からさらに二駅、終点の南勢角まで行き、そこから歩いて 10 分ほどのところにある通称「緬甸街」（ビルマ街）を最後におすすめしておきたい。南勢角駅の 4 番出口を出ると興南路という通りがある。向かって右の方向に 10 分ほど興安路を歩くと右手に警察署があるが、もう少しまっすぐ行き華新街という通りを左に入ったところ一帯がこの緬甸街である。国共内戦のときに雲南などからビルマ（ミャンマー）やタイに逃れ、その後も抵抗を続けていた兵士などが台湾へ渡って来て住み着いた地域だと以前にどこかで読んだことがあり、実際中和市の市役所のウェブサイトにもそう書いてあるが、私がある日、昼食のために入った店の主人は、店内の炉でナンのようなものを焼きながら、むしろ彼自身のように、より安定した生活を求めてビルマから台湾へやってきた人々がここには多いと語っていた。彼は、すでに台湾に来ていた兄弟を頼って 30 年ほど前にビルマ北部からやってきた華僑だとのことだった

　もっとも、周囲とはまったく雰囲気の異なる異次元の世界というほどではなく、あまり過度な期待をして訪れるとがっかりしてしまうかもしれないが、それでも市場のなかにビルマ文字で書かれた店舗移転のお知らせ（？）がぶらさがっていたり、食堂の壁にビルマ文字と漢字で書かれたメニューが貼ってあったり、普段聞きなれないことばで店の人と客が話していたりと、普通の台北の街角とは違った空気が流れている空間であることはまちがいない。もし時間的にゆとりがある日であれば、昼食時にでもふらっと訪れてみてはいかがだろうか。

VIII. 彙報
日本植民地教育史研究会事務局

『年報』第7号（前号）に引き続き、2004年11月初〜2005年12月末までの本研究会の活動をまとめて報告する。

（1）組織・運営体制

　本研究会は、3月の研究大会期間中に開催を行う研究会総会で新年度方針を提案し、決定している。その活動方針に基づき、日常的な会務については運営委員会が、定例研究会は研究部が、年報編集は編集委員会がその具体化を検討し、活動を行っている。以下では、この間の主な活動を示したい。

1）研究会総会（年1回の研究大会時：2005年3月5日（土）・熊本県立大学）
2）運営委員会（研究大会準備、大会前後および秋頃に対面で2回程度：〈2004年度〉2005年3月5日（土）午前・熊本県立大学、〈2005年度〉10月16日（日）午前・青学会館〔東京〕、12月18日（日）・青学会館。その他、研究会入会申請承認などは随時電子メールによる委員会を設定）
3）研究部（ア、研究会を年2回程度企画・案内・開催：〈2004年度〉第13回研究会・12月5日（日）・青学会館、〈2005年度〉第14回研究会・10月16日（日）・青学会館。※「定例研究の開催」の項参照。イ、「植民地教科書比較研究」プロジェクトの組織と科学研究費補助金申請。※「植民地教科書比較研究プロジェクト」の項参照。）
4）編集委員会（年報の編集と発行）、※「年報『植民地教育史研究年報』の発行」の項参照
5）事務局（事務連絡、研究会通信の発行、会計、ホームページ管理等）

（2）第8回研究大会の開催

　2005年3月5日（土）13時から翌6日（日）昼過ぎまで、熊本県立大学にて開催。九州・熊本開催であったため、なるべく移動費を安く上げたいという思いから、従来、3月末に開催していた研究大会を3月上旬に繰り上げ航空券の割引販売の時期に敢えて充てた。直前の雪害などにより、残念ながら参加者数は20名弱にとどまってしまった。
　初日は、「植民地教育史研究　いま、何が問題か——史資料・立場性・相互交流を考える」と題し、シンポジウムを行った。提言者は、渡部宗助会員（国

立教育政策研究所〈名〉、埼玉工業大学)、西尾達雄会員(島根大学)の2名。それぞれ、植民地教育史研究における多様な課題の提起を受け、意見交換を行った。詳しくは、本号関係記事および論文を参照されたい。その後、研究会総会と懇親会を行った。

2日目の自由研究報告は、以下の4本であった。

1) 白恩正(創価大学大学院):国民学校における文部省と朝鮮総督府発行の地理教科書
2) 山本一生(東京大学大学院):南満洲教育会について
3) 小黒浩司(作新学院大学):満鉄児童読物研究会の活動
4) 宮脇弘幸(宮城学院女子大学):中国人は日本の中国侵略をどのように捉えているか──「対日観」調査報告

白報告は、「最も時代状況、国際情勢の変動に影響され易い教科」であり、国民学校期に国民科科目として統合された地理教科書に注目し、この地理教科書内容に踏み込んだ検討を本国の文部省発行教科書との比較により行ったものであった。特に、教科書内容分析では、文部省『初等科地理』(1943)と朝鮮総督府『初等地理』(1941/改訂1943)との共通点・相違点を比較し特徴づけた。

質疑応答では、海外人物の取扱についての特徴(台湾では修身と国語読本で異なる)や、目次紹介でとどまっていた文部省教科書『尋常小学地理書』(第一1938、第二1939)の国民学校期における部分改定の有無、また、双方の教科書編纂に携わった人物の人的関係の解明などが論議された。

山本報告は、南満洲教育会会員の学閥を分析し、「関東州は広島高師系、満鉄沿線は東京高師系」の学閥があるとの指摘(磯田一雄)を裏づけ、さらに同教育会の評議員と教科書編集部の分析から、東京帝大法・政・経各科卒業者が植民地行政内部に、同大文科・理科などが日本人中等教育機関の管理者に、東京高師卒業者は女子・中国人中等教育管理者に多かったことを明らかにした。

質疑応答では、「満洲事変」前を対象とした理由、事変後の変化が大きいのではないかという意見、「内地」学閥との比較や指導者の学閥が日本の教育界との関係、中等教育機関のポストの変遷などが論点となった。

小黒報告は、満鉄児童読物研究会成立の経緯、研究会が手掛けていた各種事業(新刊児童読物の推薦、既刊図書の推薦事業、「児童図書室経営の理論と実際」の作成、「児童図書室経営の実際と児童読物に関する諸調査」の作成など)

の概要を示し、特徴づけた。

　質疑応答では、当時の書籍流通状況、読書能力調査をした教専教授寺田喜治郎、「母と子の室」を持つ満鉄が経営した図書館の特徴や意義、推薦で「否」とされた図書、小原国芳が大正末期に子ども図書館を強調していることと成城学園・玉川学園～満洲との関係などが論じられた。

　パワーポイントを使用した宮脇会員は、瀋陽・上海の大学生以上296名を対象としたアンケート調査から、「中国の一般市民が、日本による『中国侵略』、日本人の『歴史認識』をどのように捉えているか」について報告をした。

　総じて日本軍行為についての知識は強く持たれており、個人的には尊敬できる日本人教師はいたり、大半の個人（日本人）はそうではないとしながらも、日本国家としての謝罪は不十分で嫌いな国の筆頭にあげている。また、日本への親密感は7割が（あまり）感じないとし、その理由に侵略の歴史への反省がないこと、かつて中国を侵略したことをあげていた。

　質疑応答では、文化大革命時における教育の影響力の大きさ、クロス集計の必要性について、瀋陽と上海の違い、他国で同様の調査をするなどの全体構想の有無などについて論じられた。

（3）第9回研究大会の準備

　2005年10月16日および12月18日に、第9回研究大会シンポジウム内容について話し合った。10月には担当者、シンポジスト候補を上げ、交渉を始めた。最終的には12月運営委員会において、本格的に起動し始めた植民地教科書比較研究プロジェクトと連動する形で、テーマ：植民地における「国語」（日本語）教科書は何を語るか、報告者3名、コメンテイター1名の候補者を決定した。

（4）定例研究会の開催

　この間の定例研究会の日程、報告については以下の通り。

＊第13回研究会：2004年12月5日、東京・青学会館、参加者17名
　1）宝　鉄梅：満州国におけるモンゴル人の初等教育政策の展開
　2）佐野通夫：日本統治下における朝鮮人の教育要求——1920年代民族系新聞の教育論調の分析をもとに

宝報告では、満州国以前のモンゴル人の教育状況と満州国におけるモンゴル人教育に分けて、教育機関（初等・中等ほか）、教科書編纂、教育現場の実態（生徒募集・教育内容・就学者数ほか）などについて、資料に基づいて報告された。今後は、個別事象を越えた政策の展開、満州国全体の教育状況とつながり、五族の中でどのような特徴を持ったのかといった、具体的な展望が期待される。（研究会通信17号、中田会員報告を要約）

　佐野報告は、1920年代を唯一朝鮮人の声が言論として表すことができた時代だと規定し、『東亜日報』『朝鮮日報』の2紙から、「教育熱」の高さ、そしてその背後にある初等・中等・高等教育を朝鮮民衆自ら担い、朝鮮総督府の教育政策と対決する姿勢（朝鮮語による教授用語の要求など）から、日本からの独立を志向した、と結論づけた。質疑応答では民族紙の発行部数や購買層、「教育熱」の都市と地方における温度差や、階層における差、4年制普通学校と6年制普通学校の格差などが議論された。（研究会通信18号、山本会員報告を要約）

＊第14回研究会：2005年10月16日、東京・青学会館、参加者21名
　1）中田敏夫：『台湾教科用書国民読本』と内地編纂国語教科書の語彙比較
　2）研究部：「教科書比較研究」プロジェクトの説明と話し合い

　中田報告は、「内地」編纂の国定教科書第1期（国語）と台湾総督府民生部学務課『台湾教科用書国民読本』（1900年）を比較し、その語彙を量的側面から分析を試みたものであった。共通教材の分布でこの期の特徴を示した後、集計した台湾1期・国定1期各語彙の「品詞別異なり・延べ語数」がほぼ中央公論データと変わらないことを示した。ただし、使用語彙の頻度数では台湾独自教材の影響が見られた。意味分野では、国立国語研究所の『分類語意表』の指標で分類して比較対照し、基本的には台湾1期は国定1期に近い、という結果が示された。質疑応答では、対訳式「土語読方」（発音表記でないためカタカナではない）や今後の教科書分析の方向性が議論された。語・品詞ごとに登録し統計をとる膨大な作業を終えて、まだ十分な分析段階ではないとのことで、さらなる進展を期待したい。

　後半は、研究部で企画した「教科書比較研究」のプロジェクト概要について、宮脇会員からおよそ次のように説明された。研究目的は「旧日本植民地・占領地で使用された教科書と当時日本国内で使用されていた国定教科書の内容を科

目別・縦断的に比較研究し、教科書を媒体とした植民地教育の本質を明らかにする」ということ。研究方法としては（1）植民地教科書の教材の出典・原典を明らかにする（特に国定教科書との関係）、（2）教材で何を教えようとしていたか、（3）国定教科書教材との具体的異同（同じか、簡易・縮小か、またその理由）、（4）表記法の異同、（5）その他特徴的なこと。研究の具体化のために、科研費の申請を急ぎ行うこと。その採否にかかわらず、研究は動き始めることとし、研究グループと活動、事務機構や予算管理などについて意見交換を行った。

なお、5月28日に募集した研究会には報告希望者が出なかったので、延期とした。

（5）年報の発行

第7号『植民地教育体験の記憶』を皓星社から発行した。特集は、前年度、法政大学で行った研究大会シンポジウム・テーマ「歴史の記憶と植民地教育史研究」。オーラル・ヒストリーを焦点としたこのシンポジウムにあわせて、第2の特集とも言うべき「オーラル・ヒストリーを考える――私の体験」を設定した。そこでは、8名の研究者が「歴史の記憶」の調査体験にまつわるそれぞれの思いを述べている。

編集委員会の編集作業は、〈2004年度〉第3回（11月8日）、第4回（1月17日）開催し、第7号編集・発行の諸準備を行った。〈2005年度〉は第1回（3月17日）、第2回（8月2日）、第3回（11月19日）を開催し、第8号投稿規程を作成、編集・発行の諸準備を行った。

（6）「研究会通信」の発行

研究会通信「植民地教育史研究」は、第17号（2005年2月24日付）、第18号（2005年7月25日付）の2つを発行した。第17号（全4頁）では、第8回研究大会（3月5～6日）のプログラムおよび会場アクセスについての案内、第12回および第13回研究会概要と感想記、年報第7号掲載論文等の予告を掲載し、別紙で大会参加予定票と会費納入案内を送付した。第18号（全6頁）では、年報8号原稿募集、第8回研究大会報告、熊本大会アンケートから、事務局からのお知らせ（新入会員、年報販売促進、会費納入状況、玉川大学教育博物館の「植民地教科書」他についての話し合い等）、総会記録、2004

年度会計決算報告および2005年度会計予算を掲載した。

（7）植民地教科書比較研究プロジェクト

　2004年10月22日、本研究会の宮脇運営委員と玉川大学関係者とで「植民地教科書」についての話し合いが持たれた。その結果は通信17号や3月5日の研究会総会でおよそ次のように報告された。本研究会が玉川大学の所蔵する「植民地教科書」を極めて貴重な原資料と考え、研究活動、プロジェクト等で利用の便宜を図っていただきたいと申し出た件について了解された。また、本研究会の活動窓口と玉川学園の窓口を定めた。今後考えられる研究会の研究活動として、（1）植民地等と日本国内の「国定教科書」との比較分析、（2）玉川大学での「植民地教科書」に関する国際シンポジウムの実施、（3）研究会会場としての玉川大学利用があるが、それぞれについて概ね了解、ご協力いただける旨の意向を得た。

　総会では、さらに研究発展のために、（1）国際シンポジウム開催を射程に入れ、科研費等に申請すること、（2）研究活動として各地教科書間の比較研究のための組織化を図ることを提案し、承認された。そこで、8月に宮脇会員を中心として「植民地教科書比較研究プロジェクト」を呼びかけた（研究部「2006年度科研申請に向けた『植民地教科書比較研究』グループの募集について」8月16日付）。10月16日の研究会では、プロジェクトに関して宮脇会員から概要の説明を行い、時間は限られているが科研費申請を行うことを決め、科研費の採否に関係なく、正式にプロジェクトを稼働することとした（年末現在31名が参加）。

（8）その他
1）研究会ホームページの管理の継続
2）会員「研究業績一覧」の作成
　　研究会通信発行にあわせ、年2回紙媒体で発行予定。会員へは2005年分の業績通知を依頼した。
3）メーリングリストによる会員相互の情報提供
・新年度から、希望者に、会員相互の事務連絡と情報提供に限定してメーリングリストを立ち上げることに決定。登録数の関係で、宣伝が入っても無料で200～300名登録可能のメーリングリストを使うことを予定し、運営委員の間

で試運転を開始する。

＊現在の本研究会の運営体制は次の総会で3年を迎え、改選となる。この3年を振り返ると、代表が四国、事務局長が北海道であることをはじめ、運営委員は全国に分散しており、移動の面では難点を抱えていたが、日常は電子メールでのやりとりを行い、それなりの対応ができたとは思う。研究大会も四国学院大学→法政大学・市ヶ谷→熊本県立大学、そして玉川大学と、地方・関東を行き来する流れができた。

＊100名に満たない会員ではあるが、今後、共同研究プロジェクトの立ち上げや、電子メールの利用によって、会員相互の研究交流を進める動きがさらに増し加わる状況が見られるので、さらなる会員の拡大とあわせて、研究活動の発展を祈りたい。

（事務局長・井上　薫）

編集後記

　年報8号のタイトルをつけるに当たって、掲載予定原稿が出始めた頃から編集委員一同頭を抱えたものである。第8回全国大会シンポジウムで植民地教育史研究が抱えている様々な課題を、いろいろな立場から出し合い確認し合った「植民地教育史いま、何が問題か」の内容と、本年報に収められている植民地教育史研究として基本的な「国語」「地理」についての論文内容をあらわすタイトルを、わずかな字数で出すのは困難であった。

　しかし困難であることには、また別に理由があった。「植民地国家」の用語である。日本の研究学会は「ホブソン・レーニン・テーゼ」とも言われる政治経済研究の「帝国主義」研究から「植民地主義」研究へと（シンポジウム報告でも言及されているM.ピーティは1960年代から植民地研究が始まったとする）、そして故小沢有作先生を嚆矢とする植民地教育史研究へと研究の層が広がってきた。私たちは、基本的枠組としてはこれら先達（レーニンから小沢有作までと、永く広いこと！）から学び影響を受け、新たなる植民地教育史研究の問題を共有しようとするものである。

　「植民地主義」の「主義」は、論ずる対象すべてのことを植民地的であるのか、ないのか、に分けて考えることができるとするものであり、第8回シンポジウムの論題にもなった二項対立テーゼも示している。そこで私たちは、あえて「植民地帝国」ではなく「植民地国家」とした。植民地を包含する植民地領有国家の意味として使い、宗主国日本も被植民地も含んでいるつもりである。公式植民地（台湾・朝鮮）のみでなく周辺の非公式植民地も含んでいるのはもちろんである。

　1997年3月29日、わが研究会発会式「呼びかけ文」「近代日本はアイヌ民族と沖縄の人びとに同化教育を進めたのを始め、1945年の敗戦にいたるまでの間、台湾、朝鮮、樺太、関東州、満鉄付属地、南洋群島を支配下に置き、植民地教育を行ってきました。さらに「満洲国」、「蒙疆」、「華北」以下の中国大陸にも傀儡政権を樹立して教育を支配し、東南アジア諸地域を占領して占領地教育を実施しました。これらを日本植民地教育史と総称したいと思います」から9年、それなりの成果を年報で示したいと作り上げた年報である。　（芳賀普子）

　このたび『植民地教育史研究年報』編集委員会の末席を汚すことになりました。新米編集委員ですが、編集委員会を代表して日本植民地教育史研究会の会員、ならびに本誌の読者の皆さまに、2件のお詫びを申し上げなければならないことになりました。

　まず当初本号には、高仁淑氏の『近代朝鮮の唱歌教育』（九州大学出版会、2004.12）と、劉麟玉氏の『植民地下の台湾における学校唱歌教育の成立と展開』（雄山閣、2005.2）の書評を掲載する予定でした。ところが書評をお願いした方が健康を損ねてしまい、やむを得ず次号まわしとなりました。編集委員会としても大変残念に思いますが、何とぞご了承ください。

　次に、『年報』第8号の刊行遅延です。編集委員会は、本号を2006年3月25・26日に開催される第9回研究大会までに発行するべく、編集作業を進めてきました。作業は若干の遅れはあったものの、おおむね従来と同様のペースで進行し、予定通り3月末日刊行の見込みで大方の編集作業を終え、自分も「ほぼ予定通りの期日に発行できた」という「編集後記」の原稿を送ったのですが、3月中旬になって、研究大会に間に合わないということが判明しました。本号の刊行遅延は、編集委員会としても誠に遺憾に思います。日本植民地教育史研究会の会員、ならびに本誌の読者の皆さまに深くお詫び申し上げます。

　今回の事態に至った原因などは、現在調査中です。この間の事実関係を精査し、反省すべき点は反省して、今後の編集に活かすことが編集委員会の責務であると思います。

　終わりになりましたが、この『年報』の発行に際してお世話になりました皓星社の皆さまにお礼を申し上げます。　（小黒浩司）

著者紹介

渡部宗助
埼玉工業大学基礎教育センター。日本近現代教育史。
『日本植民地教育史研究』（編著、国立教育研究所、1998 年）、『日中教育の回顧と展望』（編著、国立教育研究所、2000 年）、『教員の海外派遣・選奨政策に関する歴史的研究』（著、国立教育政策研究所、2002 年）。

西尾達雄
島根大学教育学部。1950 年生まれ。日本の侵略と植民地支配が朝鮮の体育・スポーツに及ぼした影響を主要なテーマとしている。
『体育スポーツに見る戦争責任』（アジアに対する日本の責任を問う民衆法廷準備会編、1995 年）、『日本植民地下朝鮮における学校体育政策』（明石書店、2003 年）など。

桜井　隆
明海大学外国語学部日本語学科教授。1948 年東京都生まれ。東京大学大学院博士課程人文科学研究科単位取得退学。
「アイヌその他北方諸民族への日本語教育」（『東京大学留学生センター紀要』3 号）、『デイリーコンサイス漢字辞典』（〔共編著〕三省堂）。

井上　薫
釧路短期大学。1962 年生まれ。研究分野は、日帝下朝鮮における教育政策、日本語強制。

北川知子
大阪教育大学教育学研究科大学院修士課程修了。国語科教育学専攻。
修士論文「朝鮮総督府編纂『普通学校国語読本』の研究」（1992）。
以後、研究の中心は『普通学校国語読本』。日本内地の「国語」科と、植民地における「国語」科との関わりについて取り組んでいる。

陳虹彣
東北大学大学院教育学研究科人間形成論コース（日本教育史）博士後期課程。学術振興会特別研究員。
研究内容：日本統治下の台湾教育史（主に国語教科書研究）・比較教育学（主に台湾と日本の教育制度）。

白恩正
創価大学大学院文学研究科社会学専攻博士後期課程。
研究内容：戦前の教科書研究。主に朝鮮と日本の地理教科書の比較研究。

中川　仁
明海大学総合教育センター講師。1969 年東京都生まれ。専門は日本語教育・言語社会学。
「言葉の超民族的機能――台湾の国語を例として」『明海日本語』第 7 号・明海大学日本語学会 2002 年、「台湾における日本語教育理論の確立に向けて」『明海日本語』第 8 号・明海大学日本語学会 2003 年、「台湾の言語政策と原住民諸語――多言語社会から単一言語社会へ、そして母語の復権」『言葉と社会』第 7 号、三元社、2003 年。

樫村あい子
一橋大学大学院博士後期課程。
研究領域：日本占領下シンガポールにおける日本語教育、オーラル・ヒストリー研究。

佐藤由美
青山学院大学・専修大学非常勤講師。教育学・日韓近代教育史専攻。
『植民地教育政策の研究【朝鮮・1905-1911】』（龍溪書舎、2000 年）など。

白柳弘幸
玉川大学教育博物館。研究分野は日本近代教育史・台湾教育史・自校史（玉川学園史）。玉川学園機関誌『全人』に自校史コラム「故きを温ねて」を連載。

田中　寛
大東文化大学外国語学部教授。専門は日本語学、対照言語学、日本語教育史。主著に『日本語複文表現の研究』（白帝社、2004 年）、『統語構造を中心とした日本語とタイ語の対照研

究』（ひつじ書房、2004）、『「負」の遺産を越えて』（私家版、2004）などがある。

新保敦子
早稲田大学教育・総合科学学術院教授。研究分野は、中国近現代教育史、社会教育。「蒙疆政権におけるイスラム教徒工作と教育―善隣回民女塾を中心として―」（『中国研究月報』第615号、1999年）、「日本軍占領下での少数民族政策と教育―イスラーム世界との出会いをめぐって―」（日本の教育史学』第47集、2004年）など。

磯田一雄
大阪経済法科大学アジア研究所客員教授。東アジア教育文化史。1932年東京に生まれる。『日本の教育課題・第9巻・教師と子どものかかわり』（東京法令出版、1998年）。『「皇国の姿」を追って――教科書に見る植民地教育文化史』（皓星社、1999年）。『在満日本人用教科書集成』（共編著。柏書房、2000年）。

弘谷多喜夫
熊本県立大学教員。1942年山口県生まれ。「戦後の台湾における日本統治期に関する研究論文・著書目録（1945-1995）」（『熊本県立大学文学部紀要』第5巻第2号、1999年）、「日本統治下台湾の子どもと日本の学校――1895（明治28）年～1904（明治37）年」（渡部宗助・竹中憲一編『教育における民族的相克』東方書店、2000年所収）、「日本統治下台湾の戦争動員（皇民化運動）期を生きた世代と教育の意義」（『「大東亜戦争」期における日本植民地・占領地教育の総合的研究（平成10・11・12年度科研費報告書）』2001年所収）。

槻木瑞生
同朋大学教授。1940年生まれ。
中国近代社会史専攻。

芳賀普子
一橋大学大学院言語社会研究科博士後期課程。研究分野は教育政治史・朝鮮現代史。「戦後都立朝鮮学校にあらわれた問題点――戦後教育史の分岐点として」『植民地教育史研究年報』6号、皓星社、2004年。

冨田　哲
淡江大学日本語文学系教員。1969年愛知県生まれ。台湾史・社会言語学専攻。
「1905年臨時台湾戸口調査が語る台湾社会――種族・言語・教育を中心に」『日本台湾学会報』第5号、2003年、「日本統治期台湾でのセンサスとかなの読み書き調査」『社会言語学』Ⅲ、2003年。

CONTENTS

Introductory Remarks ....Editorial Board . . .3

I. Symposium "Current Problems on the Study of History of Colonial Education – Documents, Standpoints and Mutual Exchange"

Thinking on the Study of History of Colonial Education – In my Case
....WATANABE, Sosuke . . .6

What is the Problems in the Study of Sports in Colonies – in Relation to "the Theory of Modernization of Colonies"
....NISHIO, Tatsuo . .19

Linguistic Problems in the Study of History of Colonial Education
....SAKURAI, Takashi . .29

Comment on Papers ....INOUE, Kaori . .38

II. Articles

Teaching of National Language and Colonies – ASHIDA, Enosuke and "Korean Textbook"
....KITAGAWA, Tomoko . .44

KATO, Haruki, the Editorial Officer of Colonial Government of Taiwan and Textbooks of National Language
....CHENG, Hung Wen . .62

Comparative Study of "Primary Geography" and "Geography of Primary School" in the Period of Kokumin-gakko – A Case Study on the Version of Ministry of Education in 1943 and the Version of Colonial Government of Korea in 1944 (1st Part)
....PEK, Eun Jung . .81

"National Language" of Taiwan and Multilingualism Caused by Democratization
....NAKAGAWA, Hitoshi .101

III. Study Notes

Trends in the Research of Oral History – focusing on "From Memory to History" by Thompson, Paul, Translated by SAKAI, Junko
....KASHIMURA, Aiko .120

Chronological Table of Students from Taiwan and Korea before World War II (Draft)
....SATO, Yumi and WATANABE, Sosuke .127

IV. Visiting Reports of former Colonies

The epitaphs of Tainan on "Shushin" textbooks in Taiwan (Part 3)
....SHIRAYANAGI, Hiroyuki .140

V. Book Reviews and Materials

"Educational Power of Martial Arts – Education of Martial Arts in Kenkoku University in Manchuria" by SHISHIDA, Fumiaki..TANAKA, Hiroshi .148

"Collection of Textbooks for Chinese in Colonial Manchuria" (8 Bands) edited by TAKENAKA, Ken'ichi ....SHIMBO, Atsuko .156

"Education in Colonial Korea and Gender – Power Relation around Attendance and Non-attendance at School" by KIM, Tomiko..ISODA, Kazuo .162

"Native Taiwanese and Japanese Language Teaching – Study of Education for Native Taiwanese in the Period of Japanese Rule" by MATSUDA, Yoshiro ....SAKURAI, Takashi .169

Ⅵ. Words

Assimilation ....HIROTANI, Takio .174

Two Different Chinese Characters for Manshu (Manchuria)
....TSUKINOKI, Mizuo .180

Kankoku-go, Chosen-go and Hanguru ....HAGA, Hiroko .185

Ⅶ. Findings of Books and Documents

National Taiwan Library..TOMITA, Akira .194

Ⅷ. Miscellaneous ....INOUE, Kaori .202

Editor's Postscript 209

Authors 210

＊英文校閲：桜井　隆

植民地教育史研究年報　第8号
Annual Reviews of Historical Studies of Colonial Education vol.8

植民地国家の国語と地理
National Language and Geography of the Colonialist State

編　集

日本植民地教育史研究会運営委員会（第Ⅲ期）
The Japanese Society for Historical Studies of Colonial Education

　　　代　　表：佐野通夫
　　　運営委員：井上　薫・桜井　隆・佐藤広美
　　　　　　　　志村欣一・西尾達雄・弘谷多喜夫
　　　　　　　　宮脇弘幸
　　　事務局長：井上　薫
　　　事務局員：佐藤広美・佐藤由美・三ツ井崇
　　　第8号編集委員会：小黒浩司・桜井　隆・白柳弘幸
　　　　　　　　芳賀普子・渡部宗助（委員長）
　　　事務局：釧路短期大学　井上薫研究室
　　　〒085-0814　北海道釧路市緑ヶ岡1-10-42
　　　TEL　0154-41-0131　（代表）
　　　FAX　0154-41-0322　（教務課気付）
　　　URL http://colonialeducation.web.infoseek.co.jp/
　　　E-mail:kaorino@midorigaoka.ac.jp
　　　郵便振替　00130-9-363885

発行　2006年5月10日
定価　2,000円+税

　　　　発行所　株式会社皓星社
　　〒166-0004　東京都杉並区阿佐谷南1-14-5
　　TEL 03-5306-2088　FAX 03-5306-4125
　　　　URL http://www.libro-koseisha.co.jp/
　　　　E-mail:info@libro-koseisha.co.jp
　　　　　　郵便振替　00130-6-24639

　　　　装丁　藤林省三
　　　印刷・製本　日本ハイコム（株）

ISBN4-7744-0389-X C 3337

「満州」オーラルヒストリー
〈奴隷化教育〉に抗して

斉　紅深 編著／竹中憲一 訳

「満州国」14年間における教育の実態を、中国人の膨大な〈証言〉から浮き彫りにする労作。教育史・近代史・アジア史の一級資料、中国に先がけて刊行。

A5判・上製・532頁　定価5,800円十税
ISBN4-7744-0365-2 C0022

「皇国の姿」を追って

磯田一雄 著

満洲で行われた教育の実態を教科書から追究する、教育文化史研究のひとつの到達点。富山太佳夫氏絶賛の書。

A5判・上製・424頁　定価4,000円十税
ISBN4-7744-0241-9 C0037

植民地教育史研究年報シリーズ

01　植民地教育史像の再構成
植民地から日本近代の教育を捉えなおす。記念すべき年報第1号。
ISBN4-7744-0204-4 C3337

02　植民地教育史認識を問う
植民地という他者からの視線を取り入れた新たな問いかけ。
ISBN4-7744-0233-8 C3337

03　言語と植民地支配
植民地教育と言語の関係性を追究。「朝鮮総督府編纂教科用図書刊行目録稿」収録。
ISBN4-7744-0302-4 C3337

04　植民地教育の支配責任を問う
『新しい歴史教科書』(新しい歴史教科書をつくる会編)批判を軸に教科書問題を再検討。
ISBN4-7744-0312-1 C3337

05　「文明化」による植民地支配
植民地支配において「文明化」が果たした役割とは何だったのか。
ISBN4-7744-0329-6 C3337

06　植民地教育の残痕
植民地支配とは、植民地教育とは何か。その残痕を明らかにし、超えていく道筋を模索する。
ISBN4-7744-0359-8 C3337

07　植民地教育体験の記憶
オーラル・ヒストリーに関する論稿を中心に収録。植民地教育史研究における「口述史料」の有効性と限界を考える。
ISBN4-7744-0376-8 C3337

＊各巻　A5判・並製　定価2,000円十税

日本人物情報大系

編集：芳賀　登／杉本つとむ／森　睦彦／阿津坂林太郎
　　　丸山　信／大久保久雄

● 第二回配本　満洲編

　　　　　　塚瀬　進　責任編集・解題／柳沢　遊　協力

　　資料編全10巻　180,000 円＋税
　　別巻（被伝記者索引）　10,000 円＋税

● 第八回配本　朝鮮編

　　　　　　木村健二　責任編集・解題

　　資料編全10巻　180,000 円＋税

朝鮮及満洲　明治41（1908）年に朝鮮「京城」で創刊され、もっとも古く、もっとも長く刊行された雑誌。

第1回配本	第1巻〜第7巻	168,000 円＋税
第2回配本	第8巻〜第14巻	168,000 円＋税
第3回配本	第15巻〜第24巻	168,000 円＋税
第4回配本	第25巻〜第33巻	168,000 円＋税
第5回配本	第34巻〜第44巻	168,000 円＋税
第6回配本	第45巻〜第54巻＋別巻1	200,000 円＋税

データベース無料検索のご案内

1) まずは、http://www.libro-koseisha.co.jp より弊社ホームページへどうぞ。
2) トップページの「データベース」をクリックし「人物情報をさがす」をクリック。
3) 「下記すべての資料を対象として」の「被伝記者索引」をクリックすれば、索引整備済みのすべての資料からお探しの人物名を検索することができます。なお、同じページから各編解説の全文をお読みいただくことができます。